LETTRES INÉDITES

DE

VIOLLET-LE-DUC

RECUEILLIES ET ANNOTÉES PAR SON FILS

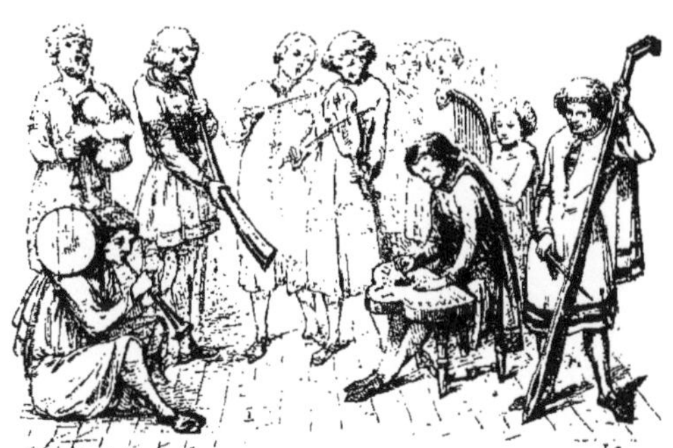

Symphoniens en ut bémol exécutée
devant Sa Majesté le roi St Louis en 1243
le 6 octobre E. Viollet-le-Duc del

PARIS
LIBRAIRIES-IMPRIMERIES RÉUNIES
(ANCIENNE MAISON MOREL)
7, rue Saint-Benoît, 7

1902

LETTRES INÉDITES

DE

VIOLLET-LE-DUC

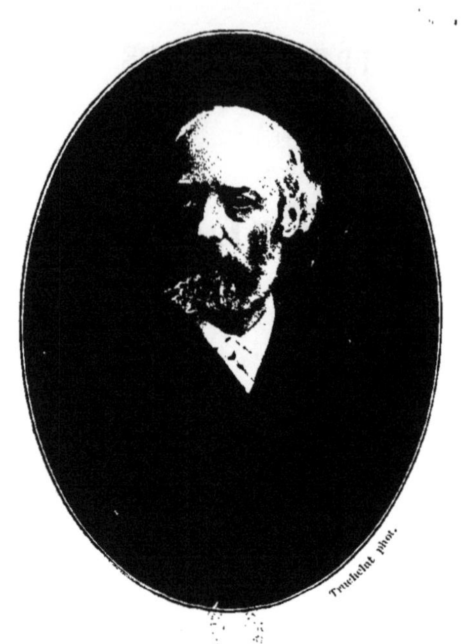

VIOLLET-LE-DUC

LETTRES INÉDITES

DE

VIOLLET-LE-DUC

RECUEILLIES ET ANNOTÉES PAR SON FILS

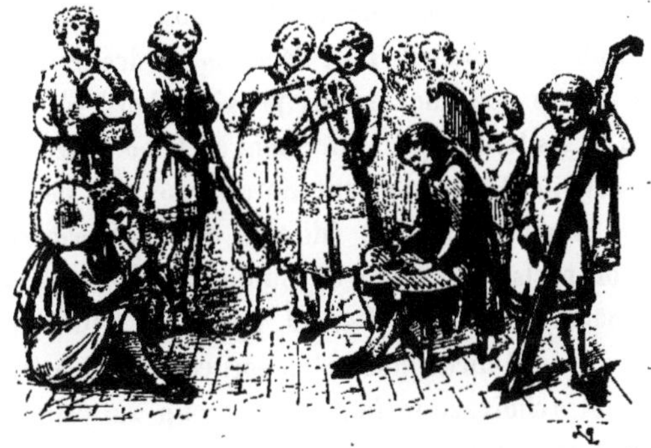

Symphonie en ut bémol exécutée devant Sa Majesté le roi St Louis en 1248 le 6 octobre E. Viollet-le-Duc del

PARIS
LIBRAIRIES-IMPRIMERIES RÉUNIES
(ANCIENNE MAISON MOREL)
5, rue Saint-Benoît, 5

PRÉFACE

Avant d'entreprendre la publication de ce recueil nous avons longtemps hésité au sujet de l'importance à lui donner. L'artiste a eu une vie si remplie, son activité s'est dépensée en des travaux si nombreux et si divers que nous avions pensé d'abord n'écarter aucune de celles de ses lettres qui renferment un témoignage intéressant de cette activité. L'ensemble eut alors formé plus de trois volumes. Devant compter avec les éditeurs que l'expérience a rendus très circonspects en matière de publications épistolaires, nous nous résignâmes à éliminer, d'abord, toutes les lettres de la première jeunesse, c'est-à-dire toutes celles écrites de 1835 à 1845, et à faire porter notre choix, en le limitant beaucoup, sur celles qui sont postérieures à cette dernière date.

Viollet-le-Duc ayant voyagé depuis l'âge de seize ans jusqu'à la fin de sa vie, eut de nombreuses occasions de correspondre avec les siens. Nous possédons presque tout entière cette partie de sa correspondance qui, jointe à un journal qu'il a écrit pendant longtemps sans interruption, permet de le suivre presque jour par jour. Les premiers feuillets de son journal sont consacrés aux journées de juillet 1830, qui lui causèrent des émotions d'autant plus vives (il avait alors seize ans) qu'elles l'avaient surpris hors de Paris, et que les circonstances l'obligèrent d'y rentrer pendant les journées mêmes. Son récit est accompagné d'un croquis représentant une barricade élevée à la rencontre de la rue des Petits-Champs et de la rue de Chabanais qu'il habitait, barricade à la construction de laquelle il s'appliqua si bien, dit-il, que sa manière de superposer les pavés attira l'attention de ses compagnons d'insurrection qui l'adoptèrent.

Le goût de la construction se déclara chez lui de très bonne heure, car, à l'âge de treize ans, il construisait de ses mains, dans le jardin d'une propriété de sa famille, une petite maison dont il est question dans une lettre que sa mère lui écrivait en novembre 1827 : « J'oubliais, disait-elle, de te dire, cher ami, que je suis allée visiter ta maison et qu'elle était en bien bon état; la porte, le toit, rien n'a bougé. »

Son journal comme ses lettres relatent la résistance qu'il opposa, dès l'âge de dix-huit ans, au conseil, souvent renouvelé, et toujours écarté, qu'on lui donnait, d'entrer à l'École des beaux-arts. Achille Leclère, dont il fréquenta l'atelier de 1830 à 1832, les architectes Isabelle, Percier, Fontaine, Huvé, avec lesquels sa famille était liée, essayèrent de le convaincre, mais sa résolution fut inébranlable. C'est dans son journal, à la date du 3 décembre 1831, que nous trouvons, le plus nettement exprimé, *le pourquoi* de sa résistance : « J'ai résolu, y dit-il, de ne pas entrer à l'École parce que j'ai trop peur d'être emporté par le courant dans lequel elle vous entraîne. Si j'ai du talent, je percerai quand même et, si je n'en ai pas, l'École ne m'en donnera pas, loin de là, car on en sort à l'état de moulage. M. Huyot a son moule, M. Percier a son moule, M. Lebas a son moule, de sorte qu'une fois sorti, je serai classé ou dans les Huyot, ou dans les Percier, ou dans les Lebas. » Son opinion n'a jamais varié à cet égard, car il devait, quarante ans plus tard, l'exprimer ainsi : « L'élève qui entre à l'École des beaux-arts est comme ces malheureux qui se laissent prendre le bout du doigt dans l'engrenage d'une machine puissante, il faut qu'il y passe tout entier;... il sort de là objet fabriqué de première, de seconde ou de troisième catégorie[1]. »

A vingt ans, en 1834, Viollet-le-Duc fit ses débuts dans le professorat, en qualité de suppléant du cours de composition d'ornement, à l'École de dessin (aujourd'hui École des arts décoratifs). En 1842, il était nommé professeur titulaire de ce cours sur une proposition du directeur Belloc, ainsi conçue : « M. Viollet-le-duc, professeur à l'École depuis huit ans, dessine devant le public avec une habileté sans égale les ornements des diverses époques; il expose les principes théoriques de la composition tout en y joignant la pratique spontanée. » Sur 400 compositions que Viollet-le-Duc exécuta ainsi devant les élèves[2], l'École en possède encore 23 seulement, les autres ayant été distribuées, à titre de souvenirs de leur passage, à des personnages étrangers plus ou moins éminents qui ont visité l'École. Empressons-nous d'ajouter que ce genre de libéralités administratives n'est plus en faveur aujourd'hui, grâce à son directeur actuel.

Viollet-le-Duc était âgé de 21 ans quand il entreprit son voyage d'Italie en compagnie de Gaucherel, son élève, qui était, de bien peu, plus jeune que lui. Auparavant, il avait déjà beaucoup voyagé en France, puisqu'en 1831 il parcourait l'Auvergne et le Midi, où l'accompagnait son oncle Delécluze, en 1832 la Normandie, en 1833 les bords de la Loire, la Bretagne, la Vendée, le Languedoc et enfin les Pyrénées. Les lettres qu'il a écrites d'Italie ont été conservées; elles sont très personnelles dans les appréciations qu'elles renferment; quelques-unes sont accompagnées de croquis à la plume, destinés le plus souvent à marquer le coté comique d'une scène ou d'un incident de voyage.

L'antiquité, à laquelle il consacra de longues pages, lui apparaissait sous un jour très différent de celui sous lequel on le voyait alors, témoin ce vœu qu'il exprime dans l'une d'elles : « Que la

1. Article dans *le Centre gauche*, mars 1870.

2. Ce chiffre de 400 a été relevé par Ruprich Robert, architecte, quand il a succédé, en 1850, à Viollet-le-Duc comme professeur de composition d'ornement à ladite École.

fièvre chauffe ceux qui nous imitent l'antiquité avec cette froideur de glace, ce manque de caractère, qui vous font mourir d'ennui ! » Le musée de Naples lui suggère cette exclamation : « Oh, les belles choses qu'il renferme et comme les anciens savaient donner de l'expression à leurs figures ! quoi qu'en disent MM. les moyen-âgistes ». Cette pointe dirigée contre les moyen-âgistes a quelque chose d'original sous la plume de Viollet-le-Duc et montre que les défenseurs du vieil art français faisaient déjà *mal parler* d'eux à cette époque.

Bien qu'il n'ait pas été pensionnaire de Rome, Viollet-le-Duc fut souvent l'hôte de la villa Médicis dont Ingres était alors le directeur. Cette fréquentation l'amène à constater les divergences de vue qui le séparaient des pensionnaires. « A côté de la direction que je me suis tracée, il y a, écrit-il, celle que je vois suivre autour de moi. Qu'ils sont donc heureux ceux qui peuvent se reposer sur la règle établie et n'avoir à penser qu'à la partie matérielle du travail ! Si je me trompe, tout le monde me jettera la pierre pour avoir eu la vanité de croire que le sentier choisi par moi était meilleur que la grande route. Mais cette pensée ne m'arrête pas ; sans trop savoir où je marche, je sens que je marche. Dieu veuille que j'arrive ! »

Après Rome, Florence, Sienne, Naples, Venise, où il fit de longs séjours, c'est la Sicile qui le retient le plus longtemps et le captive davantage. La reconstitution du théâtre antique de Taormine, sous l'aspect qu'il devait avoir quand la scène et les gradins étaient remplis, est l'œuvre la plus importante de celles qu'il a rapportées d'Italie. C'est dans cette reconstitution que s'est révélée pour la première fois, et très brillamment, le don qu'il possédait de faire revivre dans leurs monuments les civilisations disparues. Vingt-trois ans plus tard, en 1860, il évoquait ses souvenirs de jeunesse, en publiant des lettres sur la Sicile, auxquelles l'expédition alors entreprise par Garibaldi donnait un intérêt particulier d'actualité [1].

La dernière de ces lettres renfermait cette prophétie qui s'est réalisée : « Si Garibaldi sait faire des soldats avec le peuple sicilien,

1. Lettres publiées dans *le Moniteur* et réunies en volume.

nous verrons peut-être se renouveler de nos jours l'histoire de Roger, fils de Tancrède, qui, à la tête de quelques centaines de Normands, s'empara de la Sicile en 1061 et y fonda une dynastie. »

Parmi les hommes éminents avec lesquels Viollet-le-Duc fut en correspondance, Mérimée est certainement celui avec lequel il a échangé le plus de lettres. Tous les deux collaborèrent ensemble, pendant longtemps, à cet inventaire des richesses monumentales de la France qu'on doit à la Commission des monuments historiques. L'inspecteur général saisissait toujours l'occasion de faire route avec le jeune architecte, et c'est à cette époque que leurs rapports prirent un caractère d'étroite intimité, favorisés qu'ils étaient par une parfaite concordance de vues. Ce passage d'une lettre de 1843 en fait foi : « Cher père, — mon bon temps touche à son terme, demain nous allons à Saint-Seine et... et je prendrai ma route, M. Mérimée la sienne; cela me coûte plus que je ne puis le dire, car je m'étais fait bien vite à cette manière de vivre en tête à tête avec l'homme le plus aimable que l'on puisse rencontrer; nous nous entendions, je crois, parfaitement. »

Cette parfaite entente s'accuse encore davantage dans une lettre qui porte la date du 28 août 1844 : « Mérimée est le modèle du bon voyageur, toujours en train, toujours d'égale humeur : on acquiert sans cesse auprès de lui en passant son temps le plus agréablement du monde; nous menons la vie la plus active et la plus remplie qu'il soit possible de mener; tous deux d'une santé robuste, nous dormons peu, nous travaillons beaucoup, et nous sommes convenus tacitement de ne jamais nous plaindre. Peu soucieux du lendemain, nous ne nous préoccupons jamais que de l'affaire présente. »

Plus tard, quand l'architecte écrivit ses dictionnaires et ses Entretiens, il sollicita plus d'une fois les conseils de son ami Mérimée dont l'affection avait quelque chose de paternel, qui se révèle dans cette lettre écrite en 1859 à propos du premier volume du *Dictionnaire du mobilier* dont Mérimée devait faire un compte rendu dans *le Moniteur* : « Mon cher ami, c'est pour vous dire que je travaille depuis hier après vous... Ma grande critique c'est que vous avez pris l'ordre alphabétique. Vous y avez remédié par la tournée chez les artisans et la description des mœurs de la noblesse et de la bourgeoisie, mais je crois que je vous tancerai... » Et, ailleurs, toujours en sa qualité de censeur aussi vigilant qu'affectueux : « J'ai lu tout le premier Entretien et j'approuve beaucoup les additions que vous y avez faites. J'ai mis encore çà et là quelques observations de détail. Vous dites page 25 des choses très justes et très vraies sur les premières idoles et les poupées que se font les enfants. Je voudrais un peu plus de développement pour que vous fussiez bien compris de tous... J'ai écrit deux ou trois notes insignifiantes sur le troisième Entretien qui est tout technique, très clair et très juste, ce me semble. Jusqu'à un certain point, vous me réconciliez avec l'architecture romaine. Cependant, à Athènes, j'ai éprouvé un violent désir de démolir le temple de Jupiter Olympien et la porte d'Adrien... »

Cette amitié du grand écrivain et de l'artiste ne s'est jamais ralentie durant les vingt-sept ans qu'elle a durés; c'est peu de temps avant sa mort, en juin 1870, que Mérimée adressait à Viollet-le-Duc cette lettre qui fut, je crois, la dernière qu'il écrivit à son ami : « Mon cher ami, je suis arrivé hier matin (1er juin 1870, Mérimée revenait de Cannes) en assez mauvais état de conservation. Je ne puis sortir et suis toujours très souffrant. Lorsque vous passerez dans mon quartier vous ferez œuvre de charité en venant me voir. J'ai reçu ce matin votre lettre et votre article[1]. Je trouve, comme vous, que les choses vont à la diable. Les hommes manquent et les idées aussi. Adieu, mon cher ami, vous êtes bien heureux de pouvoir vous absorber en travaillant. Mille amitiés — Prosper Mérimée. »

Peu s'en fallut que Mérimée n'assistât pas aux derniers jours de l'Empire qui durent être pour lui bien cruels. En effet, le 24 juin, Viollet-le-Duc écrivait à sa femme : « Mérimée est bien mal depuis

1. Viollet-le-Duc publiait alors des articles dans *le Centre gauche*.

son retour. Il y a quelques jours nous avons cru qu'il ne passerait pas la journée. Il va un peu mieux en ce moment, mais cela ne peut aller loin. » Puis, dans une autre lettre postérieure de quelques jours à la précédente : « Je laisse mon ami Mérimée sensiblement mieux depuis avant-hier soir (1er juillet 1870). C'est un répit et j'espère encore le revoir à mon retour, à moins d'accidents. Cela jetait un sombre sur mon voyage de penser que je ne le retrouverais pas en rentrant. La vie n'étant qu'une question de plus ou moins, l'affaire est de croire qu'on reverra encore au moins une fois ses amis en les quittant. »

Il s'en fallut aussi de bien peu que Viollet-le-Duc précédât son ami dans la tombe, car c'est le 11 juillet de cette même année, pendant l'une de ses nombreuses ascensions dans les Alpes, qu'il tomba dans une crevasse de glace, où il fut resté certainement sans un hasard extraordinaire auquel il dut d'être arrêté dans sa chute, et qui donna à son guide le temps nécessaire pour aller chercher et ramener du renfort. C'est à propos de cet accident qu'il écrivait le lendemain : « Tombeau pour tombeau, celui-là en vaut un autre, je ne songeais pas à m'en plaindre. En sortant de là, ou plutôt, quand on m'a sorti de là comme on tire une carpe au bout d'une ligne, j'ai marché près de deux heures pour aller trouver le premier chalet, et je me suis ainsi parfaitement réchauffé [1]. »

De juillet 1870 à février 1871 la correspondance de Viollet-le-Duc a trait presque exclusivement aux opérations du siège de Paris. Nommé commandant, puis lieutenant-colonel du génie auxiliaire, ses correspondants habituels sont le général Tripier qui commandait le génie et avec lequel il s'est étroitement lié, le colonel du génie Guillemaut et les capitaines de ses compagnies qui, pour la plupart, étaient des architectes. Cette correspondance n'a trait, bien entendu, qu'à des questions de service, et elle n'a d'intérêt que par les témoignages qu'elle renferme de l'activité alors déployée pour mettre Paris en état de défense sur tous les points stratégiques de

1. Viollet-le-Duc a fait un récit détaillé de cette aventure dans une de ses *Causeries du dimanche*, dans *le Bien public*, avril 1878.

la périphérie. Retenu constamment au dehors par les opérations qu'il avait à diriger, Viollet-le-Duc a pu suivre toutes les phases de la défense. Il les a relatées dans un journal dont nous détachons cette page écrite le 24 décembre 1870, au cantonnement de Pantin :

« Il est évident que l'incertitude et le découragement accablent tout l'état-major; l'élément militaire n'a plus aucune énergie, aucun ressort. C'est seulement encore dans le civil qu'on rencontre quelques velléités de résistance et d'entrain. Les officiers supérieurs s'abandonnent complètement, ne croient pas à la possibilité de la résistance et sont désorientés dans cette guerre. Ils ne cherchent même pas les moyens d'opposer à un ennemi habile, discipliné et astucieux, des procédés nouveaux et capables de déjouer cette capacité et cette astuce. Ils continuent à employer les anciens errements de guerre en face d'un ennemi qui procède suivant une méthode toute nouvelle, et qui a laissé de côté la tradition. Les Prussiens réservent toujours leurs véritables moyens d'attaque ou de défense pour les grands coups ; ils n'ont pas la vanité des petits succès journaliers; peu leur importe de se laisser enlever un poste, d'être obligés de battre en retraite devant des forces supérieures. On fait devant eux des ouvrages d'attaque ou de défense, à peine s'ils inquiètent les travailleurs, ils laissent faire, se tiennent cois en apparence, mais, à la faveur de cette trêve tacite, ils élèvent ouvrages contre ouvrages dans des positions bien choisies, longuement étudiées ; ils accumulent les moyens d'action sur ce point ; si vous avez 12 pièces en batterie, ils en placeront 24 et, le jour qu'il leur plaît d'ouvrir le feu, ils vous écrasent. Ils ne connaissent pas la hâte parce qu'ils ne perdent pas un instant pouvant être utilisé. Pour procéder ainsi il faut des troupes très disciplinées, dures à la fatigue, ne se rebutant pas, et dont il n'est pas nécessaire d'entretenir le moral par des petits coups d'éclat journaliers. Ils savent attendre et employer le temps de l'attente à préparer un succès décisif, à un moment choisi par eux, quitte à paraître se laisser battre jusqu'à ce moment. Si, à nos qualités guerrières naturelles, nous savions ajouter un peu de celles qui caractérisent à un si haut degré les armées allemandes, nous pourrions toujours être assurés du succès. Mais nous n'en sommes pas là, il s'en faut. Nos troupes, à peine reformées de débris et d'éléments médiocres, sans cohésion, ne sont bonnes que pour agir suivant un premier élan donné. Belles encore à ces heures, elles n'ont ni la ténacité, ni la patience, ni l'énergie intérieure qui permettent de reprendre un mouvement le lendemain d'un effort. C'est à ces manques de qualités solides qu'il faut attribuer les retraites après les journées brillantes de Villiers et de Champigny, bien plutôt qu'à l'indécision des chefs. Ceux-ci ont parfaitement compris qu'après le refroidissement d'une nuit, les éléments de combat n'étaient plus les mêmes. On en a eu la preuve dans la matinée du 2 décembre 1870, où une attaque vive des Prussiens sur Champigny, alors que nous possédions tout le village, a failli refouler en déroute le corps qui était chargé de défendre cette position et qui, admirable d'élan l'avant-veille, était, le matin, démoralisé et prêt à céder au premier effort. L'effet d'une nuit froide, même après un succès, sur des troupes jeunes et non bronzées, est funeste. Endormis le long des feux de bivouacs, engourdis, éprouvant ce malaise qui saisit tout homme non habitué aux grandes fatigues en plein air, non soutenus par la présence d'officiers robustes de corps, trempés d'esprit, énergiques, ces hommes lâchent pied à la première attaque matinale. Le succès de la veille, l'élan, sont oubliés, ils n'ont plus que le sentiment de la souffrance physique et le désir de se soustraire aux dangers que, la veille au soir, ils affrontaient gaiement. Il n'y a que des troupes très solides qui reprennent l'offensive dans la matinée qui suit une bataille, avant l'aube. Et il est à remarquer qu'autour de Paris, ce sont, même après un succès de nos troupes, les ennemis qui, le matin, ont repris l'offensive. De là un désavantage très sérieux. C'est, d'ailleurs, aux officiers qu'il faut s'en prendre; ils ne restent pas avec leurs hommes après l'action terminée heureusement le soir, ils ne les soutiennent ni ne les remontent; ils cherchent un logis pour se reposer et manger, et sont réveillés par l'attaque matinale. »

A peine Paris a-t-il ouvert ses portes que Viollet-le-Duc songe à prendre sa part de l'immense travail de réorganisation qui s'imposait alors, mais il voit venir la Commune, comme le prouve cette lettre du 9 mars 1871, qu'il écrivait à sa femme : « Les difficultés de toutes natures s'accumulent maintenant autour de nous, elles sont sans fin et, la plupart, sans solutions possibles. Je reste à Paris en ce moment, ne voulant pas qu'on puisse me reprocher de n'avoir pas fait tout pour ramener la raison et l'ordre dans les affaires et les esprits, après avoir fait ce que je pouvais pour la défense. Je suis, au total, fort écœuré ; mais quoi ? Il faut ou travailler à remettre les choses en état de marcher, ou quitter ce malheureux pays. Je vis dans cette alternative, fort tristement. Beaucoup lâchent, s'en vont et, si cela continue, il n'y aura plus à Paris que la fripouille qui conduira à la ruine définitive du pays. »

Pendant la Commune Viollet-le-Duc quitta Paris pour échapper aux poursuites dont il devait être l'objet, car on en voulait fort à l'ex-colonel du génie auxiliaire de ne pas prêter son concours à la défense de Paris contre Versailles, et on vint plus d'une fois chez lui avec la pensée de l'y contraindre. Réfugié à Pierrefonds où il écrivait son *Mémoire sur la défense de Paris*, il s'attendait tous les jours à apprendre la destruction des précieux matériaux qu'il avait accumulés depuis quarante ans au prix de travaux incessants. Ce chagrin lui fut épargné grâce au dévouement et au sang-froid du serviteur auquel il avait confié la garde de son cabinet.

Dans son *Mémoire sur la défense de Paris*, Viollet-le-Duc ne s'est pas borné à relater tout ce qui a été fait pour cette défense, il s'est appliqué à comparer les aptitudes, les ressources que la France et la Prusse doivent à leur génie propre, puis à examiner comment il conviendrait d'utiliser et de mettre en valeur les qualités de la première pour pouvoir les opposer victorieusement à celles de la seconde le jour d'une nouvelle rencontre. Son examen se termine par ce vœu : « Ce qu'on doit demander, c'est que le pays soit également associé, sans exceptions, pour les travaux de la paix comme pour les travaux de la guerre ; que l'organisation civile puisse s'appliquer à l'organisation militaire, sans secousses, en vingt-quatre heures ;

que l'administration française soit digne de ce nom, en ne se faisant plus *l'exécutif* d'une coterie ou d'un parti ; qu'elle soit libérale dans la véritable acception du mot, en attirant les intelligences au lieu de les éloigner par une soumission paresseuse à la routine et par la crainte de l'esprit d'examen. »

Viollet-le-Duc ne devait pas tarder à retrouver, comme architecte, l'emploi de son activité. Aussitôt après la Commune il était appelé, presque simultanément, à Gand, à Genève, à Lausanne, à Moscou et en Italie, car il fut prophète un peu partout excepté dans son pays. Dès cette époque il prit la résolution de recouvrer toute son indépendance. « Je ne sais pas ce qui adviendra de moi, écrit-il, mais je ne veux pas, davantage, rester dans les administrations, j'en suis dégoûté pour toujours et ne demande qu'à passer dans l'étude les années qui me restent à vivre. » En effet, c'est en 1872 qu'il commmence à publier cette série de petits livres qu'il destinait à l'enseignement de la jeunesse et qui ont pour titre : *l'Histoire d'une maison, l'Histoire d'une forteresse, l'Histoire d'une cathédrale et d'un hôtel de ville, l'Histoire de l'habitation humaine, l'Histoire d'un dessinateur*. Durant un voyage qu'il faisait en Italie, en 1873, il écrivait de Naples à l'un de ses éditeurs, M. des Fossés : « Je compte sur M. Ruggiero et M. Fiorelli pour nous permettre d'entreprendre un sérieux travail, qui n'a jamais été fait, sur les objets antiques du *musée di Studii* [1]. Si j'avais trente ans, il faudrait entreprendre avec ces renseignements ce que nous avons fait pour *le Mobilier*, mais je suis trop vieux. Nous pourrons toujours préparer la besogne pour d'autres... » Et plus loin : « J'ai dans la tête tout mon ouvrage sur le système décoratif de la peinture des Vénitiens ; je réunis autant de documents que je puis. » Il ne lui fut pas donné de vivre assez longtemps pour réaliser ce projet. Les nombreux croquis qu'il avait faits en vue d'établir l'existence du système décoratif auquel il faisait allusion sont donc restés muets ; toutefois, ils sont accompagnés de notes au

1. MM. Ruggiero et Fiorelli dirigeaient des fouilles importantes que le gouvernement italien faisait pratiquer alors à Rome et à Pompéi.

crayon qui sont évidemment des jalons que l'artiste a plantés avec l'intention de s'y reporter; nous en détachons ce passage qui renferme une indication de sa conception de l'art de la peinture : « Ce qui m'a frappé en revoyant la peinture italienne, c'est cette solidité, cette fermeté qu'elle conserve toujours, même dans les œuvres médiocres, et qui rejette au second plan les maîtres du Nord. Il y a, là, puissance de race, c'est la race latine dans sa vigueur, avec ses qualités et ses défauts. En France, nous sommes assez latins pour résister à la pression des races du Nord, pas assez pour produire cette sève italienne. Il y a, certes, bien des défauts dans cette italianisme, mais c'est *un*, cela se tient, les têtes sont organisées, elles ont une gravité, un sentiment de force cérébrale qui manque chez les nôtres dont les expressions sont vagues ou embarrassées, ou vaniteuses, ou effarées, ou sottes. Quand les maîtres italiens font une œuvre de peinture, c'est l'art seul qui les dirige; peu leur importe le sujet, il est ou sera quelconque. Nos peintres, au contraire, veulent, avant l'effet d'art, rendre l'idée dramatique, la rendre claire, lisible pour tous. Cela est-il compatible avec l'art du peintre? Je ne le crois pas. Il ne faut pas transposer dans les arts. »

En 1874, à la suite de sa démission d'inspecteur général des édifices diocésains, qui, dans les circonstances où elle se produisit, lui valut les sympathies des adversaires du gouvernement de cette époque, on lui proposa une candidature à la Chambre. Il déclina cet honneur pour des motifs que nous trouvons exposés dans une lettre en date du 26 juillet 1874 : « Je ne prendrai pas un pareil fardeau, j'ai mieux à faire, pendant les quelques années qui me restent de force, que de discuter dans une assemblée. — Nous avons, en France, notre jeunesse à refaire, mille préjugés à combattre. C'est à cette tâche qu'il faut s'atteler. L'affaissement moral et intellectuel est arrivé à son comble... C'est donc par les petits qu'il faut commencer, car il n'y a rien à tenter avec les générations déjà élevées. Trente ans de bien-être, de vie facile, les ont pourries jusqu'à la moelle. L'hypocrisie les achève et ce vice est devenu fort à la mode du haut en bas de l'échelle. »

On sait, de reste, que Viollet-le-Duc n'a jamais été élu, pas même candidat, à l'Académie des beaux-arts; par contre, il n'y a pas d'Académies de l'étranger dont il n'ait fait partie et dont il n'ait reçu les marques les plus flatteuses pour son talent. L'Institut royal des architectes britanniques, notamment, dont il était membre honoraire, lui décernait sa grande médaille d'or en 1863, c'est-à-dire au moment même où il était en lutte ouverte avec l'Institut impérial de France; il lui faisait l'insigne honneur, au commencement de chaque année, de lui rappeler que « *les architectes britanniques comptaient toujours sur lui pour être tenus au courant des progrès de l'architecture en France* ». Si la 4e classe de l'Institut a reçu la même invite et si elle y a répondu de son côté comme Viollet-le-Duc l'a fait du sien, il serait peut-être intéressant de rapprocher les deux manières de voir en matière de progrès d'architecture.

S'il n'y eut jamais de conspiration, dans le sein de l'Académie des beaux-arts, pour y faire entrer Viollet-le-Duc, il y en eut une dans celui de l'Académie des inscriptions et belles-lettres pour l'y recevoir. Nous ne dirons pas ici les motifs pour lesquels l'artiste déclina une offre si particulièrement flatteuse pour lui puisqu'il les donne dans une des lettres de ce recueil, p. 128 et 132.

L'un des griefs de Viollet-le-Duc contre l'influence académique, c'était le fait d'avoir enlevé les artistes au milieu démocratique, dans lequel ils avaient vécu jusque là, pour les rendre tributaires des classes élevées. « Or, disait-il, les arts ne peuvent trouver leur assiette, se développer et progresser que dans le milieu vivant de la nation; il faut, pour ainsi dire, qu'ils circulent avec son sang, ses passions et qu'ils reproduisent ses aspirations[1]. » C'est en vertu de la même conviction qu'il disait encore. « L'art[2], s'il n'est une langue comprise de tous, peut être un charmant objet de luxe; il

1. Ces lignes sont extraites d'un programme que Viollet-le-Duc avait été appelé à rédiger à titre de collaborateur d'une encyclopédie qui devait être publiée sous la direction de Michel Chevalier, et dont le projet fut abandonné.

2. *Du rôle de l'art dans les sociétés modernes*, étude publiée en 1878 dans *la Science politique.*

ne laisse pas de traces durables dans l'avenir, et il ne remplit pas son rôle dans le présent. »

Il s'exprime encore à ce sujet avec plus de détails dans son premier Entretien sur l'architecture. « Les arts, dit-il, se développent activement lorsqu'ils sont, pour ainsi dire, rivés aux mœurs d'un peuple, qu'ils en sont le langage nécessaire; ils déclinent lorsqu'ils s'écartent des mœurs pour former comme un État à part, qu'ils deviennent une sorte de culture particulière; alors peu à peu on les voit se renfermer dans les Écoles, s'isoler; ils adoptent bientôt un langage qui n'est plus celui de la foule. Alors l'art est un étranger que l'on accueille, parfois, sans le mêler à la vie ordinaire. On finit par s'en passer, car il embarrasse au lieu d'aider; il prétend gouverner et n'a plus de sujets. L'art ne peut vivre que libre dans son expression, mais soumis dans son principe; il meurt lorsqu'au contraire son principe est méconnu et que son expression devient esclave. »

En 1864, à l'époque où l'Académie des beaux-arts lançait l'anathème contre lui à l'occasion d'essais de réorganisation à l'École des beaux-arts, Viollet-le-Duc eut un vigoureux défenseur en Sainte-Beuve qui lui consacra alors deux de ces articles sensationnels qu'il écrivait dans le *Moniteur* et qu'il a reproduits dans ses *Nouveaux Lundis*. L'architecte, frappé d'interdit, lui en garda une profonde reconnaissance et l'en remerciait en ces termes dans une lettre du 15 février 1864 : « Vous me donnez là un bon coup d'épaule dans l'opinion, et je vous en remercie bien sincèrement, comme vous pouvez le penser, d'autant que, dans la jeunesse même, les partis se dessinent et que les aristocrates de l'ignorance commencent à être percés à jour. Je n'ai jamais désespéré de l'intelligence chez nous. Quelques efforts, et ce tas de moutons deviendra une armée puissante et militante. »

Parmi les reproches que Viollet-le-Duc faisait à l'enseignement de l'École des beaux-arts, le plus grave était celui de ne pas former des hommes pratiques et de ne pas armer ses élèves, comme il convient, pour le jour où ils seront en présence des difficultés de tout genre et des immenses responsabilités que comporte avec lui l'art de bâtir. C'est à ce propos que, passant en revue les nombreux cours professés à cette École (ils étaient alors au nombre de 15, mais ils sont en plus grand nombre aujourd'hui), il regrettait et regretterait encore s'il vivait, de n'en pas trouver un qu'il considérait comme devant faire surtout l'affaire des élèves et celle du public; à savoir le cours sur l'art de bâtir. « C'est cependant, disait-il, parmi tant de belles choses, ce qu'on ne leur enseigne pas : l'art de bâtir, c'est-à-dire l'art de faire concorder la forme apparente avec les moyens de construction, d'élever une structure sensée, en raison des ressources, des matériaux, des conditions climatériques et des nécessités imposées par les programmes; l'art de diriger un chantier, de procéder avec méthode, de se rendre compte des dépenses et des moyens d'exécution, de coordonner le travail de telle sorte que chaque corps d'état intervienne en temps utile, sans encombre, sans perte de temps et d'argent[1]. »

Pour Viollet-le-Duc, l'architecture d'un pays (quand il en a une), *est inséparable de son histoire, elle en est le corollaire; ses manifestations sont parallèles en même temps que subordonnées aux phases de cette dernière. L'une dérive de l'autre;* c'est ce qui lui a fait dire : « Montrez-moi l'architecture de telle civilisation et je vous indiquerai les traits principaux de son histoire. »

Pratiquée comme elle doit l'être, l'architecture, disait-il encore, *n'a plus rien d'empirique, de dogmatique, d'énigmatique, d'arbitraire ou de conventionnel; elle n'est, au contraire, que le résultat logique des aptitudes de certaines races, de leurs besoins et de leurs ressources matérielles.*

Rattachant étroitement l'histoire de l'architecture à celle de l'humanité, il prétendait pouvoir baser sur la première une étude de notre état social, de notre vie nationale, de nos mœurs et de notre civilisation. Il a tracé, d'ailleurs, les lignes principales d'une telle étude dans le *Dictionnaire de pédagogie* de M. Buisson, à

1. Lettres extraparlementaires dans le *XIXe Siècle* (5 avril 1877).

l'article ARCHITECTURE, le seul qu'il ait pu écrire dans ce dictionnaire dont les premières pages ont été publiées bien peu de temps avant sa mort.

Les critiques que Viollet-le-Duc a dirigées contre l'enseignement de l'architecture ont soulevé bien des colères dans le monde académique et, cependant, elles sont toujours restées sans réponse. Il a pu, durant toute sa vie, et il a commencé jeune, exposer en quoi cet enseignement est contraire aux intérêts et au génie du pays ; ses livres, qui tendent à propager cette opinion, ont pu se répandre énormément, être traduits en plusieurs langues, être réédités à plusieurs reprises (ils le sont en ce moment même) sans que, jamais, les adeptes de cet enseignement aient éprouvé le besoin de le défendre.

Viollet-le-Duc traduisait quelquefois son sentiment à l'égard de l'architecture contemporaine par des boutades telles que celles-ci :

« La question est de savoir si le public est fait pour les architectes ou les architectes pour le public. »

« On nous fait des monuments comme on coupe un gâteau. En voulez-vous pour 3,000 francs, une arcade; pour 12,000 francs, quatre arcades. »

« Tous les peuples n'ont qu'une architecture, pourquoi en chercher une? perfectionnez la vôtre. »

Viollet-le-Duc avait l'habitude de condenser et de fixer en quelques lignes, quelquefois en quelques mots seulement, telles pensées qui naissaient spontanément en son esprit, telles observations ou réflexions que les événements contemporains lui suggéraient au moment même. C'était pour lui autant de repères auxquels il devait se reporter plus tard, il y trouvait matière à des développements dans les nombreux écrits qu'il a laissés. Nous avons retrouvé ces pages détachées dont un certain nombre sont datées. Elles font pénétrer plus avant dans le cœur de l'homme et dans le sentiment de l'artiste. Aussi songeons-nous à les publier prochainement. Nous en détachons ce qui suit :

« 16 juillet 1857. — Les nobles du moyen âge ne comptaient que sur leur épée, c'était brutal et absurde; les grands d'aujourd'hui (si grands il y a) ne comptent que sur leur caisse; est-ce mieux? est-ce surtout plus moral? l'épée ne déshonore ni celui qui s'en sert, ni celui qui en est frappé; peut-on en dire autant de l'argent? Les restes du vieux monde craquent de tous côtés, et je ne vois que l'argent qui s'élève à la place de la ruine prochaine des vieux préjugés. Quelle est donc l'idée qui nous sauvera? Est-il une idée ou un principe que l'on puisse considérer comme applicable au moment du déchirement dernier? Les nobles ont tué l'aristocratie, le roi en tête; le clergé a tué la religion, ses papes en tête; le tiers-état a tué le gouvernement contrôlé, par ses jalousies et ses petites ambitions. Le peuple a aidé tous ceux qui ont voulu détruire, il paraît et disparaît comme une épée que l'on sort du fourreau et que l'on y remet. D'ailleurs, il se moque de ceux qui l'emploient aussi bien que de ceux contre qui on l'emploie. Il n'a pas dit son dernier mot. A-t-il quelque chose à dire? Il attend, il ne croit à rien et fait semblant de croire à tout, il profite de tout, se souvient et travaille. Ce qui est certain, c'est qu'il n'est la dupe d'aucune hypocrisie, il les méprise toutes.

« Je ne sais où nous allons, mais nous allons quelque part d'un pas accéléré. Tous les gouvernements d'Europe reposent sur la pointe d'une aiguille. La diplomatie est une vieille comédie qui n'amuse plus personne et ne fait illusion qu'à ceux qui la jouent. Il n'y a plus de droit divin. La voix du peuple, *l'élection*, a fait son temps, c'est une machine qui embarrasse fort ceux qui s'en sont servis. Les lois ne sont plus en harmonie avec les mœurs, en disent trop ou pas assez; chez nous, on les craint encore, on ne les respecte plus. L'argent, voilà le seul mobile, la seule force debout; or, aucune force n'est plus facile à déplacer, elle ne consiste qu'en la possession brutale, tout comme la force de l'épée; elle ne peut s'appuyer ni sur un principe, ni sur une idée. Devant cette force de la possession, la loi est impuissante, bavarde. Aussi, parmi les gros bonnets de la finance, n'y en a-t-il aucun que la loi puisse gêner, elle ne s'attaque qu'aux petits, aux niais ou aux maladroits. D'ailleurs, l'argent se coalise, l'argent attire l'argent; les financiers s'entendent aujourd'hui tout comme les seigneurs féodaux s'entendaient jadis. S'ils se battent entre eux, ils se réunissent bientôt devant l'ennemi commun, et l'ennemi des possesseurs de l'argent ce sont ceux qui n'en ont pas. En face de cette nouvelle féodalité tout gouvernement est embarrassé, il doit composer avec elle, il est enchanté de la voir attaquer, mais il n'oserait souhaiter la voir détruire. Cependant la féodalité financière aura son Louis XIV qui lui coupera les ongles, et sa Révolution de 89 qui l'anéantira. Et cela viendra bientôt, car tout va vite aujourd'hui. Cela nous mène droit au communisme. Que diront alors les saint-simoniens, nos seigneurs féodaux? »

Parmi les éditeurs de Viollet-le-Duc (il en eut cinq) il en est un surtout, Hetzel, le père, avec lequel il fut en parfaite communion d'idées; c'est qu'aussi les deux hommes nourrissaient la même tendresse pour la jeunesse et mettaient en elle les mêmes espérances. Sur ce terrain ils s'étaient étroitement associés et avaient formé des projets que la mort ne leur permit de réaliser qu'en partie. Il nous faut, disait Viollet-le-Duc à Hetzel, « tenter de développer chez elle (la jeunesse) la faculté de réfléchir, en montrant l'attrait de la raison, les avantages qu'obtiennent ceux qui s'en servent. Il faut lutter enfin contre cette funeste tendance de l'esprit français à croire à l'intervention, dans les choses humaines, de la chance, de l'étoile, de la providence, de la Sainte-Vierge ou du Sacré-Cœur... C'est dans cet ordre d'idées que j'ai toujours aimé écrire[1] ».

Armer la jeunesse en l'instruisant, tel fut l'objet constant des préoccupations de Viollet-le-Duc, surtout après la guerre; il s'y dépensa beaucoup. « Travaillons pour la jeunesse, la vraie, la jeunesse jeune, écrivait-il à Sainte-Beuve, vivons avec elle et pour elle; c'est le moyen de ne jamais vieillir, tout est là[2]. »

La facilité que Viollet-le-Duc avait pour dessiner passait pour extraordinaire, il fut aidé pour l'acquérir par le charme également extraordinaire qu'il éprouvait à dessiner. Il prétendait que d'entendre de la bonne musique lui suggérait des idées et l'aidait à

1. Lettre du 17 juillet 1874.
2. Lettre du 23 février 1864.

composer[1]. Dans des réunions intimes où il se rencontrait souvent avec Armingaud, le violoniste, celui-ci prenait son violon à la condition que l'artiste prît son crayon, ou réciproquement. Armingaud était arrivé à former ainsi une petite collection dont il était très fier.

Viollet-le-Duc ne savait pas écouter *en commission* sans avoir un crayon et du papier. Pour qui le connaissait, il était visible que le crayon avait, là, pour office, suivant le cas, de l'armer de patience, ou de l'aider dans ses réflexions avant le moment d'intervenir. Après la séance c'était à qui ferait main basse sur le dessin qui n'avait pour lui plus d'objet.

Le secret de l'habileté pour dessiner réside moins, disait-il, dans l'exercice de la main que dans celui de l'intelligence. « C'est avec l'intelligence que l'on dessine, et l'œil n'est qu'un miroir qui renvoie les objets au cerveau afin qu'il en déduise quelque chose propre à être reproduit par la main[2]. » Il prétendait que *voir l'objet est une idée moderne*, que les anciens ne voyaient pas l'objet en dessinant, mais le type du dessin.

En matière d'enseignement du dessin sa conclusion était toujours celle-ci : « C'est à la nature que les belles époques de l'art ont été recourir quand elles ont produit ces chefs-d'œuvre qui charment et charmeront éternellement les yeux, ce n'est pas à des styles antérieurs, si belles qu'aient été leurs expressions. C'est donc à la nature qu'il faut encore aujourd'hui aller demander tous les éléments de l'enseignement du dessin, non à des exemples qui, au milieu de la jeunesse, sentent toujours le moisi, quoi qu'on fasse[3]. »

L'artiste qui a écrit ces lignes n'avait pas eu, d'ailleurs, d'autre maître que la nature, il en avait été toujours le fervent autant que

1. Il a dit dans son premier Entretien sur l'architecture : « Un architecte qui n'éprouve pas, en écoutant un air ou un poème, en voyant une sculpture ou une peinture, des sentiments aussi vifs que ceux que produit chez lui la vue d'un monument, n'est pas un artiste : c'est un praticien; il en est de même du musicien, du poète, du peintre et du sculpteur ».

2. Extrait d'un discours prononcé à la Sorbonne le 12 décembre 1875.

3. Causeries du dimanche dans *le XIXe Siècle*, 1875.

le passionné disciple, et c'est à cela qu'il doit sans doute d'avoir pu pénétrer si avant dans les secrets qu'elle renferme; celles de ses compositions dans lesquelles il s'est inspiré d'elle sont innombrables et constituent peut-être la partie la plus individuelle et la moins connue de son œuvre. La nature, comme la vérité, a-t-il dit, contient toujours à l'état latent ce qu'on appelle le style. Les grands maîtres, comme les grands poètes et écrivains, ont su l'y trouver et la dépouiller de sa gangue souvent grossière.

Envisageant le dessin, non plus au point de vue de l'art, mais comme un langage, Viollet-le-Duc le considérait comme l'un des moyens les plus rapides et les plus sûrs de communiquer sa pensée. Il ajoutait que si jamais, ce qu'il n'osait espérer, l'enseignement du dessin était rendu obligatoire, on ne se passerait pas plus de dessiner que de lire ou d'écrire. Rendre l'enseignement du dessin obligatoire, ce serait, disait-il, provoquer toute une révolution intellectuelle au grand avantage du pays. Il appuyait son affirmation de considérants tels que ceux-ci :

« Le défaut de jugement n'est-il pas la conséquence du défaut d'observation et quel meilleur moyen de développer l'observation que le dessin ? »

« Le dessin c'est tout un côté intellectuel du pays, laissé dans l'ombre [1]. »

Viollet-le-Duc fut un implacable ennemi *des phrases*. Il apprit à les haïr dans les nombreux comités, commissions, congrès, dont il faisait partie; il les a accusées d'avoir, de tout temps, causé nos mécomptes, nos insuccès, nos malheurs, d'avoir, chez nous, toujours fait le jeu et la fortune des farceurs aux dépens du pays, d'être enfin l'une des plaies de notre France les plus susceptibles d'amener sa décomposition. La terreur qu'il en a le hante constamment, et il s'applique à faire mesurer toute l'étendue du mal qu'elles nous ont fait, qu'elles nous font et nous feront encore : « Ce sont elles qui ont largement contribué à propager des idées fausses, en

1. Pages écrites en manière de sommaire d'une conférence sur le dessin, 19 oct. 1876.

matière d'art, en matière d'architecture surtout; mises en circulation par quelques écrivains ayant patente pour parler au public de l'art sans savoir, d'ailleurs, comment se tient une brique, se coupe un morceau de bois, ou se conduit le crayon ou le pinceau, nous en rions, entre nous artistes, mais le public les accepte et les répète comme paroles d'Évangile [1]. »

Les phrases lui suggèrent les plus sombres pronostics, celui-ci entre autres : « Des phrases creuses dans le monde officiel, dans les salons, la barbarie dans la rue, et c'est ainsi que s'accomplira l'émigration de tout ce qui, dans les arts, a fait, jusqu'à ce jour, la supériorité de notre industrie [2]. » Et cet autre : « Les phrases! un jour viendra où, devant une contrée déserte, s'établira ce dialogue : « Là était Paris, là... etc. — Quel est le peuple de barbares « qui a détruit cet empire? sont-ce les Tartares, les Mongols ou...? « — Non, ce sont les phrases [3]. »

Viollet-le-Duc fut pendant les dernières années de sa vie un collaborateur assidu de journaux quotidiens. *Le Centre gauche, le Bien public, le XIXe Siècle, le Peuple* lui durent un très grand nombre d'articles qui paraissaient très rapprochés puisqu'il en donnait au moins un par semaine. Des publications périodiques, telles que *la Science politique, l'Artiste, la Revue des cours littéraires, la Revue nationale, la Revue économique, la Gazette des beaux-arts*, etc., etc., lui ont ouvert leurs colonnes, et nous avons trouvé de nombreuses lettres par lesquelles on sollicitait sa collaboration. L'une d'elles, datée du 10 août 1874, renferme ce passage très flatteur pour lui : « Mon cher maître, on nous a fait presque espérer quelques correspondances de vous qui seraient à la fois l'honneur et la fortune du *XIXe Siècle*... Sachez que le jour où vous aurez quelques pages non à perdre (car nous sommes très lus), mais à donner, elles seront les bienvenues sous la tente de votre tout dévoué, Edmond About. »

1. Pages inédites.
2. D'un article du *Centre gauche*, mai 1870.
3. Pages inédites.

Pendant les quelques années, 1873 à 1879, qu'il siégea au conseil municipal de Paris, Viollet-le-Duc se trouva naturellement désigné pour traiter plus particulièrement les questions d'édilité; il fut appelé à s'occuper beaucoup de l'organisation de l'Exposition universelle de 1878, de la reconstruction de l'Hôtel de Ville et de l'emploi des crédits consacrés par la ville à l'encouragement des beaux-arts. C'est à l'occasion de ces crédits qu'il s'exprimait ainsi dans un rapport au conseil municipal le 11 février 1879 : « S'il est une des expressions du génie humain qui demande une entière liberté, c'est certainement l'art; mais, par suite de traditions dont nous n'avons pas ici à faire l'historique et la critique, il se trouve que dans notre pays, où l'œuvre littéraire jouit d'une liberté étendue, l'œuvre plastique est soumise à des entraves qui sembleraient simplement ridicules si elles n'avaient pour conséquence de favoriser la médiocrité et de décourager les artistes qui, n'ayant pas de goût pour les sentiers battus, cherchent des voies nouvelles, et possèdent l'originalité.

« Le pouvoir, quel qu'il soit, n'a nul intérêt, nul désir probablement, de prendre parti dans les querelles d'école, et ce n'est pas, en effet, son rôle; mais il ne doit pas lui convenir davantage de se mettre à la remorque d'un système ou de tolérer qu'un corps irresponsable, ne fût-il composé que de personnages éminents, prenne sa place et, se couvrant de la protection administrative, agisse suivant son propre intérêt, abuse de l'influence qu'on lui aurait ainsi laissé prendre. »

La reconstruction de l'Hôtel de Ville, qui fit l'objet d'un concours, fut une très grosse entreprise à la préparation de laquelle Viollet-le-Duc apporta son expérience de constructeur. S'il eût vécu assez pour la voir terminer, il fût peut-être parvenu à convertir ses collègues du conseil municipal à l'exécution d'un projet qu'il avait esquissé pour la décoration des abords de cet édifice. Il avait rêvé pour ce dernier le caractère que *le palais municipal* affecte dans certaines villes italiennes, telles que Florence, Pérouse, Sienne; il le voyait précédé, sur la place comme du côté du quai, d'œuvres magistrales de sculpture, détachant leur silhouette sur le large espace donné par la Seine et par le terre-plein qui précède le monument. Il estimait qu'il y avait, là, un programme tout tracé, digne de la ville de Paris, une occasion de concours pour notre belle école française de statuaire. « Depuis longtemps, disait-il encore dans son rapport du 11 février 1879, il manque à notre École de statuaire qui, sous le rapport de l'exécution, acquiert chaque année des qualités très remarquables, *un objectif*, pourrait-on dire. Ballottée entre les réminiscences de l'antiquité, du moyen âge et de la renaissance, entre les saints du paradis et les dieux du paganisme ou du christianisme, les pastorales et les allégories surannées, elle cherche sa voie, et les œuvres qui, avec raison, ont fait impression sur le public sont précisément celles qui sortent de ces banalités en trouvant le chemin des sentiments qui agitent notre époque. »

Les fonctions de conseiller municipal, telles que Viollet-le-Duc les comprenait et les remplit, lui imposèrent un surmenage écrasant, étant donné qu'il dirigeait en même temps des travaux particuliers très importants, qu'il publiait chaque année un nouveau livre et qu'il ne se passait pas de semaine qu'il n'écrivît un long article dans un ou plusieurs journaux. A ceux de sa famille ou de ses amis qui s'effrayaient pour lui de ce surmenage autant que des haines et des rancunes qui poursuivaient l'homme public, il répondait : « Nous sommes dans un temps où tous les hommes de bonne volonté doivent prendre part aux affaires publiques. C'est à ce prix qu'on pourra relever le pays et non en gémissant et en regardant faire les autres. Tant qu'il me restera des forces, je les consacrerai à cette tâche de patriote. C'est ma seule préoccupation sérieuse et il m'importe guère que l'on me loue ou que l'on me blâme; je sais ce que je veux, et comme je sais que c'est le bien, on peut dire tout ce qu'on voudra[1]. »

Quoi qu'il en fût de sa volonté et de sa puissance de travail Viollet-

1. Lettre à Mme Viollet-le-Duc, 13 juin 1875.

le-Duc arrivait, à un certain moment de l'année, à se sentir absolument à bout de forces, *fourbu*, comme il disait. Il s'improvisait alors montagnard, pendant six semaines, il établissait son quartier général à Chamonix, *au chalet de la Côte*, qu'il a construit d'ailleurs, et, de là, il atteignait les altitudes les plus élevées de la contrée pour reconnaître, et déterminer par une suite de triangulations, tous les points du massif du Mont-Blanc dont il dressait une carte et sur lequel il a fait un livre. Il revenait de ces hauteurs toujours plus enthousiaste des grands spectacles auxquels il avait assisté, toujours plus pénétré du haut enseignement que la nature renferme dans ces régions, toujours plus désireux de communiquer son admiration et de la faire partager.

Les innombrables dessins et aquarelles qu'il rapportait de ses courses de montagne sont certainement la partie de son œuvre dessinée, qui lui a causé les plus vives satisfactions et dont il était le plus fier. C'est celle qu'il était particulièrement heureux de mettre sous les yeux de ses amis et de ses élèves quand ils le visitaient le matin. *L'Histoire d'un dessinateur* nous révèle l'attraction que lui causait la montagne. « Il fallait, dit-il (p. 254), que la science intervînt, qu'elle ébauchât les connaissances géologiques et fît pressentir les travaux auxquels la nature se livre dans les massifs montagneux, pour que l'on examinât de près, avec des yeux nouveaux, pourrait-on dire, ces phénomènes grandioses. Et alors on s'est pris de passion pour ces spectacles au point de risquer cent fois sa vie pour découvrir quelques-uns des mystérieux labeurs de la matière. »

Viollet-le-Duc avait l'esprit pratique de l'homme d'action. Il ne s'attardait jamais à déplorer un événement, mais il songeait tout de suite aux moyens d'en atténuer les conséquences, ou d'en prévenir le retour. Quand il fut surpris par la guerre de 1870, ses préoccupations ne l'immobilisèrent pas un instant et le dirigèrent immédiatement vers le but à poursuivre, la défense. Et il s'identifia si bien et si profondément avec ce rôle d'ingénieur militaire, auquel, d'ailleurs, il était depuis longtemps préparé par ses travaux sur l'architecture militaire, qu'il l'eût certainement rempli jusqu'à la fin de sa vie, si des alternatives de succès et de revers eussent fait durer la guerre jusque là. D'ailleurs, à défaut de pouvoir continuer la lutte armée, il a, durant ses dernières années, constamment songé aux moyens de préparer le pays pour le jour où il aurait à se défendre de nouveau. Sa correspondance intime est là pour nous permettre d'affirmer que tous ses efforts, toutes ses pensées ont, pendant cette période, convergé vers ce but unique : le relèvement du pays.

D'ailleurs, que pouvait-il faire de plus comme architecte? Il lui a manqué sans doute d'avoir pu construire un monument à Paris, sa ville natale; ce qui eût été pour lui l'occasion d'affirmer avec éclat son enseignement; mais les représentants de l'art classique, qui détiennent aussi les travaux, faisaient trop bonne garde pour laisser faire une démonstration de ce genre. Nous avons trouvé dans plus d'une lettre la trace du sentiment pénible que ce genre d'ostracisme lui avait causé.

Lorsqu'il fut surpris par la mort, Viollet-le-Duc préparait un ouvrage qu'il considérait sans doute comme devant être le couronnement de son œuvre écrite, car il aurait eu pour titre : « *La France* ». Il a eu le temps seulement d'en écrire la préface et le premier chapitre. Au lieu d'adopter l'ordre chronologique il se proposait « d'envisager successivement chaque grande institution, chaque organisme essentiel et d'en montrer les origines, les développements, les conséquences, les rapports avec la marche logique des événements ». Tout en s'inspirant de la méthode que M. Guizot a adoptée dans son *Histoire de la civilisation en France*, il songeait, disait-il, à se mettre, plus que l'illustre historien, à la portée de la jeunesse en réunissant des éléments plus saisissants, plus vivants et présentés suivant une méthode plus concrète.

Jules Ferry, qui était président du conseil en même temps que ministre des beaux-arts, en septembre 1879, quand mourut Viollet-le-Duc, consacra à l'homme et à l'artiste une éloquente improvisation[1] à la suite de laquelle il annonça qu'il décrétait « pour honorer

1. Discours prononcé le 29 octobre 1879 en séance de la Commission des monuments historiques.

sa mémoire » la création d'un musée de sculpture française. C'était, en effet, une création dont Viollet-le-Duc avait signalé l'utilité dès 1848, et qu'il avait, depuis, plusieurs fois vainement réclamée. La pensée de la réaliser était assurément aussi belle que touchante, et bien digne du grand ministre; nous sommes de ceux qui l'ont saluée avec le plus de gratitude, mais nous ne pouvons pas ne pas constater avec tristesse qu'il a fallu, pour la réalisation d'un projet de la plus haute portée pour l'enseignement de l'art dans notre pays, que l'artiste qui l'avait conçu depuis plus de trente ans, et qui désirait tant le voir exécuter, commençât par disparaître; et qu'en outre sa mort coïncidât avec la présence, à la tête du gouvernement, d'un homme animé de grandes pensées et qui avait à cœur d'honorer la mémoire de Viollet-le-Duc. Quel autre concours extraordinaire de circonstances faudra-t-il donc pour amener l'affranchissement de l'enseignement de l'architecture, cet autre objectif que l'artiste a poursuivi toute sa vie et qui n'était autre que le relèvement de son art !

Les adversaires de Viollet-le-Duc ont employé vis-à-vis de lui cette tactique, que ne désavouerait pas Basile, qui consiste à considérer comme lettre morte toute une partie de son œuvre, afin de le faire passer pour un chef d'école exclusif, *pour un gothique*, comme ils se plaisent à dire. Or, ce gothique a (ce que n'a pas encore fait un classique) consacré un volume à l'étude raisonnée des architectures grecque et romaine, et c'est précisément à cette étude qu'il est allé puiser les plus décisifs, les plus concluants de ses arguments pour montrer le néant de l'enseignement officiel. Voilà une démonstration qui n'était pas pour plaire à la compagnie qui s'est taillé un monopole de faveur dans l'exploitation du grec et du romain selon sa formule et sous le patronage des gouvernements successifs. Que resterait-il en effet de ce monopole le jour où prévaudraient des théories telles que celles-ci :

« Une école d'art, si elle veut être autre chose qu'un protectorat réduit à s'entourer de clients soumis, si elle veut être réellement une école, doit prendre toute son influence dans la discussion, dans l'échange des idées, dans l'émulation résultant des principes rivaux, mais se manifestant en toute liberté et sous le contrôle de l'opinion[1]. »

« On ne dirige pas l'art chez un peuple, on ne peut que lui faire une atmosphère favorable à son développement. C'est ce que la civilisation grecque comprit admirablement, et c'est sa plus grande gloire, celle qui ne périra qu'avec le monde[2]. »

Ne pas diriger l'art! mais le diriger, c'est précisément la seule raison d'être de la quatrième classe de l'Institut, c'est le pivot de l'action néfaste qu'elle exerce sur la nombreuse clientèle qui gravite autour d'elle. Il importe essentiellement à cette compagnie d'avoir toujours mainmise sur l'enseignement, car il y va pour elle et ses adeptes de la conservation de tous les avantages terrestres qui en découlent. C'est en vue de cette conservation que l'illustre corps contracte des alliances, fait des recrues dans le monde littéraire et universitaire, dans le milieu des archéologues comme dans celui des amateurs riches; ces recrues étant autant d'avocats destinés à plaider sa cause, à l'entourer d'une auréole, à l'imposer à l'opinion. L'État lui-même s'emploie à cette fin, car, depuis Louis XIV, il s'est donné la mission de protéger l'Académie, ce qui, d'ailleurs, l'entraîne à toute sorte de compromissions dont le résultat le plus clair est de lui faire jouer, aux dépens du pays, le triste rôle de dupe en même temps que celui de complice d'une institution à laquelle l'art français doit d'avoir abandonné ses traditions pour devenir *la chose* d'une coterie. Viollet-le-Duc a fait le tableau de la situation créée par cette coalition d'intérêts particuliers contre ceux d'un grand pays quand il a dit : « Dans un siècle comme le nôtre où chaque matin on remue de nouvelles idées, où tout est mis en discussion, jusqu'aux fondements sociaux, une seule chose, semblerait-il, demeure inébranlable, c'est le dogme inexpliqué de l'architecture, gardé par un mystérieux aréopage. Cependant, au dehors, des voix demandent une architecture de notre temps, une architecture pour nous, une architecture compréhensible, une architecture conforme à nos habitudes civiques. L'aréo-

1. Huitième Entretien, p. 327.
2. Premier Entretien, p. 29.

page ne répond pas, cela va sans dire, à ces clameurs indiscrètes ; il ferme ses portes et exige de ses adeptes une soumission d'autant plus aveugle que la multitude fait plus de bruit. » 8e Entretien, p. 325.

Parmi le grand nombre de lettres qui rendent hommage au talent de l'artiste autant qu'au caractère de l'homme, et que nous conservons pieusement, il en est une qui, assurément, n'honore pas moins celui qui l'adressait que celui à qui elle était adressée; c'est par elle que nous terminerons cette préface.

« Poissy, 8 juillet 1874. — Monsieur, — Au moment même où l'on vous persécute indignement, permettez au plus humble de vos confrères de vous témoigner ici sa profonde admiration pour votre talent et votre caractère; la persécution a été de tout temps la consécration du génie; c'est la seule qui manquait au vôtre. Le temps a déjà fait justice de la haine absurde que vous avaient vouée les apôtres de l'art classique, je ne doute pas qu'il ne vous venge encore plus rapidement des haines tout aussi aveugles des partis. — Croyez, monsieur, à mon profond et bien respectueux dévouement. — E. Brune, professeur de construction à l'École des beaux-arts[1]. »

VIOLLET-LE-DUC fils.

1. On sait que Brune était sorti de l'Ecole polytechnique avant d'entrer à l'École des beaux-arts, d'où il est sorti *Grand prix de Rome.*

LETTRES INÉDITES

DE

VIOLLET-LE-DUC

A MONSIEUR MÉRIMÉE

INSPECTEUR GÉNÉRAL DES MONUMENTS HISTORIQUES

Autun, 6 mai 1844.

Mon cher monsieur,

Vous devez être revenu de Strasbourg, et je pense que cette lettre vous trouvera à Paris. Me voici retombé au milieu des antiquités romaines. J'ai terminé mon travail sur la porte Saint-André[1], j'ai même relevé celle d'Arroux[2], qui, je crois, réclame aussi vos secours. En dehors des ordres que j'avais reçus, je vous rapporte une curieuse église que j'ai trouvée à Montréal, auprès d'Avallon; c'est un petit monument bien complet du XIIe siècle, d'une disposition toute particulière, bien conservé comme ensemble, mais qui n'est pas entretenu depuis des siècles. M. Caristie doit la connaître et, peut-être, en trouverez-vous la description dans un de ses rapports[3]. J'ai fini avec Saulieu, avec Beaune dont nous pouvons faire une perle, si nous voulons, avec quelques milliers de francs. A tort ou à raison, je me suis épris de ce monument; nous l'avons vu trop rapidement pour bien l'apprécier, mais il est rempli de choses uniques et véritablement belles. Je me suis collé dessus pendant huit jours, et il n'est pas une

1. Viollet-le-Duc, qui venait de relever la porte Saint-André, à Autun, était chargé quelques années plus tard, en 1847, de la restaurer.
2. Porte de l'époque romaine, et qui se trouve également à Autun.
3. M. Caristie, architecte, était membre de la commission des monuments historiques.

de ses pierres que je ne connaisse sur les quatre faces. Faites donc des économies pour ce monument, si c'est possible, et retenez pour lui beaucoup de ces petites sommes de 1,000 francs, de 1,200 francs, qui ne servent à rien qu'à étonner nos pauvres vieux édifices sans les sauver.

J'ai dîné aujourd'hui chez M. de Barante [1] avec ce vieux monsieur qui nous a fait déjeuner avec des médailles; nous avons beaucoup parlé de vous. Je crois que la fameuse bague vous reviendra, soit par la Société archéologique d'Autun qui veut vous l'offrir, soit par le propriétaire lui-même qui m'a confié ce matin que, si la Société ne lui en offrait pas un bon prix, il vous prierait de l'accepter.

J'ai vu les fouilles que l'on a fait faire au théâtre, car celles de l'amphithéâtre et du temple de Janus sont remblayées. On n'a trouvé au théâtre que quelques médailles parmi lesquelles un Néron, grand bronze avec un revers fort curieux, pour moi du moins; c'est un arc de triomphe d'une disposition toute particulière avec une statue colossale. Sur son côté gauche, plusieurs colonnes des portiques supérieurs ont aussi été découvertes, mais j'ai conseillé, si l'on accordait de nouveaux fonds, de faire une fouille dans l'axe de l'orchestre jusqu'au *proscenium*, et, arrivé là, de s'étendre à droite et à gauche jusqu'aux extrémités de la scène. Je pense que vous approuverez mon idée, car c'est ordinairement sur ce point que l'on trouve les fragments les plus curieux. On pourra par la suite découvrir le *podium*, puis toutes les fondations de la scène. A quoi bon faire des fouilles dans les couloirs dont la disposition est connue et toujours la même?

Quant à la belle cathédrale, elle est toujours dans le même état; depuis que l'adjudication des travaux est passée, on n'a plus entendu parler de l'entrepreneur, et les voûtes et les murs continuent probablement leur jeu. Il me paraît évident que, si les travaux sont conduits dans l'ordre qu'on m'a indiqué, on jettera la flèche, tout de son long, dans la nef. L'église est comme un malade désespéré auquel on dissimule son état, et à qui l'on fait la vie douce. Pendant les deux jours que je resterai ici, je tâcherai cependant de bien étudier l'état de ce monument (en amateur, bien entendu), je n'en ferai que ce que vous voudrez.

Je vais retourner à Vézelay où j'ai laissé tout en bonne voie, il y a quinze jours [2]. Tous nos efforts sont concentrés sur le porche. C'est une poussière, un bruit, un mouvement de maçons, de tailleurs de pierre, à réjouir l'architecte le plus blasé. Les sculpteurs sont aussi à l'œuvre, et tout cela sera bien avancé cet automne, je l'espère. Deux des pentures des portes sont à l'Exposition de l'Industrie, je ne les ai pas

1. M. de Barante était sous-préfet d'Autun.
2. Viollet-le-Duc restaurait Vézelay depuis 1841.

vues complètement terminées ; ne manquez pas, je vous prie, d'y jeter un coup d'œil, et veuillez en parler à M. Vitet ainsi qu'à ces messieurs de la Commission.

Je terminerai par l'église de Pontigny, votre ennemie. Pardonnez-moi cet indigeste journal et mon style d'architecte, mais ce n'est pas ma faute si vous êtes immortel, et l'indulgence sied aux immortels.

Croyez-moi votre bien dévoué serviteur.

Viollet-le-Duc.

A Monsieur VIOLLET-LE-DUC Père

Carcassonne, 2 octobre 1844.

Cher père,

Me voici pour la troisième fois abandonné par mon compagnon de voyage[1] et livré à mes propres ressources. Je vais donc pouvoir tenir ma promesse et vous accabler de lettres, c'est à vous de faire des économies pour payer les ports.

Je n'ai trouvé qu'une petite épître de toi, ici. Je ne me plains nullement de mon sort, comme tu sembles le croire; cette vie ultra indépendante de voyage me convient au physique et au moral, mais tu comprendras sans peine que, malgré toute la philosophie dont je sois doué, je ne regarde pas sans inquiétude dans l'avenir. Ce métier-là me fait à peine vivre, et je ne serai pas toujours assez jeune pour le faire avec l'entrain que j'y mets aujourd'hui. Je ne vois donc pas d'amélioration probable à mon sort, sous le rapport de la fortune du moins. Après tout, ne pensez pas que ceci me préoccupe assez pour m'enlever un quart d'heure de sommeil, mais enfin, quand je n'ai pas autre chose à faire et que j'ai mal dîné, j'y pense profondément. Ce qui me tourmente davantage, c'est de me voir si souvent et si longtemps séparé de vous tous ; c'est là réellement mon seul chagrin.

Prends ton congé le plus long possible, car, sans être prophète de malheur, il faut s'attendre, je le crains, à passer, d'ici à peu, de dures épreuves. Sans vouloir faire de la politique, ce à quoi je ne comprends rien, et sans attacher à *l'esprit public* plus d'importance qu'il n'est besoin, je ne puis voir cependant, sans inquiétudes, que le *buon-*

1. Ce compagnon de voyage était Mérimée.

governo laisse de côté ses amis, ne tienne que peu de compte du bon sens populaire, pour courir après deux ennemis naturels, ennemis d'instinct, ennemis toujours, ennemis quand même : les Anglais hors de chez nous, et le clergé chez nous. Je ne pense pas qu'il y ait en France un homme qui désire la guerre, Dieu nous en garde! surtout avec les Anglais; mais n'y a-t-il pas, entre des protestations de tendresse et des coups de poing, un terme moyen dans lequel on peut rester? Faut-il absolument se battre ou s'embrasser? Quant au clergé, ce n'est pas fini, car ces messieurs ont pris les égards pour de la peur, et ils ne s'arrêtent pas en si beau chemin. La différence est sensible depuis l'année dernière, et, aujourd'hui, non seulement ils poussent leur pointe, comme toujours, mais encore ils ne prennent plus la peine de marcher à couvert; ils regardent la guerre comme déclarée, méprisent hautement les mesures impuissantes qu'on a prises contre eux, bâtissent partout des séminaires, fondent des communautés, trouvent de l'argent partout, se moquent des ministres, des Chambres et de leurs rapports, prennent (non sans raison) tout cela pour du bavardage, et ont la conviction que ce gouvernement qu'ils méprisent les soutient, que cette sévérité apparente n'est qu'un tribut payé à la Révolution. C'est un gros jeu que l'on joue là, et, avant qu'il soit longtemps, le gouvernement se verra forcé de *laisser* brûler quelques archevêchés et quelques couvents, et nous savons à qui profitent ces sortes d'expéditions. Je faisais part dernièrement de mes réflexions à un curé, homme assez raisonnable. Savez-vous ce qu'il m'a répondu? « Tant mieux, monsieur, si l'on brûle les séminaires et les couvents, on sera bien près alors d'accepter une autre forme de gouvernement. » Mais, a-t-il ajouté : « il n'arrivera rien de semblable, le gouvernement n'a pas assez d'amis pour nous attaquer ou pour nous défendre... »

Maintenant, faisons des galanteries à la reine Victoria, censurons les évêques officiellement, et encourageons-les sous mains; et nous serons bien surpris un matin de voir la masse de la population, qui nous paraît si blasée et si fatiguée de la politique, si enfoncée dans ses intérêts matériels, se réveiller tout à coup, vouloir s'occuper de ses affaires, courir sus aux Anglais et aux curés, ne plus vouloir entendre parler de justes milieux et de demi-mesures, et se remettre sous le joug du premier chenapan qui n'aura pas le sens commun, mais qui voudra dominer et gouverner brutalement. — Sérieusement... je m'attends à voir, d'ici à peu, Monseigneur de Châlons et Pritchard brûlés en effigie, côte à côte, sur le Pont-Neuf. Et, en vérité, on fait tout ce qu'il faut pour cela.

En attendant que l'on rebrûle et redévaste nos églises, je les restaure du mieux que je puis, et, quand je serai vieux, j'aurai au moins la consolation d'en posséder bon nombre dans mes cartons, et de les regarder, tranquillement, sans faire tant de chemin pour aller les trouver.

En relisant ma lettre, je m'aperçois avec douleur qu'elle a bien quelques rapports avec un article quelconque du *Siècle*, ceci est fâcheux, mais vous en penserez ce que voudrez.

Nous avons bu hier soir une bouteille de vin de Bordeaux excellent à votre santé, et à la santé des affaires.

Je vous embrasse tous bien tendrement, je serre les mains aux amis que vous pourrez voir.

Ton fils qui t'aime.

A Monsieur de GUILHERMY

AUDITEUR A LA COUR DES COMPTES

Toulouse, 19 août 1845.

Mon cher monsieur,

Je vous envoie quelques notes sur Rome, suivant ma promesse. Je voudrais bien pouvoir, moi-même, vous servir de cicerone. Je dois nécessairement avoir omis bien des choses, mais vous avez là de la pâture pour une bonne quinzaine, et je n'ai noté que ce dont les guides ne parlent guère ou, du moins, que ce qui ordinairement se trouve confondu, à tort, au milieu d'une foule de choses insignifiantes et qui ne méritent pas la peine de se déranger [1].

Je suis arrivé à Toulouse ce matin, et je n'ai pas vu l'abbé Berdoulat qui ne revient de retraite que ce soir. Mais j'ai préparé ma besogne de manière à me mettre à l'œuvre demain.

J'ai remis vos lettres dans la journée, quoique je n'aie trouvé personne.

Cette pauvre église Saint-Sernin a bien besoin que l'on s'occupe d'elle [2], je l'ai trouvée en bien mauvais état; la fabrique songe à faire

1. M. de Guilhermy a rapporté du voyage qu'il fit alors en Italie des notes qui ont été publiées dans les *Annales archéologiques* (vol. V, p. 95).

2. Viollet-le-Duc devait être appelé plus tard à restaurer l'église Saint-Sernin, à Toulouse.

A propos de Saint-Sernin de Toulouse, nous avons lu dans une collection d'articles de M. Larroumet, réunis en volume, que Viollet-le-Duc « voulait démolir son admirable clocher pour des raisons théoriques qui ont été reconnues fausses, le remplacer par une coupole de sa façon, et qu'il n'en fut empêché que par l'énergie de l'opposition locale ». Cette assertion est absolument contraire à la vérité; elle est de celles qui auraient fait sourire Viollet-le-Duc et tous ceux qui le connaissaient, tant elle est en contradiction avec son œuvre et démentie par les faits eux-mêmes; aussi n'aurions-nous même pas songé à la réfuter si elle n'émanait d'un ancien directeur des Beaux-

faire des autels qui ressemblent à des cheminées à colonnes, et à acheter des tapisseries *empire* pour couvrir le bas des piliers, plutôt qu'à remettre des tuiles sur les combles, et cela est affligeant. La ville, du reste, paraît bien disposée, et je pense qu'avec l'aide de Dieu et du ministère, nous arriverons à conserver cet admirable monument. Mais il est réellement temps de s'en occuper[1]. Je ferai vos petites commissions, j'ai vu au musée ce que vous demandez et je vous le rapporterai. Le petit sculpteur qui taille un chapiteau est bien mutilé, on ne voit malheureusement trace aucune des outils qu'il avait à la main.

Je vous souhaite un bon voyage pour Rome, mais vous aurez bien de la peine à rester si peu de temps. Rappelez-moi au souvenir de Didron, et dites-lui que nous avons trouvé des choses bien curieuses, chemin faisant, et, entre autres, l'église de Neuvy-Saint-Sépulcre[2], mais vous verrez cela à loisir.

Mille amitiés bien sincères.

VIOLLET-LE-DUC.

A MONSIEUR MÉRIMÉE

INSPECTEUR GÉNÉRAL DES MONUMENTS HISTORIQUES

Vézelay, 3 mars 1846.

Mon cher ami,

Il est absolument nécessaire de reprendre, en entier et en masse, la façade et le clocher de Vézelay, cette année, si nous ne voulons pas

Arts qui avait, par conséquent, tous les moyens de contrôler l'exactitude de son accusation. S'il ne l'a pas fait, c'est évidemment qu'il ne s'est pas rendu compte de la portée de cette dernière, non plus que de son caractère d'invraisemblance.

1. Cette lettre est intéressante à rapprocher de celle que Mérimée écrivait à Vitet le 2 septembre 1845 et de laquelle nous extrayons le passage qui suit : « M. Viollet-le-Duc travaille depuis hier à Saint-Sernin. On a déjà dépensé près de 200,000 francs à faire tous les maux du monde à cette pauvre église, et il en coûtera cher pour réparer les réparations précédentes. Le projet de Leduc me paraît excellent, c'est de s'attacher d'abord aux absides qui sont la plus belle partie du monument, de les restituer complètement à l'intérieur et à l'extérieur, puis, avec du temps et de l'argent, de restaurer le reste. Le plus important est de changer le système de toiture, très laid en soi et très fâcheux pour les voûtes. Le maire paraît rempli de bonnes intentions, la ville est riche et, pourvu que l'on convienne qu'elle est la capitale du royaume d'Aquitaine, et que Clovis et Charlemagne furent des polissons, Alaric et Vaifre des héros, elle donnera beaucoup d'argent. »

2. Viollet-le-Duc exécuta de 1848 à 1850 d'importants travaux de restauration à cet édifice qui est une imitation du Saint-Sépulcre de Jérusalem.

risquer de voir tout tomber sur la place quelque jour. Nous avons repris (vous l'avez vu) cette façade et cette tour à leur base, cela a maintenu parfaitement tout le rez-de-chaussée, et nous n'avons pas, sur ce point, le plus petit mouvement; mais au-dessus, la tour, deux fois brûlée et deux fois reprise, continue de s'écraser doucement, mais avec une persévérance inquiétante. Je commence par vous dire que je puis me rendre maître de tout, et que le danger ne commence que là où nos travaux s'arrêtent, mais il ne faut pas prendre de demi-mesures et se contenter d'à peu près. J'ai tout visité avec soin pendant la journée, et les ordres sont donnés pour parer à tout événement prévu ou imprévu. Après l'incendie du clocher, en 1821, on a fait des travaux qui contribuent plus que tout autre chose à sa ruine; le beffroi qui porte les cloches repose sur une voûte moderne qui s'écrase et pousse les quatre murs en dehors; il faut démonter le beffroi, enlever cette voûte qui est construite en dépit du bon sens, puisqu'elle passe au beau milieu des anciennes fenêtres de la tour romane, il faut reconstruire cette voûte à son ancienne place et reprendre toute la tour (romane) à neuf. Vous l'avez vue, vous savez dans quel état elle se trouve, c'est une mauvaise construction en blocages et parements minces; les mortiers imprégnés d'humidité et traversés de racines d'arbustes et d'herbes, n'ont plus aucune consistance. Tout cela cède et s'écrase. Pour votre salut et pour le mien, je ne veux pas attendre plus longtemps. Je fais échafauder l'extérieur, démonter le beffroi et la voûte supérieure, reprendre complètement la maçonnerie, avec les précautions nécessaires, chaîner le tout. Pour cela il ne me faut que de l'argent, je n'ai que 20,000 francs disponibles sur 1846, j'en dépenserai au moins 50,000 francs sur ce point. S'il faut, de plus, que je continue l'opération que vous avez vue commencée dans la nef, il me faut encore pour cela une vingtaine de mille francs; ce qui fait, si je sais bien compter, 70,000 francs, moins 20,000 disponibles, reste 50,000 francs. Notez bien ceci, que je n'attends pas un jour pour ordonner tout ce qu'il faut, et que, quand je partirai d'ici, les détails et tracés (bons pour exécution) seront faits. Vous me désavouerez, si vous voulez. Mais, je ne suis pas disposé à lanterner et risquer de compromettre la réussite complète de cette restauration par une indécision funeste. Il faudra payer. Vous me direz, tant que vous voudrez, que vous n'avez pas d'argent, cela m'est égal. On n'a rien à me reprocher, mes deux devis montaient ensemble à 372,000 francs, j'en ai dépensé 270,000, reste 102,000; je suis donc dans mes devis en demandant 70,000 francs. Si vous ne me les donnez pas, je vous jure que je lâche tout; car je n'ai pas la moindre envie de voir tomber la façade de Vézelay après tout le mal que je me suis donné gratis, ou à peu près. Ce n'est pas en cinq ans ou trois ans que je vous demande cette somme, c'est tout au plus sur 1846 et 1847. Qui veut la fin veut les moyens. Préparez donc les voies, mon cher ami, car je vais vous donner, au ministère, un rapport tout aussi concluant que cette lettre sur la question, quoique moins cavalier.

Tout va bien du reste, et je n'ai pas d'inquiétudes, parce que je n'attendrai pas deux jours. Si vous me refusez, je laisse les suites à votre charge, vraiment! Mon pauvre inspecteur est encore plus avarié que la tour, il est temps que son service finisse.

Et Saint-Père ! mais je ne vous en parlerai que plus tard, je vous dis seulement qu'en ce moment je mange la fin de 1847. Vous avez vu tout cela, soyez donc mon avocat.

Adieu et mille amitiés,

VIOLLET-LE-DUC.

A MONSIEUR LE COMTE DE MONTALEMBERT

PAIR DE FRANCE

Paris, 27 juillet 1847.

Monsieur le comte,

En revenant de Vézelay, j'ai lu dans le *Moniteur* le discours que vous avez prononcé hier, à la Chambre des Pairs, sur les monuments historiques, sur l'architecture et les architectes. Mon obscur hommage aura peu de prix auprès du succès public que vous avez obtenu hier, mais, pour ma propre satisfaction, je ne puis résister au désir de vous dire combien cette parole qui ne recule devant aucune vérité, combien cette franche et chaleureuse défense des principes que nous défendons, m'ont causé de joie et d'espoir. Il fallait du courage pour heurter tant de préjugés et tant d'intérêts, mais vous avez obtenu ce que le vrai courage obtient toujours : la vive sympathie de ceux qui marchent derrière vous, l'adhésion de tous les hommes sincères et le silence de ceux que vous combattez. Veuillez croire aussi, monsieur, que mes efforts tendront à me rendre digne de la confiance que vous m'avez témoignée publiquement ; ce sont là des encouragements qui nous soutiennent au milieu de nos luttes d'école et de nos misères de praticiens, et ces encouragements sont bien précieux [1].

Veuillez agréer.

VIOLLET-LE-DUC.

1. M. de Montalembert faisait à cette lettre une réponse qui commençait par ces mots : « Mon cher monsieur, vous savez combien votre suffrage m'est précieux. Je vous

A Monsieur TOURNAL

CONSERVATEUR DES MUSÉES DE NARBONNE

Paris, 8 décembre 1847.

Mon cher ami,

Vous êtes comme toujours un homme charmant, mais vous êtes conservateur de musée et, par conséquent, né pillard, saccageur de monuments, arracheur de bas-reliefs ; vous avez enfin les qualités et les défauts de votre état, sauf le respect et l'amitié que je vous porte.

Ne trouvez-vous pas que nos églises aient été suffisamment dépouillées, et voulez-vous enlever le peu qui leur reste? Ainsi faisait le père Lenoir, de terrible mémoire ; pour *conserver* dans son musée une clef de voûte qui lui plaisait, il jetait bas la chapelle dont cette clef dépendait, ce qui n'a pas empêché l'Empereur de lui tirer l'oreille, de lui promettre beaucoup d'argent, et de lui donner la croix; mais l'Empereur pillait aussi toute l'Europe pour enrichir le musée du Louvre, et tout cela a abouti à perdre, à gâter une bonne quantité de monuments précieux qui, les uns, sont restés au fond de la mer, qui, les autres, sont rentrés chez eux, éclopés, usés, fanés, essoufflés, frottés, lavés, rouillés, rayés, cassés, fêlés, désorientés, faussés, bossués, fatigués, descellés, décollés, craquelés, mouillés, pâlis, affadis, roussis, aplatis, gauchis.

Laissons les monuments chez eux, c'est du moins mon avis. Un monument a un intérêt immense à la place bonne ou mauvaise qu'on lui a donnée, un intérêt qu'il perd quand on le déplace[1]. J'irais à Londres[2], ce qui peut arriver à tout le monde, que je n'irais pas voir les bas-reliefs du Parthénon, parce que mon imagination me les montre

remercie cordialement de celui que vous voulez bien m'accorder à propos de mon discours contre le vandalisme officiel. — Vos *actes* feront du reste beaucoup plus que mes *paroles*. Je prévois que je vais être en butte à bien des récriminations. — Je vous livre ma défense, à vous et à Didron, quand il y aura lieu... »

1. Il s'agissait d'un bas-relief en marbre blanc, représentant le Jugement dernier, et qu'on venait de mettre à découvert dans la chapelle Notre-Dame de l'église Saint-Just, à Narbonne, en le débarrassant d'une décoration moderne derrière laquelle il se trouvait. Les archéologues désiraient que ce bas-relief fût transporté au musée de la ville, et c'est contre ce désir que s'élevait Viollet-le-Duc. Le bas-relief est resté en place, mais, au lieu de le laisser apparent, on eut, quelques années plus tard, l'idée malheureuse de le masquer de nouveau pour rétablir en son entier la décoration banale qui fut appliquée sur les murs de cette chapelle vers 1810.

2. Viollet-le-Duc devait aller à Londres, trois ans plus tard, en 1850, en compagnie de Mérimée.

se détachant sur l'azur d'un beau ciel, et que si je les voyais dans leur trou actuel, je ne pourrais plus me les figurer qu'entourés de rideaux verts avec d'affreux gardiens roux tout autour. Les peuples qui font des musées sont des peuples de pirates et de pillards. Passe encore qu'après des révolutions on ouvre des asiles à tous les débris que des fous enragés ont laissés derrière eux, mais qu'on arrache une parcelle quelconque d'un monument pour la placer dans un musée, cela sent son Romain d'une lieue, et vous savez que j'abhorre ce peuple de voleurs parvenus. Je désire fort que vous enleviez les colonnes de marbre (carton-pâte-Loubeau) qui cachent le bas-relief en question, je désire fort que ce bas-relief puisse rester apparent, mais j'aimerais mieux le savoir caché pour toujours derrière le marbre-carton-pâte-verni-Loubeau, que de le savoir arraché, sous quelque prétexte que ce soit, de la place qui lui a été assignée par ceux qui ont bâti l'église. Que ce bas-relief soit d'une autre époque que l'église, qu'il y ait été placé dans un siècle ou dans un autre, peu importe à mon avis, il est là ; il est là par une raison, on l'a placé là dans un but, il doit rester là, ce serait aussi barbare de l'en retirer que de déchirer une vignette d'un manuscrit, sous le prétexte que cette vignette serait postérieure ou antérieure au manuscrit. Elle y est, voilà le fait, il n'appartient à personne de juger si elle doit être retirée. Cela dit, mon cher ami, je n'appuierai guère votre demande de conservateur de musée, je la combattrai au contraire de tout mon pouvoir, et vous voyez que je commence avec vous, et franchement. En tout cas, vous êtes assuré que je serais fort heureux de vous savoir revenu à mon avis, et vous seriez bien aimable de me dire un mot afin que je sache si nous sommes en guerre ou si nous rengainons.

Grand merci du reste de vos renseignements sur le cloître, et, puisque vous voulez bien prendre cette charge, j'userai de votre bonne volonté... Vous ne me dites rien de l'Hôtel de Ville et Gros ne m'écrit pas [1].

Adieu, mon cher Tournal, sans rancune, et je vous serre affectueusement les mains.

VIOLLET-LE-DUC.

Rappelez-moi au souvenir de tous, je vous prie.

1. Viollet-le-Duc faisait alors exécuter d'importants travaux neufs et de restauration pour approprier les bâtiments de l'ancien archevêché de Narbonne à l'Hôtel de Ville et au musée.

A MONSIEUR VIOLLET-LE-DUC PÈRE

Paris, 30 juin 1848.

Cher père,

Nous commençons à rentrer dans une vie ordinaire depuis hier, et, sauf les traces de barricades et de boulets, la plupart des quartiers ont repris leur aspect ordinaire. Vous devez savoir par les journaux combien la lutte a été terrible et quels moyens extrêmes il a fallu employer pour en finir. Les insurgés ont tenu en leur pouvoir, pendant toute la journée du vendredi, la moitié de Paris, la moitié la plus facile à défendre; il a fallu reconquérir, rue à rue, toute cette moitié de la ville; on n'a pu y arriver qu'en perdant beaucoup de monde; encore aujourd'hui, les boulevards, les places, présentent l'aspect d'un camp. Cavalerie et infanterie bivouaquent au milieu de tout l'attirail du soldat, marmites, fourneaux, litière de paille, etc. Tout le jardin des Tuileries, le quai des Tuileries et les Champs-Elysées sont occupés par les gardes nationales des départements, dont le nombre aujourd'hui peut être évalué à 40,000; de grandes voitures pleines de pain, de vin, accompagnent chaque bataillon. Les boulevards depuis la Porte-Saint-Denis jusqu'à la Bastille, les rues Saint-Martin, Saint-Denis, du Temple et leurs faubourgs, la rue Saint-Antoine et son faubourg, les halles, les quais, l'île Saint-Louis et tous les quartiers Saint-Victor, Saint-Jacques, Saint-Marceau sont littéralement criblés de balles, de mitraille et de boulets. Partout, des pans de murs abattus, des devantures enfoncées par la mitraille, les vitres brisées, toutes les saillies écorchées par les balles. L'entrée de la rue du Faubourg-Saint-Antoine et de la rue de la Roquette ne présente que des ruines fumantes, un bouleversement effroyable. Quelques points de la rue Saint-Antoine sont tellement criblés par les boulets qu'il a fallu les étayer. Je ne crois pas que jamais insurrection ait procédé avec autant de puissance, d'acharnement et d'habileté; le plan d'attaque de ces sauvages était conçu certainement par des hommes d'un mérite incontestable, et, grâce à l'incapacité, à la négligence et à la participation du pouvoir exécutif déchu, on leur a laissé développer tout ce plan; rien n'y a manqué, sauf l'envahissement de l'Assemblée Nationale. Ce parti si habile, si fort même, était composé d'éléments si disparates et même si honteux, qu'il n'a pas pris de drapeau spécial, qu'il n'avait pas un cri, qu'il n'osait pas exprimer son désir ou démasquer son but; on s'est battu pendant quatre jours sans merci, sans pitié, contre de véritables bêtes sauvages, qui n'ont répondu à toutes les questions que par des coups de fusil. Cela est honteux, mais ce n'est pas autre chose qu'une bande organisée de pillards, avec ses chefs, sa hiérarchie, son gouvernement, sa tactique, ses quartiers généraux. Ç'a été une guerre d'extermination, et ça n'est pas fini. Ce sont des invasions de barbares venant du dedans, la lutte ne finira que quand la civilisation aura repoussé jusqu'au dernier de ces monstres ou quand ils auront massacré le dernier homme civilisé. On ne sait pas encore le nombre des morts de notre côté, mais ils ont tué beaucoup de monde, cela varie de cinq à dix mille. Elisa et les enfants vont bien et t'embrassent. Ne m'oublie pas auprès de votre aimable et bonne châtelaine, rappelle-moi au souvenir de M. Dupont, de mon oncle, s'il est encore là-bas.

Ton fils qui t'embrasse.

VIOLLET-LE-DUC.

A MONSIEUR BADIN

ADMINISTRATEUR DES MANUFACTURES DES GOBELINS ET DE BEAUVAIS

Paris, 23 septembre 1850.

Mon cher ami,

J'ai vu ce matin M. Ingres et, bien que je vous eusse promis de garder le secret sur votre affaire, je n'ai pas cru, avec lui, devoir rester sur la réserve. Toutefois, je lui ai dit quelle était votre situation, et le désir que vous aviez que la chose restât dans l'ombre jusqu'à la fin du mois. Il est indigné et, surtout, du nouveau choix; il voulait envoyer sa démission, de suite, de membre de la commission [1], je l'ai

1. M. Badin, qui administrait alors les deux manufactures des Gobelins et de Beauvais, avait été informé officieusement, avant de l'être officiellement, que la première de ces manufactures lui serait retirée pour être donnée à un frère de Lacordaire, le célèbre prédicateur. C'est contre cette mesure, qui leur paraissait inspirée par des motifs peu respectables, que Ingres et Viollet-le-Duc voulaient protester en donnant leur démission de membres de la commission de perfectionnement des manufactures nationales.

Cette commission, instituée en 1849 auprès du ministère de l'agriculture et du commerce, comptait parmi ses membres un artiste qui eut la témérité de proposer à ses collègues « d'ouvrir au Louvre, en même temps que les expositions annuelles, une exposition de modèles, dessins et projets d'œuvres applicables à la fabrication des poteries, des étoffes, des bijoux, des meubles, des bronzes, des peintures sur verre, des émaux, des armes, etc. ». Cette idée, qui mit quarante ans à faire son chemin, ne fut pas tout d'abord rejetée purement et simplement. Une sous-commission, composée de

prié de n'en rien faire jusqu'à ce que la chose fût officielle en l'assurant que j'étais ravi de le voir dans ces dispositions puisque la même idée m'était venue. Il a été convenu que la chose connue officiellement, nous enverrions, lui et moi, nos démissions, chacun de notre côté.

Je n'ai pas vu Labrouste, mais je le connais, et je pense qu'il agira dans le même sens.

Je vous serre la main,

VIOLLET-LE-DUC.

P.-S. — Voyez M. Ingres si vous avez un moment.

A SON ÉMINENCE LE CARDINAL DE BONALD

ARCHEVÊQUE DE LYON

Paris, 3 janvier 1852.

Monseigneur,

Occupé outre mesure par les préparatifs de la fête-cérémonie du 1er janvier, Votre Éminence m'excusera si je n'ai pas répondu plus tôt à la lettre qu'Elle a daigné m'adresser le 27 décembre au sujet du séminaire de Lyon [1]. Les observations qu'elle contient ont une autorité double à mes yeux, l'autorité d'un chef de l'Église et celle de l'homme de goût qui juge sainement cette question si délicate, touchant l'aspect que l'on doit donner de nos jours à un établissement religieux tel qu'un séminaire.

Nous n'avons pas en France un seul séminaire qui soit complet, parfait, propre à sa destination; tous nos efforts réunis doivent tendre, si l'on fait tant que d'en élever un dans une ville importante, à ce que

trois membres, fut chargée d'étudier la question. Viollet-le-Duc, qui en fut le rapporteur, exposa dans un rapport, dont la minute est entre nos mains, les avantages qu'une telle exposition pourrait offrir. Nous en extrayons ce qui suit : « Il serait offert ainsi un refuge aux artistes qui voudraient se lancer dans la carrière des arts industriels en même temps que les fabricants auraient le moyen d'exécuter des œuvres déjà appréciées par le public. Les manufactures nationales puiseraient dans ces expositions annuelles une nouvelle sève et feraient ainsi progresser les industries qu'elles dirigent. C'est là qu'elles iraient chercher les artistes les plus capables. »

1. Viollet-le-Duc voulait parler de la cérémonie qui avait eu lieu à Notre-Dame dont il était l'architecte avec Lassus.

cet établissement soit irréprochable comme situation, comme disposition intérieure et comme aspect. En effet, il y a dans les constructions élevées au commencement du XVIIe siècle quelque chose de grand, d'aisé, de noble, de facile, qui frappe tout le monde et qui satisfait les esprits distingués, et certainement le style de ces édifices a un caractère beaucoup plus convenable aux établissements religieux que le style de la renaissance recherché sans raison. Mais il me semble que, sans imposer tel ou tel style, en suivant la raison et le bon goût, et j'entends par le bon goût ce tact, cette discrétion, cette sagesse dans les dispositions, cette retenue dans les ornements, cette simplicité de moyens, cette franchise d'allure, qui font qu'une œuvre sort de la médiocrité, on pourrait ne pas faire un pastiche de tel ou tel siècle, mais un beau et bon monument faisant honneur à notre temps, et surtout bien approprié à sa destination.

L'homme qui a fait l'hôtel des Invalides à Paris, aussi bien que ceux qui ont construit les belles salles de l'hôpital de Soissons ou l'abbaye du mont Saint-Michel, ou le couvent du mont Cassin, ne se sont guère préoccupés du style; ils ont vu leur terrain, ils se sont pénétrés des besoins à satisfaire, étudié leurs matériaux et ils ont bâti, ne songeant que bien accessoirement à l'effet qu'ils produiraient, car l'effet que produisent ces œuvres non surpassées n'est pas le résultat de tel ou tel style adopté, mais la conséquence d'un principe, le premier de tous pour nous architectes comme pour bien d'autres, la vérité. On n'est noble, on n'est grand, en architecture, qu'à la condition d'être vrai.

Votre Eminence objectera que rien n'est plus facile, hélas! non; toute notre éducation d'artiste tend à nous faire sortir de cette route. Mon digne confrère D... n'a pas encore secoué toute la poussière de l'école; mais, avec la volonté arrêtée que nous lui connaissons tous de bien faire, et son mérite, il n'est pas douteux qu'il arrivera à un bon résultat, et qu'en étudiant davantage son projet, il laissera de coté ces réminiscences de tel ou tel style.

J'ai toujours pensé que l'aspect des lieux que l'on habite quand on est jeune influe sur les habitudes de toute la vie. Aussi voudrais-je que les séminaires ne fussent pas, sous le point de vue de l'art, aussi négligés qu'ils l'ont été. Les siècles passés ont attaché une grande importance à cette enveloppe de l'éducation; et je crois qu'en cela, comme en bien d'autres choses, ils nous ont été supérieurs. Aussi, est-ce avec un vif sentiment de joie que j'ai lu les observations de de Votre Éminence, car elles m'ont fait voir que ces questions préoccupent les princes de l'épiscopat.

Je suis,

VIOLLET-LE-DUC.

A Monsieur FÉLIX DE VERNEILH

Paris, 18 décembre 1853.

Certainement, mon cher ami, je m'emploierai pour votre affaire de Nontron, quoique nous soyons fort misérables malgré les 250,000 francs supplémentaires que l'on nous a ouverts à cause de la cherté du pain et pour aider les communes[1].

Quant aux coupoles, je ne suis pas si noir que vous voulez bien le dire. Sans être aussi absolu que vous à l'égard de Saint-Front, je trouve que M. Vitet donne une trop petite part à votre type[2]. Mais je vois du *byzantin* partout pendant les XIe et XIIe siècles, et notre architecture en est plus ou moins saturée. J'attends votre réponse avec impatience; de l'indulgence, vous n'en avez nul besoin; quant à de l'impartialité, vous ne pouvez douter que vous en trouverez chez M. Vitet et, à plus forte raison, chez moi qui tiens le juste milieu ou à peu près. Vous avez dû vous apercevoir (par le débit) que votre volume avait un plein succès, d'ailleurs; il est entre les mains de tous ceux qui s'occupent de l'histoire, encore à faire, de notre architecture, et je ne puis que vous encourager, et vous prier même, d'avancer cette question de vos recherches qui, déjà, ont fait faire un grand pas aux archéologues plus ou moins savants.

Pour l'Aquitaine votre raisonnement vient, il me semble, confirmer mon argumentation[3]; les coupoles du pays d'Auvergne, et même de Provence, ne sont pas absolument celles de Saint-Marc, certainement; mais croyez-vous que l'influence orientale apportée par les Vénitiens se bornât à la seule copie de Saint-Marc? les Vénitiens étaient, pendant les XIe et XIIe siècles, en rapports commerciaux avec tout l'Orient et, s'ils ont amené ou fait venir des artistes, ou donné à des architectes aquitains les facilités pour passer de l'autre côté de l'Italie, pourquoi

1. Il s'agissait d'appuyer une demande de subvention pour la construction projetée d'une église à Nontron (Dordogne).

2. Vitet venait de publier dans le *Journal des savants* (cahiers de janvier, février et mai 1853), un article sur *l'architecture byzantine en France*, par Félix de Verneilh. Bien que très bienveillant dans sa forme, cet article attaquait assez vivement les principales conclusions de l'auteur, et celui-ci crut devoir adresser à son contradicteur une *réponse* qui fut publiée dans les *Annales archéologiques*.

3. Viollet-le-Duc faisait ici allusion à ce qu'il avait dit lui-même de l'influence de l'architecture byzantine en France, dans une série d'articles publiés à cette époque dans la *Revue de l'architecture et des travaux publics*, sous ce titre : *Essai sur l'origine et les développements de l'art de bâtir en France.*

ces architectes se seraient-ils bornés à la visite de Saint-Marc seulement? Il y a Saint-Vital de Ravennes qui est bien près, et toutes les petites églises de l'Adriatique est et ouest, qui sont plus ou moins orientales. Ces architectes ont bien pu aller un peu visiter ces rivages sur les bateaux vénitiens. Pour les dessins j'en fais bon marché, et, si j'eusse eu plus d'espace pour développer ma pensée, j'aurais fait voir que, par dessins, je n'entends pas des détails sur le papier comme ceux que l'on pouvait faire alors, mais des petits modèles, par exemple, dont on n'est jamais avare aux époques primitives des arts. Est-ce que vous n'êtes pas de mon avis à l'endroit de l'ornementation normande [1]? Cela est bien frappant, il me semble cependant, pour qui a vu les nombreux débris d'étoffes retrouvés dans des tombeaux ou les manuscrits de cette époque.

Vous pourrez retrouver des fragments d'ornements orientaux dans le Périgord, à Saint-Front même, mais il faut convenir que la quantité visible de l'ornementation de Saint-Front est plus romane qu'orientale. J'ai bien peine à croire que Saint-Front n'ait pas été bâti sous la direction d'un architecte local, car sa construction n'est nullement orientale; l'importation n'aurait eu lieu donc que par un Français voyageur, par un modèle, si le dessin ne vous paraît pas possible, et la chose exécutée par des ouvriers fort peu au fait de ce genre de constructions.

Je sais que vous admettez ce point; alors pourquoi ne pas supposer que la même chose a eu lieu ailleurs? Vous dites qu'il est bien plus simple d'aller voir un monument qui est à 50 lieues qu'un édifice qui est en pays étranger à 5 ou 600 lieues; cela est vrai pour nous, mais il faut songer qu'alors, avec le besoin d'apprendre qui dominait toute la société, on était toujours porté à aller chercher son bien là où l'on croyait le trouver dans toute sa pureté, et, d'ailleurs, les voyages en Orient pendant les XIe et XIIe siècles étaient fréquents, et on n'avait pas d'autres moyens de transport que ceux offerts par les Vénitiens. Ceux-ci pouvaient tout aussi bien vous débarquer un Provençal ou un Auvergnat à quelque point que ce soit de l'Adriatique, ou même de la Grèce ou du Pont, qu'à Venise. Du reste, nous trouvons ces idées plus développées dans *l'Architecture religieuse* qui est sous presse [2], et vous verrez que je rends parfaitement à Saint-Front la place que cette église doit occuper sous le rapport de l'influence sur les églises ses voisines. Ce qui ne m'empêche pas de trouver une influence orientale à Montmajour, au Puy même, jusqu'en Bourgogne, probablement par le canal des Vénitiens, ou par leur bateaux, sans que Saint-Front soit pour rien là dedans.

1 Viollet-le-Duc attribue à cette ornementation une origine orientale.

2. A l'époque où Viollet-le-Duc écrivait cette lettre, il venait de commencer son *Dictionnaire d'architecture.*

Venez donc à Paris, et ce sera pour le mieux; la question est à l'ordre du jour puisqu'on ne parle que de l'Orient, et que je ne désespère pas d'aller tranquillement mesurer Sainte-Sophie, avec quatre hommes et un caporal.

Vous ne me parlez pas de votre frère qui est bien, je pense, présentez-lui mes civilités et arrivez-nous tous deux.

Portez-vous bien et comptez sur mes sentiments de bonne amitié.

VIOLLET-LE-DUC.

Je ferai votre commission auprès d'Abadie; c'est fort intéressant ce que vous avez trouvé là [1]. Mes compliments aussi à votre aimable maire, et dites-lui que les six premiers mois du XIIIe siècle appartiennent à la période des dix dernières années du XIIe siècle, et que le XIIIe siècle, pour nous, ne commence qu'en 1210.

A MONSIEUR LASSUS

ARCHITECTE

Septembre 1854.

Mon cher ami,

Nous sommes arrivés à Inspruck après avoir traversé le plus beau pays de la terre. Les environs sont ravissants, les Tyroliens bonnes gens, et cette ville rappelle l'Italie avec un mélange de vieilles traditions allemandes [2].

Les constructions de la contrée ont, pour la plupart, la forme du chalet; elles sont formées de poutres bien équarries, posées jointives les unes sur les autres et retenues à leurs extrémités par un assemblage à queue d'aronde. Beaucoup de ces habitations font envie par leur élégance et leur confortable; elles laissent bien loin derrière elles celles de nos environs de Paris. Rien n'est spirituel et ingénieux

1. Félix de Verneilh chargeait Viollet-le-Duc de signaler à Abadie la découverte dans l'une des absidioles de l'église Saint-Front de Périgueux, de fragments qui permettaient de reconstituer la décoration primitive de cette absidiole, laquelle décoration consistait en une série de colonnettes reliées entre elles par des plates-bandes, à la façon des colonnades antiques.

2. Viollet-le-Duc a écrit des lettres sur l'Allemagne, qui ont été publiées dans l'*Encyclopédie d'architecture* et réunies en brochure (ancienne maison Morel, 5, rue Saint-Benoît).

comme les moyens simples et solides employés pour porter la saillie des combles et des balcons. Il y a là matière à tout un traité de charpenterie, qui nous manque absolument.

Quant à la ville d'Inspruck elle-même, elle ne renferme d'intéressant que le tombeau de Maximilien qui, lui, est un chef-d'œuvre; pourquoi faut-il qu'une si lamentable architecture lui serve d'abri? La disposition générale en est splendide, et rien n'est plus impressionnant que ces statues de bronze qui entourent le sarcophage à distance et semblent le garder. L'artiste a magnifiquement rendu sa pensée par la disposition de cérémonial adoptée. Parmi ces statues, les unes, le plus petit nombre, sont sorties d'un atelier italien, les autres appartiennent à l'école allemande. Le sarcophage en marbre, décoré de bas-reliefs très fins, comme ceux du tombeau de saint Louis à Saint-Denis, est entouré de grilles en fer du plus beau travail. L'exécution est d'une habileté extraordinaire. Le fer forgé et la tôle repoussée y sont combinés de telle façon qu'ils semblent faire corps l'un avec l'autre. Des dorures et des peintures rehaussent cette grille et lui donnent un caractère de richesse tout à fait exceptionnel. Je suis impatient de faire appliquer à Paris ces procédés de ferronnerie, hélas! complètement oubliés chez nous, après y avoir été si fort en honneur. Je rapporte de nombreux documents qui vous permettront de vous faire une idée de l'art allemand.

Mes deux compagnons de voyage se rappellent à votre bon souvenir[1].

Bien à vous,

VIOLLET-LE-DUC.

AU MINISTRE
DE L'INSTRUCTION PUBLIQUE ET DES CULTES

Paris, 22 décembre 1854.

Monsieur le ministre,

Le 8 novembre dernier, Mgr l'Évêque de Meaux, accompagné de M. Fleurnoy, vicaire général, et de M. Verdier, chanoine secrétaire de l'Evêché, se rendit à la cathédrale et fit commencer une fouille à

1. Mérimée et Emile Bœswillwald voyageaient alors avec Viollet-le-Duc.

50 centimètres environ du trône épiscopal, dans le chœur, du côté de l'épître, afin de constater l'existence du cercueil de Bossuet.

On trouva, d'abord, la tombe de Dominique de Ligny, prédécesseur de Bossuet, puis, au delà, vers l'entrée du chœur et joignant celle-ci, la tombe de l'illustre évêque. Un procès-verbal de cette importante découverte fut dressé immédiatement, le cercueil enlevé et exposé au milieu du chœur. Ce cercueil en plomb, bien conservé, fut ouvert à sa partie antérieure, et on pût voir, encore dans un assez bon état de conservation, la tête de Bossuet.

Le 17 du même mois, le cercueil, après que l'ouverture eût été scellée par une plaque de cuivre, fut replacé dans la tombe, et la dalle de marbre noir, qui depuis 1724 avait été enlevée et déposée derrière l'autel, fut replacée au niveau du dallage.

Conformément au désir exprimé par Votre Excellence je me suis transporté à Meaux, et j'ai dû m'entendre avec Mgr Allou sur les suites à donner à la découverte du corps de Bossuet.

Deux opinions se sont formulées; doit-on élever un monument sur cette tombe? ou doit-on laisser les choses dans leur premier état, en se contentant de refaire une nouvelle dalle de marbre noir, l'ancienne ayant été mutilée pendant la Terreur?

Déjà, du côté sud, dans la chapelle longue qui avoisine le bas côté du chœur, est placée une statue colossale de Bossuet en marbre blanc, représentant le prélat assis, sur un piédestal également en marbre. Ce monument commémoratif existe donc déjà, et quoiqu'il soit mal placé, gênant, et d'un aspect assez peu satisfaisant, il n'en est pas moins, pour les fidèles et les étrangers qui visitent la cathédrale de Meaux, une marque très visible de la présence de l'illustre mort. Le chœur de la cathédrale de Meaux n'est pas très grand et il n'est pas possible de songer à placer cet énorme monument dans le sanctuaire, sur la tombe même de Bossuet. Élever un autre monument ne serait pas chose facile. Où le placer ? Dans le chœur ; quel qu'il soit, il gênera le service divin; hors du chœur, c'est inutile, puisque, déjà, ce monument existe, et a été élevé à grands frais. Laisser les choses dans leur ancien état me paraît plus convenable, et je suis heureux que cette opinion soit entièrement celle de Monseigneur. En effet, Bossuet avait demandé par son testament à être enterré dans sa cathédrale, auprès de l'autel, du côté de l'épître, aux pieds de ses deux prédécesseurs, MM. Seguier et de Ligny, ainsi que le constate le journal manuscrit de l'abbé Ledieu, page 334 ; ses intentions dernières furent religieusement observées, et il nous semble qu'il n'y a rien de mieux à faire que de les respecter encore aujourd'hui. Si Votre Excellence veut bien me permettre, d'ailleurs, de lui communiquer mes sentiments personnels, je dirai qu'une simple dalle gravée, recouvrant la sépulture d'un homme tel que Bossuet, est cent fois plus éloquente que le monument le plus fastueux, surtout si l'on songe que la place qu'occupe cette dalle est celle qui fut désignée et choisie par l'illustre évêque.

Monseigneur, ainsi que j'ai eu l'honneur de vous le dire, monsieur le ministre, partage pleinement cette opinion. Si donc elle doit prévaloir, il y aurait à renfermer le cercueil actuel dans un double cercueil de plomb neuf, afin de préserver plus sûrement ces restes vénérables; on coulerait, entre les deux enveloppes de métal, de la résine pour éviter les effets de l'humidité, puis on se contenterait de refaire la dalle en marbre noir, en y gravant l'inscription actuelle qui est intacte, les armes et emblèmes qui ont été grattées pendant la Révolution de 1793.

C'est là, monsieur le ministre, le résultat de ma conférence avec Mgr l'évêque de Meaux.

VIOLLET-LE-DUC.

A MONSIEUR GUESDON

Paris, 3 février 1855.

Monsieur,

Vous me faites l'honneur de me consulter au sujet d'une prétention élevée par les constructeurs des bâtiments de l'Exposition universelle de Paris, prétention qui ne tend à rien moins, dites-vous, qu'à interdire au public de *faire des dessins, photographies ou gravures* du dehors de l'édifice, c'est-à-dire sur la voie publique. Je n'aurais pas supposé que ce droit du public fût un instant contesté, mais puisqu'il en est ainsi, discutons :

Moi, État, Compagnie, particulier, j'élève un édifice, une maison ; il est évident que la propriété du bâtiment que j'élève va me permettre d'en interdire l'entrée ou la vue intérieure aux personnes qui ne se soumettent pas aux conditions qu'il me plaît d'imposer ; mais cette propriété s'étend-elle en dehors du périmètre de l'enceinte de ce bâtiment ? Puis-je louer la vue de mon bâtiment ? Puis-je exiger qu'on ne le regarde qu'à une certaine heure, que pendant un certain temps ? Puis-je m'opposer à ce qu'on prenne des notes, des dessins, des vues photographiées de cette propriété bâtie à l'air libre, au milieu d'une promenade, dans un champ ou sur la voie publique ? Ma propriété est-elle entourée d'une atmosphère à elle ? Mais jusqu'où s'étend ce rayonnement de possession? Où cesse-t-il? est-ce à 10 mètres, 100 mètres, 200 mètres? Et, dans le cas actuel, voici un bâtiment élevé par une Compagnie et par l'État, *au milieu d'un jardin public appartenant à la Ville de Paris.* A-t-on, comme autour des places fortes, tracé une zone de servitudes autour de ce bâtiment? où cesse-t-elle? Et, en dehors de cette servitude, admettant qu'elle existe, sur quoi basez-vous votre prétendu droit de m'interdire de regarder, de dessiner, de photographier, de graver votre édifice?

Mais, si le principe que les constructeurs du palais de l'Exposition ont la prétention de faire établir était admis, voyez donc jusqu'où il pourrait s'étendre.

Demain, la Ville de Paris pourrait nous interdire de dessiner ses monuments, les particuliers leurs maisons.

Ils pourraient affermer ou vendre ce droit.

Demain, les gens de la campagne pourraient nous interdire de dessiner leurs champs, leurs prés, leurs maisons, leurs moulins.

Ils pourraient affermer ou vendre ce droit.

Quelque riche, puissante, importante et utile que soit une Compagnie, une entreprise, elle ne peut se placer ainsi en dehors du droit commun, monopoliser à son profit la faculté de voir et de reproduire ce que l'on voit, dans un pays, surtout, où l'État ouvre ses monuments et ses galeries gratuitement aux artistes.

On comprend parfaitement que le législateur ait garanti la propriété de l'œuvre littéraire, de l'œuvre d'art : tableau, dessin, gravure, sculpture et musique. Ces productions sont sorties complètes du cerveau et des mains de l'artiste. Un tableau, une statue, ne répondent à aucune nécessité publique, n'ont pas leur place sur le *sol public*, vivent de leur propre vie, ne sont soumises à aucune loi de police, de voirie, de salubrité ; ce sont enfin des œuvres d'art proprement dites, qui tirent leur valeur de leur exposition ou de leur reproduction. Mais un édifice public peut-il être assimilé à cet objet? Élève-t-on des monuments pour les exposer, les vendre, ou vendre leur copie, leur reproduction? Un édifice, une maison, n'ont-ils pas un but, et ne produisent-ils pas un résultat, bénéfice, avantage, en dehors de la question d'art? Si, dans l'enceinte de notre édifice ou maison, il vous est permis d'empêcher de reproduire aucune de ses parties par le dessin et la gravure, puisque vous êtes chez vous ; en dehors, la vue, l'aspect de ce monument, sont-ils à vous? L'édifice n'est-il pas soumis à la loi publique, aux règlements de voirie? ne doit-il pas s'ouvrir, se fermer, s'aérer, s'éclairer, se chauffer dans de certaines conditions imposées par l'autorité publique, qui représente tout le monde, les intérêts de tous? Comment donc ce bâtiment pourrait-il être assimilé à l'œuvre d'art abstraite, sur laquelle le public n'a ni droit, ni action?

Qu'un architecte essaye de cacher son œuvre tant qu'elle n'est pas complète, qu'il se réserve le droit de la découvrir à son heure, rien n'est plus juste ; mais qu'il s'oppose à ce que cette œuvre soit vue, critiquée, dessinée, décrite, expliquée, reproduite, du moment qu'elle s'élève au-dessus des barrières de son chantier, qu'elle apparait devant le public, voilà ce qui me semble difficile à soutenir.

Et, si cette propriété de *l'aspect* (car je ne puis lui trouver un autre nom) existait, combien durerait-elle ? Y aurait-il prescription ?

De la maison que j'élèverai en face de la vôtre, vous ne pourrez m'empêcher de photographier votre façade, de l'intérieur de ma voiture vous ne pourrez m'empêcher de la dessiner et, si je la dessine en voiture, pourquoi ne le pourrai-je faire à pied?

Si je veux publier l'aspect de ce monument qui s'élève au milieu d'une ville, pour le public, comment, vous architecte, constructeur, pourriez-vous vous y opposer? Est-ce en invoquant le droit de propriété sur les œuvres d'art ? Mais votre œuvre d'art ne vous appartient pas, elle est faite pour satisfaire à des services et des besoins publics; cette œuvre n'est pas estimée en raison de sa valeur d'art, mais en raison de ce qu'elle coûte matériellement. L'architecte n'est payé que proportionnellement à la dépense faite ou au moyen d'appointements fixes, non en raison de la perfection de son œuvre sous le point de vue de l'art. Donc, lorsqu'il élève un monument, il n'est pas considéré comme le propriétaire de son œuvre, comme le peintre de son tableau ; il n'en a pas la disposition, il n'en demande pas le prix qui lui convient, il ne lui est pas loisible de le retirer de la circulation, comme un livre ou une statue.

D'où je conclus que ni l'architecte, ni les constructeurs entrepreneurs, ni un propriétaire ou une Compagnie ne peuvent s'opposer à ce que *l'aspect* extérieur d'un bâtiment élevé par eux sur la voie publique soit reproduit par la gravure ou la photographie. L'État seul, par des motifs de sûreté publique, de défense du pays, a le droit d'interdire la reproduction de l'aspect d'une prison ou d'une forteresse vue dans un certain rayon, et peut seul, à mon avis, jouir de ce droit lorsqu'il juge utile de l'exercer dans un intérêt commun.

Veuillez agréer,

VIOLLET-LE-DUC.

A Monsieur FÉLIX DE VERNEILH

Paris, 22 octobre 1855.

Mon cher ami,

Je trouve votre bon souvenir en revenant du Midi; les livraisons 55 et 56 étaient imprimées avant mon départ[1]. Vous verrez que je ne n'insiste pas sur la date de la cathédrale de Cologne; peu importe, en effet, que ses fondations aient duré dix ou quinze ans à faire; le fait principal et facile à soutenir, non contesté d'ailleurs aujourd'hui, c'est que ce chœur a été bâti après ceux d'Amiens et de Beauvais. Je ne vois pas que l'on puisse donner aux chapelles absidales une date antérieure à 1260 et même 1265. Mais cela importe peu pour l'ensemble de l'histoire de ces grandes constructions. Vous verrez ce que je dis de la cathédrale de Poitiers. Votre observation est juste, d'ailleurs, et n'ai point prétendu dire que la cathédrale de Laon fût la seule où des fêtes civiles ou réunions politiques aient eu lieu; en relisant vous verrez que j'ai dit, à plusieurs reprises, que je considérais la *Cathédrale française* comme un édifice national, civil et religieux à la fois.

Du reste, vous aurez la fin de l'article très prochainement, car il est imprimé.

J'arrive du Midi où j'ai fait (à Carcassonne) encore de nouvelles découvertes bien curieuses. Décidément, l'archéologie est une science faite pour des hommes devant vivre cent ans. Le temps nous manque, et je vois chaque jour davantage que nous ne savons pas grand chose. A peine si nous aurons gratté le sol, il faudrait des successeurs pour le labourer à fond, et des semeurs pour le semer. Nous, nous ne verrons rien du résultat, si résultat il y a.

Bien à vous de cœur,

Viollet-le-Duc.

---

1. Il s'agit du *Dictionnaire raisonné d'architecture*, qui était publié en livraisons, et dont certain passage avait fait l'objet d'une observation de la part de Félix de Verneilh.

A Monsieur A. BERTY

26 mai 1856.

Monsieur,

Je n'ai vu nulle part, ni dans les romans, ni dans les chroniques, que *tour* ait jamais voulu dire château[1]. Mais, souvent, aux XIIe et XIIIe siècles, même plus tard, on donne le nom de *tour* au donjon. On disait la tour de Coucy pour le donjon, la tour du Temple pour le donjon du Temple, la tour de Loches pour le donjon de Loches. Quelque fois les chroniqueurs disent la tour de... pour le château de... C'est qu'en effet, alors, le château dont ils parlent n'était qu'un donjon. Ainsi, dans les chroniques de Du Guesclin, il est question du siège du donjon de Valognes, que l'auteur désigne sous le nom de tour.

De même dans Guillaume d'Orange « Parfere engins dont la tor soit quassée... » Il s'agit de l'attaque d'un donjon d'une ville.

Souvent, pendant les XIIe et XIIIe siècles, le château ne se composait (au point de vue de la défense) que d'une grosse tour commandant une enceinte de palissades avec fossés et contenant des habitations; dans ce cas on donne au château le nom de *tour* de... Mais ces établissements sont des camps permanents protégés par un gros ouvrage, plutôt qu'un château.

Ce sujet est longuement développé dans l'article *château*, qui est sous presse en ce moment (*Dict. d'archit.*).

Mais, en tout cas, veuillez croire, monsieur, que je serai très heureux de vous fournir les renseignements en ma possession, et qui pourraient vous être utiles.

Agréez, monsieur, l'assurance de ma considération très distinguée.

Viollet-le-Duc.

---

1. Cette lettre de Viollet-le-Duc est une réponse à cette question que lui avait adressée M. A. Berty : « Existe-t-il un château qui, ayant pour trait saillant une haute tour ou donjon, soit habituellement, et depuis longtemps, nommé, non pas *le château de*, mais *la tour de*, bien qu'il renferme d'autres défenses qu'une tour. »

A Monsieur DIDRON Ainé

Paris, 21 juillet 1857.

Mon cher ami,

J'ai appris la mort de votre père en même temps que celle de ce pauvre Lassus, c'est autour de nous, devant nous, et bien près de nous, comme une journée de bataille[1]. Tout cela n'est point gai, et nous prouve qu'il faut essayer de *faire son temps* du mieux que l'on peut. Mais je ne suis point, quant à moi, si pressé que vous semblez croire que nous devions l'être, sans me tourmenter d'ailleurs d'une fin plus ou moins prochaine. Seulement, il est bon de serrer nos rangs.

A vous de cœur,

Viollet-le-Duc.

A Monsieur HENRI OUDIN

IMPRIMEUR A POITIERS

Paris, 30 juillet 1857.

Monsieur,

Il est difficile de donner un avis sur la question que vous me faites l'honneur de me poser, sans connaître exactement la disposition des lieux, et, même, après avoir pris connaissance du rapport que vous m'avez adressé[2].

Cette question réduite à son principe serait celle-ci : Est-il possible d'établir une façade d'un aspect monumental, en bordure sur une rue ayant une pente assez prononcée ? Certainement cela est possible, cette disposition peut même devenir le motif d'un parti architectonique d'un grand effet. Les exemples ne manquent ni en France, ni en Italie, ni en Allemagne. Des différences de niveau sont pour un architecte inhabile une pierre d'achoppement, elles sont au contraire,

1. Viollet-le-Duc venait de perdre lui-même son père.
2. Le correspondant était membre du conseil municipal de Poitiers et rapporteur d'une commission pour la construction d'un Hôtel de Ville.

pour ceux qui connaissent les ressources si variées de cet art, une occasion de produire certains effets qui enlèvent à une œuvre cette vulgarité trop souvent et trop justement reprochée à nos édifices. Ces différences de niveau deviennent, lorsqu'on en sait tirer parti, une ressource quant aux dispositions intérieures. Il en est de cela comme de toute chose; une difficulté est une occasion de succès pour l'homme de mérite, une cause de ruine pour celui qui en manque. Si la ville de Poitiers veut faire bâtir un Hôtel de Ville digne de son ancienne réputation de capitale de province, la première de toutes les conditions est de choisir un homme capable. Alors, les difficultés de programme ou d'emplacement, s'il en existe, seront facilement résolues. Ce sont là de ces vérités naïves sur lesquelles il me semble inutile d'insister.

Veuillez agréer.

VIOLLET-LE-DUC.

A MONSIEUR L'ÉVÊQUE DE CARCASSONNE

Paris, 17 octobre 1857.

Monseigneur,

Plusieurs des membres du chapitre et M. le curé de la cathédrale m'ont fait certaines observations relatives à l'établissement d'un tabernacle, sur le maître-autel, et d'un appui de communion. Il faut dire (et Votre Grandeur ne peut l'ignorer) que les avis à cet égard sont partagés. Il ne m'appartient pas de donner une solution aux questions posées par des personnes aussi compétentes, surtout en présence de votre appréciation décisive; je vous demanderai seulement, monseigneur, la permission de vous soumettre quelques observations qui, peut-être, seront de nature à lever toutes difficultés, et à concilier les deux opinions en présence, toutes deux respectables. Il est certain, et mieux que moi, monseigneur, vous le savez, qu'il n'y a pas plus d'un siècle que l'on a commencé à poser des tabernacles sur les maîtres-autels des cathédrales. Jusqu'au commencement du XVIIIe siècle il était beaucoup de maîtres-autels qui n'avaient même point de gradins; il suffit à ce sujet de consulter Thiers (*Des principaux autels des églises*), le sieur de Mauléon (*Voyages liturgiques en France*), et des auteurs beaucoup plus anciens, parmi lesquels Guillaume Durand occupe le premier rang, pour reconnaître cette vérité. Il est certain aussi que le tabernacle posé *sur l'autel même*, surtout quand cet autel est placé en avant du chœur, n'a guère de dignité, et ne s'accorde pas avec la grandeur de la pompe épiscopale. Autrefois, on apportait la Sainte Eucharistie sur l'autel, seulement au moment de la communion, et il me semble que cet acte avait plus de majesté que celui consistant à ouvrir devant les fidèles une petite armoire posée sur l'autel, car les gestes qui accompagnent cette action ne peuvent avoir la dignité nécessaire en pareil cas.

A Paris, Mgr le cardinal Morlot a décidé qu'une réserve serait établie à côté de l'autel pour la Sainte Eucharistie, que la forme de cette réserve serait celle d'un petit monument décoré, posé sur une colonne, et ayant une lampe au devant. C'est là que le diacre ira chercher la Sainte Eucharistie au moment de la communion pour la porter à l'autel. Ne pourrait-on, à Carcassonne, adopter la même disposition? Votre Grandeur y verrait-elle un inconvénient? Nous éviterions ainsi cette boîte toujours assez disgracieuse et peu digne, placée sur l'autel, et qui, à Carcassonne, aurait l'inconvénient de masquer le fond du chœur et la vue de l'évêque aux fidèles. Bien qu'il ne soit pas d'usage de faire communier les fidèles au grand chœur des cathédrales, cependant, à l'occasion de certaines solennités pendant lesquelles le nombre des communiants serait très considérable, il serait possible de placer à l'entrée du chœur, un appui de communion provisoire, disposé exprès convenablement, et que l'on enlèverait après la cérémonie. Dans les temps ordinaires, une des chapelles de la nef serait suffisante pour la communion des fidèles, en prenant quelques dispositions. D'ailleurs, mon intention est de présenter, l'an prochain, à Votre Grandeur un projet de porche et de chapelle paroissiale à l'ouest de la cathédrale, qui donnerait à l'église la grandeur et les services qui lui manquent.

J'espère, monseigneur, que vous voudrez bien ne voir dans les opinions exprimées ici que le désir de concilier des avis opposés, et nullement la prétention de m'occuper de matières qui ne sont point de mon ressort.

Je profite de cette occasion pour vous faire savoir, monseigneur, que j'ai donné les derniers ordres afin de hâter la remise du chœur, et aussi, pour rendre la stalle de l'évêque, au fond du chœur, plus large et plus convenable. Je demande sur 1858 une somme qui me permettrait de pousser les travaux avec activité sans cependant élever tellement ce chiffre qu'il y ait lieu de craindre de le voir réduire.

Je suis,

VIOLLET-LE-DUC.

A Monsieur DE SOUBEYRAN

17 novembre 1858.

Monsieur,

Mérimée me dit que vous désirez avoir les dimensions de la grande salle du donjon de Pierrefonds (1er étage), les voici :

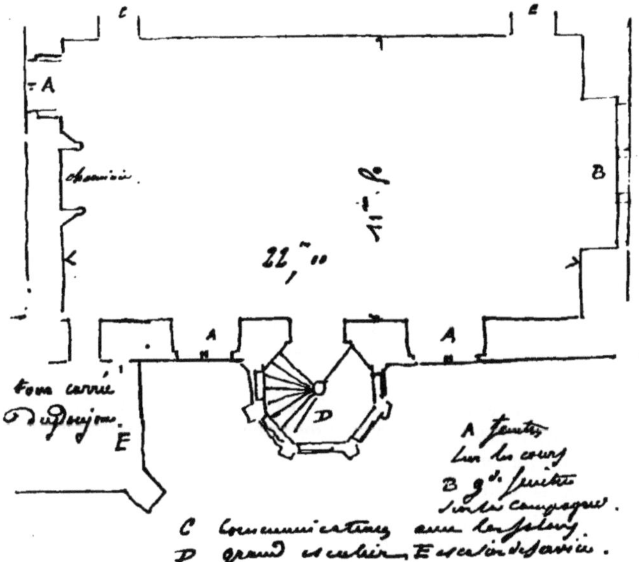

On peut placer dans une salle de cette dimension 50 personnes au moins, fort à l'aise. C'est une salle que l'Empereur désire voir couverte l'an prochain, ce qui est possible en supposant l'allocation de 100,000 francs portée, en 1859, à 200,000 francs. Car, aujourd'hui, les dépenses s'élèvent environ à 170,000 francs. Si, l'an prochain, nous avons 200,000, c'est autant qu'il m'en faut pour terminer :

1° La tour du coin achevée ou peu s'en faut ;
2° La tour carrée du donjon ;

3° La tour du coin nord-ouest ;
4° Tous les ouvrages de terrassements ;
5° La grande salle du donjon.

Veuillez agréer,

VIOLLET-LE-DUC.

A MONSIEUR COURMONT

CHEF DU BUREAU DES MONUMENTS HISTORIQUES

Compiègne, 18 novembre 1859.

Mon cher ami,

Du pont sur lequel Jeanne d'Arc a été prise, ou plutôt sur lequel, avant d'être prise, elle a dû passer, il ne reste qu'une grosse tour, ou chicot de tour, puis un bout de chaussée qui aboutissait au pont. Encore ce bout de chaussée est-il aujourd'hui difficile à voir, enfoncé qu'il est dans le quai et des terrassements de l'époque de Louis XV.

Le monument que l'on propose de faire [1] :

1° Ne se verra pas, puisqu'il sera complètement engagé dans des atterrissements en aval et en amont, atterrissements qu'on ne peut faire disparaître sans changer entièrement l'assiette de Compiègne de ce côté ;

2° Cette chaussée percée d'une arche est un mensonge parce que le pont était plus avancé, et que le bout de culée qui réunissait le pont à la grosse tour du XIIe siècle était certainement plein et défendu par un ouvrage avancé, ainsi :

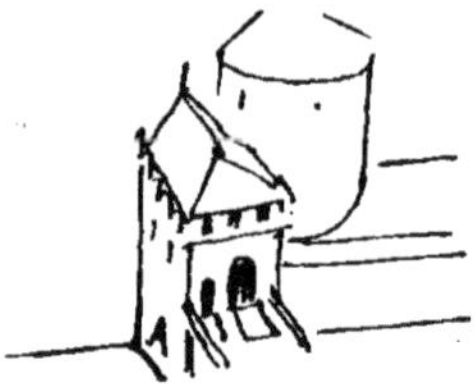

La partie A devait donc être pleine, du temps de Jeanne d'Arc, et non vide, car voyez-vous la belle défense qu'aurait présentée le pont, avec cette arche sous la porte !

3° Jeanne d'Arc a été prise sur la rive droite de l'Oise et non pas sur la rive gauche, et probablement en

1. Le projet dont il s'agit ici avait été conçu sur le désir alors exprimé par l'Empereur de perpétuer par un monument le souvenir de la prise de Jeanne d'Arc par les Anglais, à Compiègne. Il ne fut pas donné suite à ce projet dont on avait communiqué une esquisse à Viollet-le-Duc.

amont, c'est-à-dire vers la tête du pont actuel ; donc, si on place la statue quelque part, ce devrait plutôt être sur la rive droite que sur la rive gauche ; mais supposons qu'on veuille ne placer cette statue que sur un point où son passage puisse être constaté.

Elle est passée par ou près la grosse tour, elle y est entrée même très probablement, puisqu'on s'y réunissait pour faire les sorties, ce serait donc sur, dans, ou à côté de la grosse tour que cette statue devrait être posée.

Cette tour offre quelque intérêt. Elle donne à la ville de Compiègne, de ce côté, un aspect pas trop Montrouge. Puis enfin, puisqu'on invoque *les monuments historiques*, cet édifice est historique sans aucun doute et, si quelque chose doit être conservé, c'est cette tour dans laquelle la Pucelle est entrée avant d'aller se faire prendre.

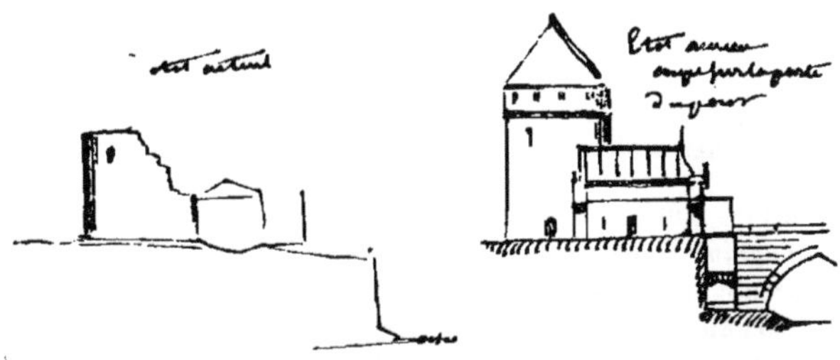

Ce faux bout de pont, avec une arche qui n'a pas dû exister du temps de la Pucelle, avec ces faux mâchicoulis, son retour de corniche sur sa face en coupe, son faux air du terre-plein du *Pont Neuf*, ne sera pas médiocrement ridicule ; qu'on y pense et qu'on se le dise.

Allongez la courroie, tâchez que M. Fould m'en parle s'il vient ici demain ; je tâcherai, de mon côté, d'en parler à l'Empereur si j'en trouve l'occasion. Il m'en a dit quelques mots en arrivant, mais je n'étais pas au courant, et je n'ai pu engager la question. Ce qui est certain, c'est qu'il est indécis et que cette affaire n'a point été discutée devant lui, qu'il suffirait d'un mot pour lui faire sentir le côté ridicule du projet, et comment, en dépensant beaucoup moins d'argent, on pourrait donner à ce souvenir quelque chose de beaucoup plus vrai, de moins théâtral et troubadour.

Je ferai de mon mieux, de mon côté, mais si votre ministre ne désire pas faire cette dépense avec les crédits des monuments historiques, qui ne sont pas destinés à pareilles choses, il n'a qu'à provoquer un bout de conversation avec l'Empereur ; je suis bien certain de faire comprendre à Sa Majesté ce qu'il y a de faux et de niais dans cet attirail.

Amitiés,

VIOLLET-LE-DUC.

Et ce pauvre Bœsw.[1] ? L'Empereur ne m'a pas parlé de Saint-Sauveur, je pense qu'en ce moment il a bien d'autres affaires et que Bœsw. peut se rétablir tranquillement.

A MONSIEUR ÉMILE MILLET

A NEW-YORK[2]

Paris, 4 février 1862.

Mon cher ami,

De toutes les morts je ne choisirai pas, comme notre pauvre Halévy, celle *de chagrin;* il ne faut donc pas s'étonner si je préfère le manteau du sceptique à l'habit du pleureur ou du résigné. S'il est bon de prendre l'art au sérieux, et si on ne peut être artiste qu'à cette condition, il n'est pas nécessaire de faire les gros yeux aux barbares qui n'y comprennent rien, mieux vaut se moquer d'eux. Cela soulage et vous entretient en belle humeur. Certes, Paris est le pays des arts à notre époque, mais c'est un pays conquis par les barbares, et si une chose doit donner la foi en la vitalité de l'art chez nous, c'est qu'il ait pu se conserver au milieu des *étrangers* conquérants. Sous Louis XIV l'art est devenu une sorte de privilège de la classe élevée ; depuis la Révolution, au lieu de se démocratiser, l'art est resté sous la coupe des Académies, des soi-disant amateurs. Il n'a pas fait sa révolution, le pauvre diable, il faut qu'il la fasse, il la fera, je n'en doute pas, et j'y pousse, autant qu'homme peut faire ; mais nous ne verrons probablement pas la venue de cette ère. Tout cela ne dit pas qu'il faille pleurer, d'autant que nous ne sommes pas des Allemands, et que les pleurards n'ont jamais raison chez nous.

1. Cette interrogation avait trait à E. Bœswillwald, l'éminent architecte, qui venait de faire une maladie grave.

2. M. Emile Millet, le frère aîné d'Aimé Millet, le statuaire, était un musicien distingué que des circonstances avaient obligé de s'expatrier en Amérique, et qui avait alors le vif désir de revenir en France. Viollet-le-Duc, dont il avait été l'ami d'enfance, et à qui il avait fait part de ce désir en lui demandant ses conseils, lui avait répondu par cette lettre.

Je ne prétends donc pas que les arts soient malades ici, mais le gouvernement auquel ils sont soumis est pourri jusqu'à la moelle. Il faut changer les institutions d'art, il faut faire table rase des hommes qui personnifient ces institutions, il nous faut un 1792. C'est pourquoi, sans désespérer de l'avenir des arts, je ne puis espérer que l'artiste fasse aujourd'hui son chemin, à moins d'un coup de fortune ou d'une singulière souplesse. Entouré des misères matérielles et morales qui affligent la gent artiste en France, je ne puis dire à un vieil ami : Arrive, il y a place avec du travail et du talent. Encore une fois, j'en ai la preuve (morte) à te fournir; notre ami Halévy est mort de chagrin, bien qu'il ait fait une douzaine d'opéras représentés, bien qu'il eût un nom européen, bien qu'il fût secrétaire perpétuel de l'Académie, commandeur de la Légion d'honneur, etc., etc. Il est mort de chagrin et pauvre, et Halévy vivait comme un modeste et honnête bourgeois qui ne joue pas à la Bourse.

Je suis bien de ton avis à l'endroit des Yankees, c'est une forte race, et nous sommes, en France, intéressés à ce que la partie la plus saine de cette race vive et marche [1], parce que nous sommes intéressés en France au développement de la civilisation, de quelque côté que se montre ce développement. Ce n'est pas le compte des gens du bas Empire, sous la férule desquels nous nous mettons toujours comme des niais, mais c'est là un détail, et le monde aura raison de ces derniers Romains, les plus malsains des humains. Nous verrons, c'est probable, encore bien des choses nouvelles, de notre temps, et Paris sera probablement aussi la scène sur laquelle on donnera ces représentations, mais cela n'encourage pas à dire aux gens auxquels on veut du bien : Venez. Car ce n'est pas tout de venir, il faut vivre, et vivre n'est pas une médiocre difficulté.

Tu trouves que des passages de ma lettre te rappellent mon père. Hélas ! le brave homme était d'un autre temps, il avait une fraîcheur de pensée qui n'est pas donnée aux enfants du siècle, et il ne comprendrait guère tout ce qui se passe aujourd'hui. Sans doute cela vaut la peine d'être vu, mais, quand on a une famille avec soi, cette curiosité peut être funeste.

En t'écrivant ce soir je me rappelle ces lettres que nous nous écrivions, il y a une vingtaine d'années, et dans lesquelles nous raisonnions de notre mieux. Nous ne nous doutions guère alors de la destinée qui nous attendait, et que nous nous ferions des envois de prose ayant un océan entre nous.

Ton ami dévoué,

VIOLLET-LE-DUC.

1. Viollet-le-Duc écrivait cette lettre pendant la guerre de Sécession, et dans ce passage il faisait allusion aux Etats du Nord.

A Monsieur AURÈS

INGÉNIEUR EN CHEF DES PONTS ET CHAUSSÉES

Paris, 15 août 1862.

Monsieur,

Vous m'excuserez si je n'ai pas répondu plus tôt à votre lettre obligeante du 10 mars et à l'envoi qui l'accompagnait[1]. Je ne voulais vous répondre qu'après vous avoir lu avec attention, et les affaires, jusqu'à ce moment, ne m'en avaient pas laissé le loisir.

Il est clair que vous êtes dans le vrai, et vous n'ignorez pas certainement que, déjà, la façon de mesurer les ordres antiques, admise par les commentateurs de Vitruve, est repoussée comme absolument erronée. Personne ne défend Perrault aujourd'hui, depuis surtout que l'on s'est mis à étudier sérieusement l'architecture des Grecs. Vitruve a prétendu donner ou reproduire, ou expliquer une méthode usitée de son temps chez les gens de l'art ; cela n'est pas douteux et les explications que vous donnez feràient disparaître toutes les incertitudes. Mais (car il faut bien que je me défende) Vitruve ne parlait évidemment que de règles admises chez les Grecs déjà fort avancés dans l'art, chez les Grecs du temps de Périclès. Or, ce sont ces règles qui sont tout à fait dérangées, si l'on remonte aux monuments doriens et ioniens d'une haute antiquité. Et, cependant, il est certain que ces premiers monuments partaient d'un principe harmonique dont la clef est perdue pour nous. Vitruve n'a fait que donner une méthode empirique sans en expliquer le sens, ni sans en montrer le but : c'est ce qu'on peut lui reprocher. Je n'avais pas à entrer dans ces développements. Remarquez bien que les exemples que vous choisissez, sauf le temple de ***Pestum***, sont postérieurs au Parthénon. Mais les monuments de la Sicile (doriens) ceux de l'Asie Mineure et des îles (ioniens), ceux dont on possède déjà quelques fragments en Macédoine, ceux de Lycie, dérangent singulièrement toute la théorie de Vitruve sur les ordres, en ce qu'ils fournissent des éléments étrangers aux ordres dont il s'occupe, en ce que les rapports de proportions outrepassent,

1. L'envoi dont il s'agit ici est celui d'un mémoire intitulé : *Nouvelle théorie du module, déduite du texte même de Vitruve, et application de cette théorie à quelques monuments de l'antiquité grecque et romaine* (Nîmes, 1862). L'auteur, M. Aurès, y relevait, en en contestant l'exactitude, l'opinion émise par Viollet-le-Duc dans son *Dictionnaire raisonné d'architecture* (p. 143 et 144, t. V), que Vitruve ne semble pas avoir été initié aux formules de l'architecture grecque des beaux temps.

dans un sens ou dans l'autre, ceux qu'il nous donne. Or, ce que nous entendons aujourd'hui par architecture grecque, c'est ce développement qui s'est produit jusqu'à l'époque des Pisistratides, non seulement sur le territoire athénien, mais dans le Péloponèse, dans la Thessalie, dans les îles et sur la côte ionienne, avant la domination des Perses, dans les colonies italiennes et siciliennes.

L'art grec arrivé à son développement *formulé*, près même de la décadence, peut plaire, peut servir de modèle, mais ce n'est plus le tronc vivant et fécond. Or, sur cet art, d'où sont sorties tant de choses, Vitruve ne dit rien, il ne paraît pas le connaître ; c'est ce que nous lui reprochons. Cela n'empêche pas les chercheurs d'étudier avec les documents qu'il a laissés, et d'arriver, comme vous avez fait, à des résultats d'un haut intérêt. Mais il faudrait appliquer ces méthodes sur les monuments mêmes, et non sur des relevés, presque toujours inexacts. Ainsi, par exemple, vous citez le temple circulaire de Vesta, à Tivoli ; or, il y a des différences notables entre les diamètres des colonnes de ce temple, sans qu'il soit possible de comprendre pourquoi, puisqu'il n'y a pas là de colonnes d'angle. Vous citez les colonnes corinthiennes du Colysée ; ces colonnes ont des différences de 1/5 dans leur diamètre à des distances rapprochées, et on ne peut rien dire de cet ordre dont le ravalement est à peine ébauché.

Il y a eu, chez les gens de race hellénique, dès une très haute antiquité, non des formules sèches, mais un système harmonique dans l'art de l'architecture. On a déjà fait quelques recherches et quelques découvertes à ce sujet ; mais il est impossible de baser là-dessus une théorie.

Je vous félicite fort, monsieur, d'avoir, de votre côté, soulevé un coin de ce voile, et je conserve votre brochure comme l'un des meilleurs travail (*sic*) qui ait été fait sur ce sujet.

Agréez avec mes remerciements, l'expression de mes sentiments très distingués.

VIOLLET-LE-DUC.

A NAPOLÉON III

Paris, 29 novembre 1862.

Sire,

Votre Majesté a bien voulu me faire communiquer un mémoire relatif à de grands projets de construction à élever à Rio-de-Janeiro et dont la réalisation semblerait devoir être d'une importance considérable dans les relations des Français avec le gouvernement brésilien, en me donnant l'ordre de lui adresser un rapport qui la puisse mettre à même d'apprécier le degré d'intérêt que mérite cette affaire.

L'auteur de ce projet, M. Victor Frond, fait ressortir dans la première partie de son mémoire l'influence croissante des intérêts britanniques, au Brésil, influence qui ne tendrait à rien moins qu'à placer cet Empire sous la main de l'Angleterre dans un délai assez court. Quelle que soit la valeur des appréciations de M. Victor Frond à cet égard et le caractère plus ou moins général des faits qu'il expose à l'appui de son opinion, le sentiment de patriotisme qui a dicté le projet présenté à Votre Majesté, et l'importance de l'entreprise, méritent une attention sérieuse.

D'ailleurs, le travail de M. Victor Frond fait ressortir une situation dont il est juste de se préoccuper. Je cite : « Presque toute la dette flottante de ce vaste Empire est représentée par les crédits que l'Angleterre lui a faits et ceux qu'elle lui offre chaque jour. Toutes les constructions nationales, toutes les entreprises d'intérêt public, celles-là même dont l'idée première et les plans ont été suggérés au gouvernement par des Français, tombent successivement dans les mains d'Anglais qui, dès qu'ils ont obtenu une concession provisoire, en achèvent la transformation en privilège de quatre-vingt-dix-neuf ans. »

C'est ainsi que, peu à peu, la prépondérance de la France au Brésil se trouverait singulièrement diminuée, si l'on en croit l'auteur du mémoire, par suite, l'étendue de nos relations commerciales et la confiance de notre crédit. C'est en vue de combattre cette tendance absorbante de l'Angleterre et les préjugés qu'elle a fait naître au sein de la population brésilienne à l'égard de nos ressources, de notre grande industrie, et de notre esprit d'entreprise, que M. Victor Frond, nommé membre du jury chargé de procéder à l'organisation d'une Exposition universelle, suggéra d'abord au gouvernement brésilien l'idée de construire un local propre à cette destination. Ce premier projet agréé en fit bientôt naître un autre beaucoup plus vaste et qui consisterait à affecter des terrains situés à Rio-de-Janeiro et connus sous le nom de Campo Santa-Anna, à l'établissement d'un grand jardin public autour duquel s'élèveraient : 1° un palais impérial; 2° un palais de l'Exposition nationale; 3° le grand théâtre national; 4° des hôtels pour diverses administrations et services publics. Ce grand projet, indiqué en masses et joint au mémoire de M. Frond, réunit les suffrages, fit abandonner ceux des autres concurrents et fut adopté à l'unanimité par la chambre municipale de Rio-de-Janeiro. Il paraît avoir obtenu l'approbation complète du gouvernement de l'Empereur dom Pedro II, et l'auteur du mémoire ne met pas en doute que des fonds seront votés pour contribuer à sa réalisation, lors de la première session législative du Brésil.

Mais il est nécessaire qu'à cette époque, c'est-à-dire au mois d'avril prochain, des projets définitifs et des devis soient prêts pour être soumis aux Chambres, et c'est à ce propos que M. V. Frond supplie Votre Majesté de vouloir bien ordonner « que les plans définitifs des palais et autres monuments publics à élever à Rio-de-Janeiro pour l'embellissement du Campo Santa-Anna, les devis et autres pièces nécessaires à l'exécution, soient dressés et rédigés par des architectes et ingénieurs de l'État, sur les documents qu'il mettrait à leur disposition ».

Ces projets dressés par des artistes français, approuvés définitivement par le gouvernement brésilien, M. Frond considère leur exécution comme une source de profits pour l'industrie nationale, il pense que nos carrières produiront les pierres à bâtir, nos bois et nos usines les charpentes, la menuiserie et la serrurerie, que la main-d'œuvre pourra ainsi être exclusivement confiée à des ouvriers français, et que nos fabriques de meubles participeront aux bénéfices de cette grande entreprise.

L'obstacle le plus sérieux que rencontrera l'exécution de ces projets sera l'énormité de la dépense. M. V. Frond, concessionnaire de l'entreprise, ayant obtenu des fonds du gouvernement brésilien pour les conduire à fin, pourra-t-il se rendre un compte exact des dépenses d'une opération de cette nature, faite dans des conditions exceptionnelles ? et sur quelles bases établir les devis qu'on devra lui fournir, quand il faudra ajouter au prix de revient la valeur des transports et la mise en place à Rio-de-Janeiro ? Il y a là tout un côté pratique de la question qui ne paraît pas avoir été sérieusement étudié. Le gouvernement de Votre Majesté, en chargeant directement des architectes de dresser des projets et de participer à l'exécution de cette entreprise, comme l'indique M. V. Frond, ne semblera-t-il pas, ainsi, en garantir la réussite, aussi bien au point de vue financier qu'au point de vue de l'art? Si la plupart des ouvrages entrepris par les Anglais au Brésil ne présentent souvent, au dire de l'auteur du mémoire, que des résultats déplorables ou ruineux pour les finances de cet Empire, ces opérations sont dues à l'initiative de particuliers, et le gouvernement anglais ne peut être rendu responsable de leur mauvaise direction ou des conséquences fâcheuses qu'elles entraînent avec elles. Mais, si le gouvernement de Votre Majesté prend, pour ainsi dire, la tête de l'entreprise concédée à M. V. Frond, en ordonnant à ses agents de rédiger les projets et les pièces qui serviront naturellement de point de départ pour toute l'opération, non seulement il s'engage envers ses agents à rémunérer leurs services au besoin, mais, jusqu'à un certain point, il garantit, vis-à-vis le gouvernement brésilien, la bonne exécution et l'exactitude des prévisions, quant aux dépenses à faire, et, vis-à-vis les divers fournisseurs français qui s'engageraient dans l'entreprise, le paiement de leurs créances. Ce ne serait donc qu'à titre officieux que le gouvernement de Votre Majesté pourrait intervenir dans cette affaire en engageant M. V. Frond avec tel ou tel des architectes de son administration pour les voies et moyens, et en laissant ainsi au concessionnaire la responsabilité entière de son entreprise et de l'exécution des conditions qu'il aurait à souscrire soit avec le rédacteur des projets, soit avec les divers entrepreneurs qui seraient chargés des fournitures.

Les sentiments qui ont dirigé M. V. Frond en cette affaire lui font honneur, l'entreprise qu'il projette semble présenter des chances sérieuses de réussite et devoir être profitable aux intérêts français au Brésil, mais le gouvernement de Votre Majesté ne pourrait, je pense, se substituer, pour ainsi dire, à l'initiative d'un entrepreneur français à l'étranger en désignant officiellement les agents de son administration qui seraient chargés d'estimer les dépenses, de rédiger les projets et de poursuivre leur exécution. Une intervention officieuse est la seule qui paraisse devoir répondre au vœu exprimé par M. V. Frond en lui laissant l'entière responsabilité de l'entreprise.

Je suis, de Votre Majesté,

VIOLLET-LE-DUC.

AU MARÉCHAL VAILLANT

MINISTRE DE LA MAISON DE L'EMPEREUR

Compiègne, 5 décembre 1862.

Monsieur le maréchal,

L'Empereur m'ayant donné l'ordre de faire faire sur le plateau de Saint-Pierre, situé dans la forêt de Compiègne, divers travaux de fouilles et de terrassements à l'effet de découvrir et de rétablir les dispositions d'un campement antique qui couronnait ce plateau, et Sa Majesté, ayant considéré que les ouvrages étaient assez importants pour être laissés apparents et même pour être réparés en partie, a décidé que la surface du terrain affermée ferait dorénavant partie de la forêt de la Couronne, que le bail serait résilié et les bâtiments de la ferme démolis[1]. Sa

1. Les travaux de fouilles et de terrassements exécutés sur le plateau de Saint-Pierre ont été poursuivis jusqu'au déblaiement complet des fossés du camp et des voies romaines qui le traversaient; ils ont été payés sur la cassette de l'Empereur.

Majesté desire seulement conserver le bâtiment d'habitation, dit pavillon de Saint-Pierre, les ruines de l'ancienne église abbatiale et les restes de la porte d'entrée munie d'une tour, ainsi que des écuries et remises donnant dans le jardin particulier du pavillon. Conformément au plan que j'ai eu l'honneur de remettre à l'Empereur, sur ses instructions, et que Sa Majesté a bien voulu approuver, je pourrai, lorsque les bâtiments de la ferme auront été démolis et que les matériaux auront été enlevés, faire tracer sur le plateau les allées indiquées sur ce plan, rectifier certaines parties des voies d'accès pour les voitures et terminer les ouvrages ordonnés.

Votre Excellence jugera peut-être que la voie la plus économique pour se débarrasser des matériaux provenant des bâtiments de la ferme serait de vendre ceux-ci sur place, à la charge pour l'acquéreur de les enlever dans un délai assez court. En conséquence, monsieur le maréchal, je joins à cette lettre un plan des bâtiments à démolir. Ceux-ci sont teintés en jaune tandis que les constructions à conserver sont teintés en noir. Je me mets d'ailleurs entièrement à la disposition de Votre Excellence pour tous les renseignements qu'elle jugerait utile de fournir aux personnes de son administration chargées de la vente des bâtiments à démolir et des plantations à faire.

Je suis,

VIOLLET-LE-DUC.

Cette lettre était accompagnée de la note qui suit :

D'après les ordres de l'Empereur des ouvriers sont occupés sur le plateau de Saint-Pierre, dépendant de la forêt de Compiègne, à faire des fouilles considérables qui mettent au jour les ouvrages de défense d'un camp retranché de l'époque de la guerre des Gaules. Ce camp, qui occupe une surface de 30 hectares, consistait, d'après les fouilles déjà faites sur plusieurs points, en une circonvallation avec double fossé coupée sur les bords mêmes du plateau. L'une des entrées, que l'on déblaye en ce moment, laisse apercevoir la route antique passant entre les défenses, puis, dans le voisinage, les trous de fours creusés dans le sol calcaire et un petit magasin de blé calciné par le temps. Ces déblais ont fait découvrir une quantité considérable de clous qui, probablement, retenaient les ouvrages en bois posés sur l'escarpement, des débris d'armes, de poteries, d'amphores romaines et quelques monnaies gauloises, restes et débris indiquant la présence prolongée d'une armée sur ce point[1].

L'Empereur se fait rendre compte des travaux et parait y attacher un vif intérêt. Tous ceux qui s'occupent de nos antiquités nationales applaudiront à cette pensée du souverain qui fait revivre ainsi, au milieu de notre belle forêt, un des témoins de la grande lutte des Gaulois contre les armées romaines.

1. Viollet-le-Duc a fait un essai de restitution des ouvrages en bois qui constituaient la défense de ce camp romain; ses dessins ont été publiés dans une monographie de Compiègne par M. Peigné-Delacourt, à laquelle nous empruntons la vue perspective ci-contre.

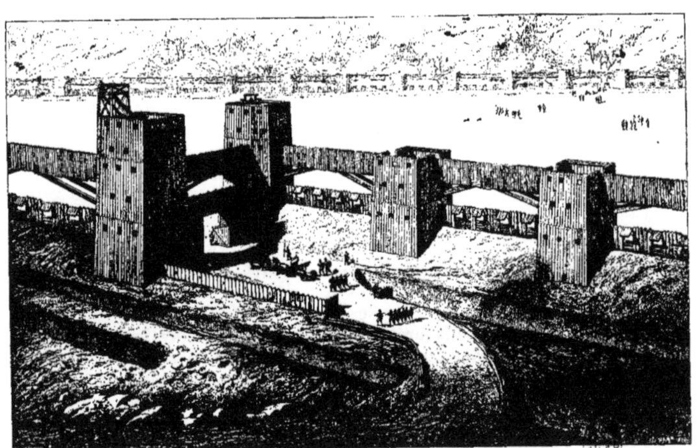

VUE PERSPECTIVE D'UN CAMP ROMAIN, D'APRÈS UNE RESTITUTION DE VIOLLET-LE-DUC.

Je me suis appliqué à faire une estimation du temps qu'il a fallu à un corps de 25,000 hommes pour faire les terrassements de la circonvallation du camp et pour couper, tailler et monter les bois de la charpente des tours et des ponts qui les reliaient.

Voici cette estimation :

L'excavation du fossé intérieur cube par 10 mètres courant, en raison du profil retrouvé sur tous les points fouillés et des pentes de la montagne. 52m 50

L'excavation du fossé extérieur cube par 10 mètres courant . . 40m 05

Le *vallum* cubant par 10 mètres courant. 165m 00

Le déblai du fossé intérieur, en supposant un foisonnement de 1/10 en raison de la nature du terrain, ne donnerait que 57m 75

Restait. 107m 25

à trouver au moyen d'emprunts sur le plateau, c'est-à-dire, en déduisant le foisonnement, environ 97m 00

Les déblais du fossé extérieur ont été employés à former le palier et le glacis.

Il a donc fallu par 10 mètres courant, fouiller, brouetter, mettre en cavalier et banquettes, et régaler, un cube de. 189m 55

Le pourtour du camp donne une longueur de 2,300 mètres, par conséquent, un cube de. 435,965m 00

Le sol étant sablonneux, argileux, est facile à fouiller et à transporter, mais il faut tenir compte des pentes qu'ont dû franchir les terrassiers; on peut donc estimer qu'en une heure deux hommes, l'un à la pioche et à la pelle, l'autre au montage à l'épaule au panier, suivant la méthode des soldats romains, peuvent fouiller et transporter sur cavalier en *vallum* ou palier, un cube de 0 m. 25. En quatre heures, par conséquent, ces deux hommes auront fouillé et transporté un mètre cube, soit 0 m. 50 par homme et par quatre heures, et soit 1 m. 25 par journée de dix heures et par homme. Les 435,965 mètres cubes représentent donc 348,772 journées; en supposant une armée de 25,000 hommes, conservant la moitié pour la garde du camp, pour fourrager, etc., il reste 12,500 hommes. Divisant ces 12,500 hommes par brigades formant un corps de terrassiers de 8,300 hommes et un corps de charpentiers de 4,200 hommes, les 8,300 hommes auront fini les travaux de terrassement, c'est-à-dire auront remué les 435,965 mètres cubes de terre en quarante-deux jours et quelques minutes. Ajoutons deux ou trois jours pour les travaux les plus forts, tels que *les clavicules*, et admettons quarante-cinq jours de terrassiers. Pendant ce temps, les 4,200 hommes auront pu être employés à faire les tours en charpente, les parapets et ponts réunissant ces tours. Une brigade de 12 hommes peut, en deux jours, couper tous les bois destinés à la façon d'une tour et de son pont ou chemin de ronde; deux autres jours pour ébrancher et colletiner; trois jours pour barder à pied d'œuvre; deux jours pour tailler; cinq jours pour monter la grosse charpente; deux jours pour la revêtir de ses mantelets. Total seize jours pour mettre en place une tour et le pont de l'une à l'autre, et planter les parapets. Ces tours étant réunies par des ponts de bois ne pouvaient être distantes l'une de l'autre de plus de 11 mètres. Le développement du camp étant de 2,300 mètres, il y avait donc 209 tours; chaque tour exigeant seize journées, c'était pour toutes, 3,344 journées ou, pendant l'espace de seize jours, l'emploi de 3,344 hommes. Des tours plus fortes étant posées aux clavicules, mettons 3,500 hommes, il restait encore 700 hommes de la 2e division pouvant être employés à faire les routes aboutissant aux quatre portes, d'abord, puis, au bout de seize jours, les 4,200 hommes devenaient entièrement disponibles pour continuer ces routes à l'intérieur du camp. Or, le parcours de la route intérieure le long du *vallum* est de 2,200 mètres environ ; 10 hommes peuvent faire 5 mètres courant de route par journée de dix heures, c'est-à-dire avancer les matériaux, faire la forme et l'empierrement, car cette route n'a pas plus de 4 m. 50 en moyenne de largeur. Chaque brigade de 10 hommes faisant 5 mètres par jour, c'est 420 brigades faisant en un jour 2,100 mètres de route. Donc, la route pouvait être terminée bien avant que les travaux de terrassements ne fussent achevés, ce qui était nécessaire pour faciliter l'achèvement du *vallum* et les approvisionnements du camp.

A Monsieur AURÈS

INGÉNIEUR EN CHEF DES PONTS ET CHAUSSÉES

Paris, 10 mars 1863.

Monsieur,

Je me trouve bien coupable envers vous, mais les absences, les affaires pressantes ne m'ont pas laissé un jour de répit. A peine si j'ai pu lire quelques passages de la brochure que vous m'avez envoyée à la date du 3 février[1], d'autant que, pour lire avec fruit ces sortes d'œuvres, il faut du calme et de la suite. *A priori*, et d'après le peu que j'ai pu étudier sur votre texte, je suis complètement de votre avis, et quand je dis que la courbe des chapiteaux doriques grecs ne peut être *géométriquement définie*, ce n'est pas que je prétende qu'on ne peut la tracer avec plusieurs traits de compas, puisque dans l'Entretien 9e, à propos des profils des bases, je donne un de ces tores avec les points de centre. C'est un composé qui varie à chaque édifice, tandis que le quart de cercle est applicable à beaucoup de tores romains. Je n'avais pas, là, à développer autrement ma pensée qui est celle-ci : le Grec cherche sans cesse, le Romain adopte et impose.

Mais, pour en revenir au chapiteau dorique, je veux bien que le chapiteau du Parthénon, qui est un monument exceptionnel, que celui

1. La brochure dont Viollet-le-Duc accuse ici réception avait pour titre : *Etude et comparaison de quelques chapiteaux antiques, au double point de vue de l'architecture et de l'archéologie* (Voir la IVe série, t. VII, p. 281, des publications de l'Académie du Gard). L'auteur, M. Aurès, avait pour objet de démontrer que, contrairement à l'opinion émise par Viollet-le-Duc dans ses *Entretiens sur l'architecture* (p. 103, vol. I), la courbe du tore du chapiteau dorique peut être géométriquement définie.

des Propylées d'Athènes, soient tracés et exécutés sur un profil donné par une méthode géométrique; mais, sur les monuments mêmes, combien ai-je trouvé de chapiteaux présentant (j'entends du même ordre) des différences notables? Dans le vieux dorique, à Sélinonte, à Girgenti, à Pestum même, il y a, dans les galbes des corbeilles, des différences très sensibles d'un chapiteau à l'autre. Mais, si cela ne détruit pas la question de principe, que j'admets parfaitement, cela enlève un poids aux calculs absolus.

Malheureusement, la plupart des personnes qui cherchent, comme vous, la vérité en ces questions, avec les éléments de la science et un esprit très ingénieux, n'ont sous les yeux que des relevés, des travaux de seconde main. Pour le Parthénon, Beulé, que vous citez, n'est pas architecte et est tout à fait hors d'état de mesurer un chapiteau, il a fait faire son travail par le premier élève venu. Reynaud n'a jamais été à Athènes, et ne connait le Parthénon que par des dessins de seconde main. J'entends bien cependant que, pour le Parthénon, les documents sont trop nombreux et trop certains pour qu'il y ait des doutes sur les diverses parties qui le composent. Je ne doute pas, d'ailleurs, que les architectes du Parthénon, ainsi que nous-mêmes le faisons, ont tracé les *profils* des chapiteaux, moulures, etc. Quant aux grandes courbes observées dans la construction, cela est évidemment un procédé communiqué à un appareilleur au moyen d'une donnée géométrique, mais cela sort tout à fait de ce que nous appelons : *le profil*, et rentre dans la structure.

Je partage, d'ailleurs, complètement votre avis relativement au mode de mesurage des monuments antiques, c'est avec leurs mesures qu'il faut les analyser, et non point avec les nôtres. Cette idée si simple n'est jamais venue à la pensée des personnes chargées de diriger nos jeunes architectes dans leurs études à Athènes ou à Rome. Mais la routine!

Je crois qu'il y a tout à trouver ici; non seulement le système de formation des parties par des divisions ou des additions d'unités mais, comme vous l'avez indiqué, par l'emploi des nombres impairs ou que vous appelez cabalistiques, mais aussi tout le système harmonique des proportions qui est évidemment basé sur un grand principe. L'homme n'arrive à la perfection dans ses créations qu'en procédant avec un ordre absolu, comme la nature elle-même. Les anciens, qui ont été plus loin que nous dans la connaissance du beau, ont dû posséder, pour toute création d'art, même pour la peinture, un ordre harmonique de proportions et de nombres. L'affaire est de trouver ces secrets perdus. J'avoue que tout en admettant que le secret existe, je suis très défiant envers ceux qui disent : « J'ai trouvé », car j'ai vu tant d'hypothèses parées du nom de vérités qui s'appuyaient sur des faits erronés! Je crois qu'il faut aller dans cette voie très prudemment et, toujours, avec l'exemple *lui-même* sous les yeux, surtout, quand il s'agit, non plus seulement de larges données, mais des détails de l'exécution. Mais, étant défiant vis-à-vis des inventeurs de systèmes, je me sens pris de la plus vive sympathie pour les hommes, bien rares, qui cherchent, comme vous, sans idée préconçue et avec une entière bonne foi. Aussi, soyez assuré que je reçois avec grand plaisir vos communications; bien mieux, que j'essaye d'en profiter, vous rapportant d'ailleurs l'honneur de vos excellents travaux.

Agréez de nouveau, monsieur, avec mes remerciements, l'assurance de ma considération la plus distinguée.

VIOLLET-LE-DUC.

A MONSIEUR SAINTE-BEUVE

MEMBRE DE L'ACADÉMIE FRANÇAISE

Paris, 23 février 1864.

Mon cher ami,

Comme vous y allez! mais il me semble que vous avez jeté vos mitaines accadémiques par-dessus le dôme de l'Institut? Trop heureux et trop fier d'avoir été l'occasion de cette verdeur[1]. Là, là, mais je vous trouve cette « haine vigoureuse » si bonne parfois, ne fût-ce que pour réveiller les endormis. Enregistrez cependant une bonne vingtaine d'ennemis de plus. Vous ne comptez plus, me dites-vous, soit! mais comptez aussi de chauds partisans dans cette petite génération que je vois poindre, et qui assiste, les yeux brillants, à ces querelles. Travaillons pour la jeunesse, la vraie, la jeunesse jeune, vivons avec elle et pour elle; c'est le moyen de ne jamais vieillir. Tout est là; sujet à part, je vous dirai que vos articles ont produit un effet merveilleux et ont été lus avec passion, les vendeurs de journaux peuvent le certifier. Et, voyant celui d'aujourd'hui d'un œil stoïcien, j'ajouterai que vous avez parlé sur la matière comme si vous en aviez fait l'étude de votre vie.

Cela est bien, comme dit le bon Dieu le septième jour. Mais nous

1. Sainte-Beuve venait de publier dans le *Moniteur universel* deux articles sur les *Entretiens de l'architecture* de Viollet-le-Duc. Ces articles figurent dans le recueil des *Nouveaux Lundis de Sainte-Beuve*, t. VII, p. 151.

n'avons fait que la moitié du chemin; vous nous aplanissez la route, il faut en arriver à la liberté absolue dans les affaires d'art. C'est le seul moyen de les relever. Je n'espérais pas voir cela de mon vivant.

Mon éditeur, plein de gratitude et de reconnaissance, doit aller vous voir et vous prier d'accepter les volumes du *Dictionnaire*, que je tenais à vous offrir. J'espère bien que vous ne les refuserez pas, cette fois, et que vous leur permettrez de coudoyer, bien qu'indignes, les honnêtes gens qui garnissent les rayons de votre bibliothèque.

Bien à vous,

VIOLLET-LE-DUC.

Je suis certain que votre ami Mérimée, du haut de sa demeure provisoire, sera content[1].

A MONSIEUR COURMONT

DIRECTEUR DES BEAUX-ARTS

Paris, 11 mars 1864.

Mon cher ami,

L'hostilité, à l'École, a pris un caractère exclusivement personnel à mon endroit[2]. C'est à moi qu'en veulent les quelques jeunes gens qui mènent la bande. Cela m'importe guère, mais je ne puis laisser insulter le professeur pas plus que l'homme privé, et admettre, par exemple, qu'il soit jeté des sous sur la chaire que je quitte.

Il n'y a pas eu, ce soir, grand bruit; un noyau hostile et suffisamment bruyant, parfois, pour me forcer de m'arrêter; j'y ai mis tout le calme et la patience dont vous me savez capable, mais la situation ainsi faite et laissée ne serait pas tenable.

1. Mérimée était alors à Cannes.

2. Viollet-le-Duc, nommé professeur d'histoire de l'art et d'esthétique à l'Ecole des beaux-arts à la suite du décret du 3 novembre 1863, portant réorganisation de cette Ecole, fut, dès sa première leçon, en butte à l'hostilité déclarée d'une partie des élèves. A sa seconde leçon, ces élèves n'ayant pu, malgré tous leurs efforts, empêcher le professeur de faire son cours, prirent le parti de se retirer dans l'espoir d'entraîner leurs camarades avec eux. Cette manifestation n'ayant pas abouti, ceux qui l'avaient organisée ne se firent aucun scrupule de se représenter aux séances qui suivirent, et, bien qu'en minorité, purent, ce qui n'est jamais difficile, empêcher le plus grand nombre d'écouter le professeur.

On pouvait nettoyer cette affaire dès la seconde séance, on ne l'a pas fait, c'est une faute, je l'ai dit; car, maintenant qu'on a laissé revenir tous les élèves qui étaient partis à cette deuxième séance, ils envoient une délégation suffisante, à chaque leçon, pour gêner l'assistance et le professeur. Cela peut durer longtemps, et je ne vois pas pourquoi je servirais de jouet à ces quelques drôles, qu'on n'a pas eu le courage de laisser à la porte quand eux-mêmes s'y étaient mis. On a parlementé beaucoup trop avec ces messieurs; Nieuwerkerke s'est laissé poser un véritable *ultimatum* par 200 gamins. On a voulu ménager des vieilleries qui ne rentrent dans l'École que pour vous entraver et qui s'en vantent. Le règlement est contraire à l'esprit du décret et n'est qu'un piège. Il est évident que, puisque, dans cette affaire, on veut bien me considérer comme un des acteurs principaux, je me trouve désavoué de fait, et en face d'une partie des élèves, à l'égard des idées que j'ai émises et que tout le monde connait; que la réaction se voit près de triompher en portant sur moi tous ses efforts, et qu'elle reprend en effet du terrain.

Je sais bien que la révolution n'en suivra pas moins son cours à travers des soubresauts, mais je ne vois pas pourquoi, en ceci, je me résignerais au rôle de victime expiatoire, victime que les ennemis du décret prennent aujourd'hui pour but unique de leurs attaques, et qu'ils insultent impunément; victime que les adhérents aux nouvelles mesures regardent comme une cause d'embarras, un obstacle à toute conciliation; car on tient évidemment à concilier des éléments inconciliables et, aux yeux de certaines gens, je suis le seul obstacle au calme qu'on veut rétablir.

Des symptômes non équivoques me font connaître que cette opposition commence à agacer plus contre l'objet de cette opposition que contre l'opposition elle-même.

Je ne récrimine point, j'expose des faits qui, d'ailleurs, sont dans l'ordre ordinaire des choses humaines. Mais, je ne me risque jamais à jouer un rôle équivoque. Puisqu'on me fait l'honneur de me considérer comme la bête noire de l'affaire, le bouc émissaire, il faut songer que la bête noire a aujourd'hui des dents, et un parti passablement nombreux parmi la jeunesse; la séance d'aujourd'hui en est une preuve assez évidente. En dehors de l'École, ce parti est bien plus nombreux encore et se manifestera bientôt d'une façon assez claire.

Si, donc, je suis ainsi abandonné comme la victime expiatoire, bonne à sacrifier à un moment donné, je n'attendrai pas le moment du sacrifice, je partirai et me montrerai comme étant dévoué à l'esprit du décret et absolument contraire au sens que chaque jour on tend à lui donner, soit par ce règlement absurde, soit par des mesures supposées conciliatrices, très impopulaires au fond, qui refroidissent nos partisans, et qui ne sont que des faiblesses dangereuses.

Bien entendu, ce que je vous dis ici est entre nous, bien que je n'en fasse pas autrement mystère, puisque je l'écris ; ce n'est pas pour vous laisser supposer que je doute de votre dévouement à la cause et, surtout, de votre fermeté personnelle et de votre loyauté qui me sont si bien connues, mais, mon cher ami, je tiens à ce que vous connaissiez la situation, et à ce que vous la méditiez dans votre sagesse, pour agir dans la mesure de votre pouvoir.

Je crois que nous agirions prudemment en conférant de tout ceci avec le grand maréchal, avec le secrétaire général et le surintendant.

Songez que la situation est très grave et tendue, et que je suis homme, quoi qu'il advienne, à abandonner carrément le rôle qu'on semble incliner à me laisser, pour me jeter du côté de la réforme absolue, réforme qui serait accueillie, croyez-le, avec un empressement non équivoque par les gens demeurés défiants, c'est-à-dire par la majorité des artistes et par ceux qui ont vu dans le décret quelque chose de plus radical que ce qu'on a fait.

Encore une fois, mon cher ami, méditez cette longue épître avec votre bon esprit calme et sûr, et croyez que si je vous l'adresse, c'est que je suppose le cas grave pour tout le monde.

Bien à vous de cœur,

VIOLLET-LE-DUC.

A MONSIEUR CHARLES C. NELSON

ARCHITECTE, SECRÉTAIRE DU « ROYAL INSTITUTE OF BRITISH ARCHITECTS »

Paris, 15 mars 1864.

Monsieur et cher confrère,

J'ai reçu la lettre par laquelle vous voulez bien m'annoncer que l'Institut royal des architectes britanniques vient de m'accorder, à l'unanimité, et sous l'approbation de S. M. la Reine, la médaille royale, en or, pour les services rendus comme architecte, soit par les restaurations que j'ai entreprises, soit par mes ouvrages[1].

Aucune distinction ne pouvait m'être plus flatteuse, et je m'empres-

1. Piquante coïncidence : au moment même où l'Institut royal de Londres décernait à Viollet-le-Duc la plus haute distinction dont il dispose, celui-ci essayait de soustraire l'enseignement de l'art français à l'influence de l'Institut impérial de France.

serais d'aller moi-même remercier mes honorables confrères de la Grande-Bretagne si je n'étais obligé, par suite de mes travaux, de me rendre très prochainement en Corse et en Algérie, et si je n'étais surchargé d'affaires qui ne me laissent malheureusement aucun loisir.

Veuillez être, monsieur et cher confrère, l'interprète de tous mes sentiments de profonde gratitude envers MM. les membres de l'Institut royal, et me croire avec la considération la plus distinguée,

Votre dévoué serviteur,

VIOLLET-LE-DUC.

A MONSIEUR COURMONT

DIRECTEUR DES BEAUX-ARTS

Paris, 18 mars 1864.

Mon cher ami,

Donc, j'ai fait ce soir ma dernière leçon de cours. Je m'en vais un peu me donner de l'air et remettre en état mes affaires qui s'en vont à vau-l'eau.

Entre nous deux, le bon Dieu descendrait-il sur la terre pour me supplier de recommencer un cours dans des conditions pareilles, que j'enverrais le bon Dieu à tous les diables. Voilà qui est bien entendu. Je n'envoie pas ma démission aujourd'hui parce qu'il n'est pas nécessaire d'agir avec précipitation, à cette heure. Mais j'ai l'intention bien arrêtée de me mettre en dehors de ce gâchis. Mes affaires, mes intérêts, ou plutôt les intérêts qui me sont confiés, mes travaux, mes études, qui ont besoin de tranquillité, ne me permettraient pas d'entamer une seconde campagne pareille à celle-ci. Ce serait une folie. Ce n'est pas à 50 ans passés qu'on se résigne à servir de plastron et à prêcher des gamins qui venaient carrément poser un ultimatum à des représentants du pouvoir. Je puis me considérer comme dégagé puisqu'on me faisait l'honneur de me poser comme un instigateur de la réorganisation de l'École. Tout étant remonté sur les vieux errements je redevenais parfaitement libre. Les concessions sans fin, l'importance donnée à des réclamations de comparses de l'Institut, me placent (toujours en tenant compte du rôle qu'on a bien voulu me donner) dans une situation équivoque. Je me trouve comme dans un camp où, chaque jour, l'ennemi s'établit avec plus de forces. En un mot : on a cru se couvrir en me découvrant, et je suis la victime expiatoire chargée des iniquités d'Israël, qu'il conviendrait de sacrifier au moment opportun. Je suis d'autant moins disposé à garder ce rôle que je ne partage en aucune façon l'opinion de ceux qui ont cru tout conduire à bien par une suite de concessions contraires à l'esprit du décret.

J'ai accepté la mission dont on a daigné m'honorer en présence du décret, au delà je n'ai qu'à me retirer, et si je ne l'ai pas fait dès la promulgation des règlements[1], c'était pour ne pas céder à des menaces qui m'étaient personnellement adressées.

J'avoue qu'il est bien tard aujourd'hui, après tant de tergiversations, d'incertitudes, d'actes contradictoires et de faiblesses (à mon avis) pour revenir résolûment à l'esprit du décret, car, enfin, il ne faut pas que le pouvoir paraisse avoir fait fausse route. F... est vif et prétend qu'il faut licencier l'École; la mesure, après tant de défaillances, de tiraillements, paraîtrait marquée au coin de la colère, c'est-à-dire une faiblesse. C'est un acte violent qui était peut-être opportun dès les premiers jours de rébellion, mais qui n'est pas plus justifié aujourd'hui qu'hier, car ce n'est pas parce que vingt gamins ont crié dans la rue après un professeur, qu'il devient urgent de prendre un parti aussi absolu. C'est entretenir et perpétuer une émotion dans le public, ce qui me semble ni politique, ni bien sage. Il serait préférable, je crois, d'adopter une marche plus prudente, tendant à l'interprétation très libérale du décret : 1° par la revision du règlement condamné partout, car le règlement est une machine de guerre destinée à arrêter les effets du décret; 2° par l'élimination de personnalités dont l'hostilité est notoire, et qu'on a si imprudemment fait rentrer pour les gagner ou les compromettre, ce qui est la pire des politiques ; 3° par la suppression à l'École de tous ces détails de médailles, de concours enchevêtrés d'épreuves, bons, tout au plus, au sein d'une École privée comme était l'École centrale ; 4° par la restitution à l'initiative particulière de ce qui est de son ressort et ne doit pas trouver place dans une école supérieure.

Je le répète, il est tard pour ménager aujourd'hui ce retour vers

1. Viollet-le-Duc fait ici allusion au nouveau règlement que le ministre venait d'adopter pour l'Ecole des beaux-arts, sur l'avis du conseil supérieur, règlement dont les dispositions avaient, à ses yeux, pour conséquence d'annihiler celles du décret.

Ce règlement était si bien en contradiction avec l'esprit du décret que Vitet, ce champion de l'Institut et cet adversaire du gouvernement impérial, se faisait alors un malin plaisir d'en exposer les dispositions pour montrer les hésitations de ce dernier « Il est vrai, disait-il, que deux mois après le décret, dès le 16 janvier, malgré le *Moniteur* du 28 décembre et la note portant que *rien ne serait changé ni à l'esprit ni à la lettre du décret*, ce même *Moniteur* insérait, sans commentaire, un règlement rendu par M. le ministre de la Maison de l'Empereur, règlement dont tous les articles donnent aux innovations de novembre les plus étranges démentis. »

une voie absolument libérale, mais cela peut encore se faire, peut-être, si on sait ce qu'on veut, si on met de l'unité dans les dispositions, et si on abandonne le système des concessions. D'ailleurs, il ne faut pas se dissimuler qu'aujourd'hui une majorité parmi les artistes sérieux (car enfin on n'a écouté jusqu'à ce jour que des gamins et leurs meneurs) se demande si l'administration n'a pas prétendu confisquer à son profit ce privilège qu'elle a ravi à l'Académie, et si ce régime n'est pas aussi énervant que l'autre ; que cette majorité expectante se dit, non sans raison : « Si à la place d'un ministre homme d'esprit et de hautes capacités, à la place d'un secrétaire général d'un caractère loyal et libéral, à la place d'un surintendant bienveillant et aimé des artistes, à la place d'un directeur ne prétendant se mettre à la remorque d'aucune routine, le sort ou le malheur jetait des hommes d'un caractère moins élevé, n'y aurait-il pas un danger imminent pour les artistes et les arts ? et l'influence directe qu'exercerait une administration peu bienveillante, ou même indifférente, ou étroite, ne serait-elle pas aussi funeste que celle de l'Académie ? » Voilà ce que j'entends répéter par tous les hommes sérieux, de bonne foi, et qui se tiennent par suite en défiance. Tout en approuvant le décret, ils demandent si l'administration n'a prétendu saisir qu'une dictature temporaire, ou si elle s'empare d'un pouvoir absolu. Ce sentiment de défiance s'accroît en raison des concessions qu'on a faites à l'Institut, en paraissant quêter des adhésions, en faisant en sorte de rendre l'Académie complice du pouvoir que l'administration semble s'arroger. On partage les dépouilles, et pour faire taire les expropriés, on leur jette un os à ronger. Mais, on confisque la direction absolue à laquelle prétendait l'Académie, et on en fait un levier administratif au lieu d'un levier académique.

La fermeture brusque de l'École ne ferait que confirmer cette opinion, et on aurait peine à la motiver, à moins de faire suivre immédiatement cette fermeture, d'une réforme dans le sens le plus large et le plus libéral.

Méditez tout ceci ; quant à moi, je fais bien, quand cela est bon à quelque chose, le sacrifice de mes intérêts et de mon amour-propre, mais je ne saurais accepter une situation équivoque, qui me pose aux yeux du public comme un obstacle, un sujet de troubles, et qui me force de marcher en même temps dans une voie que je crois mauvaise. Si je lutte, faut-il au moins que ce soit avec la conviction que la cause à laquelle je m'associe est bonne, et que je ne sois pas destiné à recevoir des coups par devant et par derrière.

Bien à vous,

VIOLLET-LE-DUC.

A Monsieur MÉRIMÉE

Paris, 12 avril 1864.

Mon cher ami,

J'arrive, mais je repars ; mes travaux sont partout négligés, on m'a traité comme un défunt. Il me faudra deux mois de courses pour reprendre les rênes et remettre les attelages en bonne voie. Votre lettre est pleine de vos marques d'amitié, mais elle ne saurait changer ma résolution. La France ne périra pas parce qu'un professeur honni s'en va à ses affaires. Tout cela est exagéré, et je ne tiens pas à servir de but aux cancans de la presse. Cette gloire me répugne et m'empêche de me regarder dans une glace. Je frise le Mangin, il ne me manque que le casque. *Basta cosi*[1], je me retire. Nieuwerkerke ne s'en inquiète guère, il a bien d'autres choses à penser, et si je ne l'ai pas prévenu de ma résolution, la raison est bien naturelle, c'est qu'il l'aurait peut-être combattue, et qu'il eût été peu décent de lui refuser ce que je ne pouvais lui accorder. Ayant agi comme je l'ai fait, je ménage sa dignité et ma liberté.

Parlons très sérieusement. Courmont m'écrit une lettre déplorable, tout est perdu, notre ami le surintendant est démonté, enfin rien ne va plus. Voyons donc un peu clair dans nos affaires, laissons les exagérations. Non, rien n'est perdu, mais tout est à refaire. La révolution est assez avancée pour qu'on ne puisse plus retourner en arrière[2], les élections en sont la preuve[3], et je ne me suis décidé à me retirer qu'après le vote du jury de l'Exposition, et cela après un long conseil tenu avec moi-même. Je connais aujourd'hui le terrain, je vois autour de moi un parti fort, puissant et jeune, je le sais, j'en ai les preuves matérielles, et je n'abandonne pas du tout ce bon milieu qui, en approuvant le décret, n'admet nullement la façon dont on l'exécute. Pour aider ce

1. Locution italienne qui veut dire : *c'est assez*.

2. Il est curieux de constater que Viollet-le-Duc était ici en communion d'idées avec l'éminent écrivain qui devait prendre, quelques mois plus tard, la défense de l'Académie des beaux-arts. C'est, en effet, Vitet qui écrivait alors : « Il est bon que l'Académie le sache et s'y attende : si le pouvoir revient à elle, il lui faudra de son côté faire plus d'un pas, quel que puisse être son bon droit. C'est le propre des révolutions que, même à l'heure où se réparent leurs fautes, quand on retranche ce qu'elles ont fait de trop, il faut encore laisser survivre une partie de ce qu'elles ont fait. » (Voir la *Revue* du 1er novembre 1864).

3. Les artistes nommés à l'élection pour former le jury du Salon en 1864 étaient, en majorité, notoirement partisans des réformes que le décret du 3 novembre 1863 avait eu pour objet d'apporter dans l'enseignement de l'École des beaux-arts.

parti à conquérir toute la liberté que je lui souhaite et qu'il demande, j'ai besoin de mon indépendance absolue. Je la réclame donc dans l'intérêt, je crois, de l'art, et, si je trouve aujourd'hui, par suite de ce retrait, la censure et quelques inimitiés de plus, j'avoue que cela ne m'importe que médiocrement. Donc, les inconvénients que vous signalez *pour moi* ne pèsent pas dans la balance et je ne m'embarrasse pas plus aujourd'hui qu'hier de ce que l'on pensera ou de ce que l'on dira. Mais, laissons là mes intérêts, la situation est celle-ci : 1° initiative libérale prise par le pouvoir, suivie d'un espoir très légitime d'indépendance parmi les artistes qui ne sont point les pensionnaires de l'Institut ; 2° interprétation faussée (à mon avis), concessions fâcheuses (les élections le prouvent), défiance des artistes adhérant au décret et réveil de l'influence académique ; 3° système d'enseignement vicié par une réglementation puérile et qui place l'administration devant ce dilemne : ou elle a voulu se mettre au lieu et place de l'Institut, ou elle prétend, après avoir rompu le faisceau académique, se servir de ses membres, individuellement, pour mieux cimenter son pouvoir.

Il est clair que les artistes ne veulent ni la domination de l'administration substituée à celle de l'Institut, et ils ont raison à mon sens, ni l'alliance de l'administration avec l'Institut. Les artistes veulent faire leurs affaires eux-mêmes, sous la protection purement administrative du pouvoir dégagé de toute influence.

Voulez-vous que je fasse le révolutionnaire et que je publie une brochure en ce sens ? Vous verrez si je n'obtiens pas un nombre respectable d'adhésions. Je ne veux point *poser* et ne le ferai pas, pas maintenant du moins[1]. J'ai gardé le silence depuis le 13 novembre, et je le garderai encore parce que je sens où va l'opinion saine. Je suis tout dévoué à ceux qui ont eu le courage de se jeter dans ces difficultés sans, peut-être, en prévoir l'étendue, mais ce dévouement ne peut aller jusqu'à agir dans un intérêt opposé à la cause de ce dévouement ; aujourd'hui il ne peut se traduire que par une abstention complète. Il faut que ma personnalité disparaisse. Je ne sers aucune cause en restant, et je m'use sans profit pour personne. Ce ne sont pas des sergents de ville et des menaces qui arrangeront ces sortes d'affaires. Soyez certain que ceux que vous appelez mes ennemis seront bien plus attrapés en me voyant faire le mort que par toute mesure coercitive. Courmont peut vous dire que j'ai toujours été opposé aux mesures de rigueur. Laissons dire un peu, évitons les éclats, les émotions, dans ce corps malade des artistes, et nous le verrons revenir à la santé ; alors nous le traiterons comme un homme sain. C'est là ce qui est

1. Viollet-le-Duc devait publier quelque temps après cette lettre une brochure intitulée : *Intervention de l'État dans les beaux-arts* (ancienne maison Morel, 5, rue Saint-Benoît), dans laquelle il expose son opinion en matière d'art.

sage, ce qui est prudent, ce qui est politique. Il n'y a pas, là dedans, la plus petite question de personnes. Les braillards diront que j'ai peur ou que l'administration m'abandonne, que je suis en disgrâce (cela est déjà dit), laissons dire. On triomphera (de quoi?). On poussera à la réaction ; elle est déjà impossible. On prendra un autre bouc émissaire (tant mieux, les faiseurs se dévoileront un peu plus). Alors, si une parole impartiale se lève, si un résumé froid et sincère se fait, vous verrez les esprits sages se mettre de son côté. J'ai un peu la prétention de jouer ce rôle à un moment donné, mais c'est à la condition de retrouver toute l'indépendance que je ne puis garder avec un poste quelconque à l'École. Soyez bien certain que je sers bien plus la cause, étant dehors de l'École qu'étant dedans. Si j'ai accepté de faire un cours ce n'a jamais été, *in petto*, et même après déclaration, que pour un seul instant : pour prouver que je ne vivais pas que dans le *gothique* et qu'au besoin, je pouvais payer de ma personne, mais ce n'a jamais été avec l'idée de devenir professeur à 50 ans. Pensez donc, cela est ridicule. J'ai fait sept leçons comprenant l'exposé des arts depuis l'antiquité reculée jusqu'à l'époque romaine. C'est fait, cela donne un gros volume que j'ai là. Du gothique, pas un mot. J'ai joué mon rôle à l'École, il en reste un autre à soutenir dehors. Croyez que, demain, en ouvrant des chaires libres, ce qu'on n'a pas fait (autre accroc au décret puisqu'on n'a autorisé aucun des cours sollicités), vous aurez d'excellentes leçons sur l'esthétique et l'histoire de l'art. Laissez-moi prendre la place que j'ai à remplir ; discuter les principes est beaucoup plus utile pour le moment.

Voilà bien de la copie, mais je réponds en même temps à Courmont et à vous. Nieuwerkerke est choqué de ce que je ne l'ai pas pris pour interprète auprès du maréchal. Je lui ai écrit souvent et je crois bien qu'il n'a jamais lu mes lettres, car je voyais toujours que l'on prenait le contre-pied de ce que je croyais bon de demander. Courmont me dit que nous avons manqué d'entente. Mais à qui la faute? Me suis-je jamais refusé à apporter mon contingent? J'ai cru, peut-être à tort, que notre bon et loyal surintendant tenait à marcher tout seul. J'ai donc envoyé, avec ma démission au maréchal, une note à Courmont plutôt qu'au surintendant. Si ce défaut de forme a pu le choquer, je le regrette vivement, car je rends pleine justice à toutes ses belles qualités.

Je suis accablé d'ailleurs de besogne. Pensez donc que mes affaires étaient en suspens depuis les premiers jours de novembre. Je vais passer deux mois sur les chemins de fer, je vous verrai à la première accalmie.

Parlez de ceci sérieusement avec le maréchal auquel je serais désolé de déplaire, mais, mon cher ami, j'ai eu conscience de mes résolutions, elles ne sont suscitées ni par l'impatience, ni par le dépit ou le dégoût; elles sont dictées par ce que je regarde comme un devoir dans la situation présente, et vous verrez que la suite, quoi qu'il m'arrive et quoi qu'on en dise, le prouvera.

Amitiés.

VIOLLET-LE-DUC.

A MONSIEUR GÉROME

ARTISTE PEINTRE

Paris, 27 janvier 1865.

Mon cher maître[1],

Comme je vous le disais, il existait encore une bonne partie du *septizonium*[2] au commencement du XVIIe siècle.

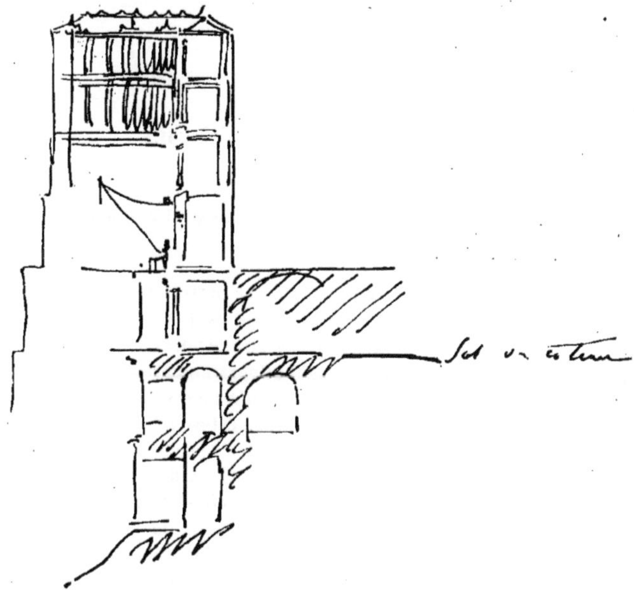

Bien entendu les combles n'existaient plus. Outre les deux étages du soubassement pris dans la hauteur du coteau, il y avait cinq étages de

1. Cette lettre était la réponse à des questions que Gérôme avait adressées à Viollet-le-Duc pour la composition de celui de ses tableaux qui représente une scène de gladiateurs à Rome. A cette lettre était joint un calque reproduit ci-dessus.

2. Édifice de sept étages, situé à Rome, au pied du Palatin et près du *circus maximus*.

portiques les uns sur les autres. Tout cela devait être couronné par un comble avec ornements de bronze, très probablement.

Vous avez, je suppose, le plan de Dézobry et de Léveil qui donnent la position du *septizonium*. Comment l'Empereur était-il placé, à quel étage, dans quel portique? c'est ce que je n'ai pu encore trouver. Mais, vu les usages, je doute que l'Empereur fût placé sur un des portiques, puisqu'il ne paraît pas qu'il y eût, dans aucun de ceux-ci, une place spéciale. Je crois bien plutôt que son siège était placé sous un *velum* jeté en avant d'un des portiques, probablement en avant de celui qui était au niveau du Palatin, c'est-à-dire le deuxième au-dessus du soubassement.

Si je découvre d'autres renseignements précis, je vous les transmettrai.

Mille amitiés,

VIOLLET-LE-DUC.

A MONSIEUR VIOLLET-LE-DUC FILS

Ajaccio, 17 mai 1865.

Mon cher Eugène,

Nous avons fait très bon voyage et sommes arrivés ici dimanche à midi et demi; depuis lors, je n'ai guère eu le temps de prendre ce repos tant cherché. Il m'a fallu, d'abord, faire débarquer mes deux stèles de marbre qui ne pèsent pas moins de 2,800 kilogrammes chacune[1], puis les porter sur la place, puis les monter sur leurs socles. Cette opération était heureusement terminée le 15 à 1 heure, c'est-à-dire quatre heures avant la cérémonie, au grand ébahissement des Ajacciens qui mettent quinze jours à décharger une malle et à la porter à destination. Il est vrai que le *Montebello*, que nous avons visité ensemble à Toulon, et qui est ici en rade, m'a prêté immédiatement 120 hommes du bord, canonniers exercés à remuer des pièces de 50 comme nous remuons un fauteuil. Avec ces gaillards bien disciplinés, marchant avec la régularité d'une machine et d'une machine intelligente, les blocs ont d'abord été enlevés, mis sur une sorte de traîneau, et amenés, par une montée

1. Viollet-le-Duc avait accompagné le prince Napoléon à Ajaccio quand il s'y rendait pour inaugurer le monument élevé à l'empereur Napoléon Ier et à ses quatre frères monument dont Viollet-le-Duc a été l'architecte.

rapide, au pas gymnastique à pied d'œuvre. Le montage a été plus long, mais avec des marins on peut tout faire.

La cérémonie a été belle, imposante. Sur le golfe, devant le monument, s'étaient embossés trois navires de guerre, dont la *Gloire*, que l'Empereur nous avait envoyée d'Alger, et quand j'ai fait tomber les voiles qui masquaient le monument, à l'arrivée du prince sur son estrade, les 200 pièces de canon des vaisseaux ont commencé à tonner. C'était une façon assez crâne d'*appuyer* le discours, ou plutôt le curieux et long manifeste politique lu par le prince, et que vous devez maintenant avoir entre les mains.

Ce manifeste rentre trop dans mes idées pour que je ne le trouve pas excellent de tous points; qu'en pensera-t-on à Paris? Qu'en pensera-t-on en Europe? Voilà ce que je suis curieux de savoir. C'est hardi, j'en conviens, de se poser ainsi, mais je crois, à l'heure qu'il est, que c'est plus habile encore que hardi[1]. Le moment s'approche évidemment où il ne faut plus compter sur les fictions et où il faut aborder carrément les questions par le côté vrai.

Mon rêve tend à se réaliser, et l'alliance entre la démocratie et l'Empire se fait peu à peu; le jour où elle sera définitive, gare aux vieilleries.

Nous partons demain pour faire le tour de la Corse et relâcher en divers lieux que veut visiter le prince. Je pourrai alors prendre un peu l'existence de lézard à laquelle j'aspire, au moins pendant quelques jours. D'ailleurs je vais très bien, la mer, le soleil, m'ont enlevé cette fatigue de Paris. Nous avons une mer, dite *petite houle*, qui nous berce agréablement et me donne des faims à dévorer la provision du bord.

Je t'embrasse,

VIOLLET-LE-DUC.

A MONSIEUR LE GONFALONIER DE FLORENCE

Paris, 24 mai 1865.

Monsieur le gonfalonier,

La lettre que vous m'avez fait l'honneur de m'écrire à la date du 26 avril ne m'est parvenue que le 12 mai, au moment où je partais avec le prince Napoléon pour la Corse. Il m'était donc impossible de vous adresser l'avis que vous vouliez bien me demander, du 12 au 14.

1. On se rappelle que le discours prononcé à cette occasion par le prince Napoléon fut désavoué par l'Empereur.

Je suis de retour ce matin, et je m'empresse de vous rendre compte de l'examen des projets que vous avez bien voulu soumettre à mon appréciation[1].

Le jury me semble avoir parfaitement classé les projets d'achèvement de la façade de l'église Sainte-Marie-des-Fleurs par catégories bien distinctes. Le jury a donné la préférence au projet de M. Fabris, de Florence. Ce projet est, en effet, celui qui me paraît présenter les proportions les plus heureuses, ce qui est une grande qualité. Est-il pour cela complètement satisfaisant? A cet égard, je ferais un grand nombre de réserves.

La cathédrale de Florence est un monument d'un caractère mixte. Ce n'est pas un édifice gothique comme ceux que l'on construisait en France et en Allemagne vers la fin du XIIIe siècle et pendant le XIVe. Ce n'est pas non plus un édifice italien, dans le genre de ceux élevés à Rome, à Saint-François d'Assises, à Toscanella, etc., pendant la même période. Aussi les concurrents, comme les juges du concours, ont-ils été évidemment incertains devant les problèmes posés dans les parties achevées de cet édifice, lorsqu'il s'agit de le terminer. On ne peut méconnaître le talent, les recherches étendues des divers concurrents, et, cependant, la teneur du jugement, les observations ou réserves qui l'ont suivi, indiquent assez les difficultés à résoudre.

D'abord, il faut opter entre le style adopté par Arnolfo ou celui admis par Brunelleschi. Vouloir les mélanger, établir entre eux, sur la façade à construire, un compromis, ce serait créer de nouvelles difficultés, cette fois insurmontables, car ces deux styles ne peuvent en aucune façon être mêlés sans produire une discordance choquante.

Ce point laissé de côté, il semble naturel d'adopter pour la façade le style d'Arnolfo. Or, Arnolfo aurait-il reproduit sur la façade principale exactement les divisions, les détails, le système de décoration des façades latérales? Il est permis d'en douter. Bien qu'Arnolfo ait peut-être abusé du système de panneaux de marbre sur les façades latérales, et qu'il ait cru devoir procéder par divisions égales ou peu s'en faut, bien qu'il ait, pour ainsi dire, perdu la décoration des portes dans l'ensemble, comme pour ne pas altérer l'unité, qu'il ait voulu obtenir un effet, à la fois, calme par les masses, riche par des détails de coloration, cet effet, très convenable pour des faces latérales qui, d'ailleurs, sont relevées par les absides et tous les jeux de lumières et d'ombres produits sur la partie postérieure du monument; cet effet,

1. Viollet-le-Duc n'avait pas pu se rendre à Florence pour y prendre part, sur l'invitation du municipe de cette ville, aux opérations du jury du concours ouvert pour la construction de la façade de l'église Sainte-Marie-des-Fleurs. Lorsque ce jury eut rendu son verdict, il ne voulut pas prendre une résolution définitive avant de connaître l'avis de Viollet-le-Duc, à qui il envoya les photographies des quinze projets qui avaient été classés les premiers. C'est à cette communication que répond cette lettre.

dis-je, est-il celui que l'on doit chercher sur une façade qui n'a pas moins de 72 brasses florentines de largeur, sur une hauteur à peu près égale? Des façades analogues existent, celles de Sienne et d'Orvieto. Mais, ces monuments sont, relativement à la cathédrale de Florence, d'une petite dimension, et il serait à craindre que ces superpositions de marqueteries, d'ordonnances, de gâbles, ces détails peu saillants relativement à la surface, ne produisent que peu d'effet, ou parussent monotones.

Il semble que, dans la composition d'une façade pour Sainte-Marie-des-Fleurs de Florence, il eût fallu se pénétrer, non seulement des détails des parties élevées par Arnolfo, mais plus encore de l'esprit qui avait dirigé cet architecte. Or, c'était un trait de génie d'élever ces grands murs latéraux avec des contreforts peu saillants, de percer ces murs de baies étroites, de couronner cette masse si simple, qui indique si bien la structure, par ce bel entablement à mâchicoulis, ferme, saillant et, sous cette unique saillie, d'occuper l'œil seulement par des divisions très heureusement tracées, puisque les frises de mosaïques, avec moulures peu saillantes, semblent, sous le dernier rang des panneaux de marbre, former un tout avec l'entablement à mâchicoulis, et que cette masse imposante repose sur un soubassement d'une très belle composition, mais parfaitement relié à la masse. Ce parti, convenable latéralement, qui a sa raison d'être, convient-il à la façade principale? c'est douteux, et Arnolfo, s'il eût achevé son œuvre, aurait très probablement adopté pour cette façade un tout autre motif. Il ne faut pas voir seulement dans la partie achevée par Arnolfo une superposition de compartiments, de détails fournis par la fantaisie, il y a, dans cette partie achevée, une étude très bien entendue des proportions et de l'effet. J'avoue que dans les projets des concurrents je ne retrouve pas ce grand parti, cette entente des masses qui me frappent dans l'œuvre d'Arnolfo. Les auteurs ont continué les lignes horizontales des divisions, puis ils ont cherché à les occuper avec goût, mais sans que rien ne vienne saisir le spectateur et présenter cet effet dominant, magistral, que le maître eût trouvé certainement.

Pour ne prendre que les points principaux des projets des concurrents, je ne pense pas qu'Arnolfo eût dissimulé les pentes réelles des combles, soit derrière des attiques horizontaux, soit derrière des pignons aigus qui n'ont aucune raison d'être et dont l'effet en perspective, latéralement, serait déplorable. Eût-il voulu adopter l'une ou l'autre de ces dispositions que c'était un mensonge et qu'il ne faudrait point, en cela, l'imiter. Le mensonge serait d'autant plus choquant que le monument est plus grand. Ces faux pignons ne sont pas heureux déjà à Sienne et à Orvieto, ils le seraient moins encore sur cette énorme façade. En principe donc, il paraitrait plus convenable, plus conforme aux données admises par Arnolfo lui-même, qui accuse nettement partout sa structure, de ne donner aux pignons que la pente exacte des combles. Les gâbles décoratifs des portes latérales ne sont qu'un placage qui signale ces portes et qui ne me paraît pas devoir commander l'exiguïté des grands pignons de combles. Car il ne faut pas qu'une façade ne semble être qu'une décoration d'application, qu'un paravent ne tenant pas à l'édifice; elle doit, au contraire, en accuser nettement l'ossature. C'est là une condition à laquelle un maître tel qu'Arnolfo eût certainement voulu rester fidèle. Comme masse principale de façade, les projets qui accusent les pentes vraies des grands combles me paraissent être plus près de la vérité. J'accorde que ces pignons bas pourraient être plus heureux d'aspect, qu'ils ne doivent pas reproduire des mâchicoulis rampants, par exemple, comme dans certains projets, ou ne donner qu'un remplissage sans liaison avec l'édifice, comme dans tels autres projets.

Ce point relatif aux pignons aigus ou aux pignons tracés suivant la pente vraie des combles est d'une grande importance, car il contribue, plus que tout autre, à donner à la façade future sa physionomie, son caractère.

Si les pignons parallèles aux pentes des combles étaient admis (et ce serait mon avis), il est certain que les pinacles, édicules à jour, ne pourraient trouver leur place au sommet des contreforts.

Mais, cette question des contreforts me semble devoir être étudiée. Si nous examinons le plan de l'église, nous voyons qu'Arnolfo n'a établi de gros contreforts, latéralement, qu'au droit des dernières travées de la nef. De la seconde pile à la façade, ou plutôt dans l'intervalle des deux premières travées de la nef, Arnolfo a planté cinq contreforts peu saillants qui ne correspondent pas aux poussées des arcs et qui ne font que donner du nerf et de l'assiette aux murs des latéraux. Pourquoi ce parti aurait-il été adopté si ce n'était pour préparer l'effet de la façade? Arnolfo, comme tous les maîtres du moyen âge, avait (ses œuvres le prouvent) une grande connaissance des effets perspectifs. Jamais ces maîtres ne considéraient une façade comme un placage, un hors-d'œuvre, ne se rattachant pas intimement au monument. Toute façade, pour eux, a un retour, une profondeur. Donc, observant ces contreforts peu saillants sur les parois des deux premières travées de la nef, je ne puis croire qu'Arnolfo n'ait voulu préparer un effet pour sa façade. Cet effet me semblerait devoir être celui-ci : retour de la décoration des latéraux sur la façade jusqu'au droit des piles de la grande nef et, là, en face de la grande nef, un nouveau parti robuste, large, saillant, marquant bien la composition générale du monument.

Ainsi, une figure explique cette pensée qui me semble être celle du maître. De A en B se retrouve l'ordonnance des latéraux, les faces B C se relient intimement avec les faces C A; donc l'édifice, vu d'angle en E, présente une parfaite unité. La façade n'est pas un hors-d'œuvre, une soudure, les portes G sont traitées comme celles des latéraux. Mais de B en B, devant la grande nef, on doit supposer une ordonnance plus robuste, des contreforts saillants pour arrêter les angles supérieurs de cette nef, une porte avec des avancées prononcées, comme une sorte de porche, tout un système de décoration plus ferme, bien que se reliant aux parties latérales par des bandeaux et l'ordonnance de certains détails.

Voilà, me semble-t-il, quelle eût dû être la pensée d'Arnolfo. Il n'aurait pas traité les contreforts B, qui butent la grande nef, comme les contreforts C, qui ne butent que l'angle des latéraux.

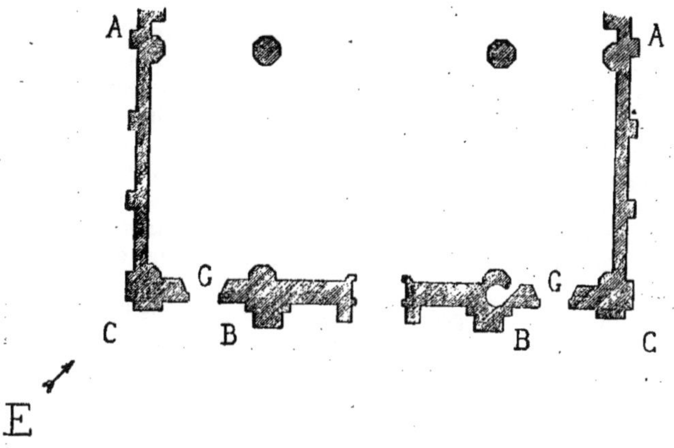

Laissant maintenant ces considérations d'ensemble, je partage l'opinion de la majorité du jury quant aux critiques de détail sur les divers projets et, notamment, sur celui de M. Fabris qui lui paraît être le meilleur.

Ce qui me semble devoir être évité dans la composition de cette façade, c'est l'exagération même des défauts que l'on pourrait reprocher à l'œuvre d'Arnolfo, c'est-à-dire la superposition non motivée d'ornements et surtout de divisions égales, abus de petits moyens.

Et, cependant, remarquons que dans l'œuvre d'Arnolfo, malgré ces défauts, il y a une entente magistrale de l'effet et des proportions. C'est là surtout ce qui doit être considéré, une observation parfaite de l'échelle. Ces qualités ne sont pas suffisamment saillantes, semble-t-il, dans le projet de M. Fabris, non plus que dans les autres. Ainsi, par exemple, dans ce projet de M. Fabris, le motif du pignon central, qui contient le couronnement de la Vierge, est un motif qui n'est jamais traité qu'à une petite échelle, et qui ne saurait rivaliser avec une rose. Ce même motif, M. Fabris l'a reproduit dans la frise des Douze Apôtres, en beaucoup plus petit. Les meneaux de la rose centrale ne sont point à l'échelle des autres détails du monument. Les niches hautes, qui rappellent exactement la forme des niches basses, rapetisseraient la façade par cette similitude de formes à des hauteurs différentes. La corniche, sous le grand pignon, est un diminutif de celle des latéraux, ce qui ne produit pas un effet heureux. La zone des Apôtres, dans des trèfles triangulés, n'est pas à l'échelle de l'entablement qui les surmonte, des bandeaux qui le portent et des motifs qui forment l'entourage de la rose. Les bas-reliefs triangulaires, qui garnissent les gâbles des portes, paraîtraient lourds et froids au milieu de cette décoration colorée et divisée à l'excès.

Il y a, dans toutes ces études, des qualités fort remarquables; il y a des projets, comme celui de M. le professeur Alvino, par exemple, qui dénotent un savoir profond et un beau sentiment d'art, mais j'avoue qu'aucun de ces projets (et le dernier moins que tout autre) me semble être entré dans la pensée du maître. Tous ont examiné scrupuleusement l'œuvre d'Arnolfo et de Brunelleschi, quelques-uns ont prétendu même confondre ensemble le sentiment des deux maîtres, mais aucun ne me paraît avoir rencontré un grand parti, un de ces traits saillants qui font qu'une œuvre d'art est la gloire d'une ville, exprime une grande pensée.

L'auteur du projet désigné par le jury, s'il est chargé de l'exécution, devra certainement chercher cette pensée mère qui, seule, peut donner la vie à une pareille entreprise et en faire mieux qu'un pastiche.

Veuillez...,

VIOLLET-LE-DUC.

A MONSIEUR AURÈS

INGÉNIEUR EN CHEF DES PONTS ET CHAUSSÉES

Paris, 12 janvier 1866.

Mon cher monsieur,

J'ai reçu votre envoi et, si je ne vous en ai pas accusé réception tout d'abord, c'est que je voulais en prendre connaissance[1]. J'ai fait une

1. L'envoi dont il s'agit comprenait : 1° un mémoire intitulé : *De la lieue gauloise, du pas et du pied gaulois* (Voir la *Revue des sociétés savantes*, 3e série, tome IV, année

première lecture de vos mémoires sur la pierre du musée de Nîmes et sur le Parthénon. 1° Je suis, comme vous, convaincu, par le simple examen du profil du chapiteau du musée de Nîmes, que ce profil est grec ; 2° grec postérieur à Alexandre, bien entendu, car il y a courbe et contre-courbe, c'est-à-dire : concavité de *a* en *b*, après la convexité de *a* en *c*. Or, je ne connais pas de profils grecs antérieurs à Alexandre, soit sur les vases, soit sur les monuments, qui présentent cette réunion de courbes convexe et concave.

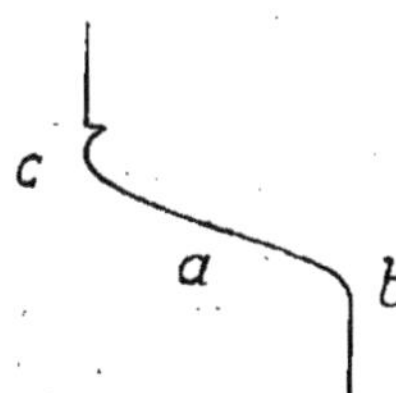

J'ai besoin de relire vos mémoires pour me former une opinion bien nette du système que vous trouvez, mais je vous dirai, au premier abord, que je suis très frappé de vos idées et que j'y entre complètement. Vous avez raison, et vous ouvrez, à mon sens, tout un champ aux études sur l'architecture des anciens.

Je vais revoir cela avec plus de soin encore, pour *éplucher* les questions douteuses et vous trouver des objections, s'il est possible, mais j'ai la conviction que, si vous n'avez pas trouvé toute la vérité, vous êtes sur la voie.

Pour moi, vous faites entrevoir tout un horizon nouveau à explorer et vous me donnez les preuves mathématiques de systèmes que je ne faisais que soupçonner.

Il faudrait développer cela à l'aide des monuments de la haute antiquité, notamment avec les monuments égyptiens, si mal relevés et si mal connus au point de vue architectonique. La vie est bien trop courte malheureusement.

Votre mémoire sur le Parthénon est des plus curieux. Permettez-moi de revoir encore tout cela avec soin. Je ne tarderai pas trop à vous en écrire.

Tous mes sentiments les plus sympathiques.

VIOLLET-LE-DUC.

1864, page 446); 2° une *note sur les architectes de la grande Grèce*, imprimée dans les mémoires lus à la Sorbonne en 1865, section d'archéologie ; 3° un mémoire manuscrit sur le chapiteau gallo-grec du musée de Nîmes, mémoire qui n'a jamais été publié, et enfin 4° le premier chapitre d'une *Etude sur le Parthénon*, qui a été imprimée dans les *Mémoires de l'Académie du Gard* (année 1865-66, 5e série, t. VI, p. 75).

A Monsieur SAINTE-BEUVE

MEMBRE DE L'ACADÉMIE FRANÇAISE

Paris, 30 mars 1867.

Mon cher maître et ami,

Qu'est-ce donc que le Sénat? si on ne peut pas dire devant lui qu'on est l'ami de Renan, et que des attaques dirigées contre lui par un orateur auquel il ne saurait répondre sont indignes d'une assemblée honorable. Que cela se passe dans un club, c'est très naturel, mais au Sénat!

Je ne vois pas, au *Moniteur*, que des sénateurs aient, en petit nombre même, appuyé votre protestation. Cependant, je sais bon nombre de sénateurs qui ne sont pas plus orthodoxes que Renan, et qui sont loin de mener une vie aussi simple et pure.

Voilà bien des lâchetés; vous n'auriez pas été plus mal accueilli en plein concile d'évêques catholiques, apostoliques et romains. C'est triste, surtout si les têtes ne voient pas où cette orthodoxie affectée mène le gouvernement de l'Empereur.

Comment le président du Sénat n'a-t-il pas fait taire cette émeute de séminaristes, en observant simplement qu'il était naturel et respectable qu'un membre du Sénat coupât court à des attaques personnelles contre un de ses amis, fût-il le diable? Que deviennent des discussions politiques si on fait intervenir l'orthodoxie des gens? et pourquoi, s'il est question du chef des croyants, le Sénat ne le traitera-t-il pas demain de *chien de mécréant?*

Comment le gouvernement de l'Empereur ne comprend pas qu'il n'a qu'un appui, qu'un secours, qu'une armée : la démocratie; et que ces beaux semblants de mangeurs de bon Dieu entre deux bons dîners, lui attirent des inimitiés ou, tout au moins, des défiances de la part de cette démocratie?

Je ne vous félicite pas moins, de tout mon cœur, de votre mouvement généreux, et bien d'autres vous en savent gré (en dehors du Sénat orthodoxe).

Tous mes bons souvenirs et sentiments les plus affectueux[1].

Viollet-le-Duc.

1. Sainte-Beuve répondait à cette lettre par celle-ci :

« Mon cher ami,

« Je crois que l'unanimité contre moi a été moins absolue que ne l'a faite le *Moniteur;* mais en effet ces assemblées fermées ont été tellement disposées par l'architecte qu'on

A MONSIEUR ANATOLE DE LA FORGE

Paris, 21 mai 1867.

Monsieur,

Permettez-moi de vous adresser des remerciements à propos de l'article que *le Siècle* a publié hier sous le titre de *Cours public*, et dans lequel vous voulez bien parler d'une conférence que j'ai faite à la Sorbonne, d'une façon que beaucoup trouveront trop laudative [1]. Le public s'occupe peu des questions d'architecture et, s'il paye les fantaisies des architectes, leur inexpérience ou leur attachement à certaines doctrines d'École, s'il est parfois médiocrement satisfait du résultat qu'on lui montre, il ne cherche pas à savoir pourquoi il dépense tant d'argent sans être plus content. S'il voulait un peu s'enquérir des lois de bon sens qui régissent cet art comme toutes choses en ce monde, il serait en état de critiquer ce qu'on lui donne.

Votre article m'a été d'autant plus sensible que la veille, dans un article critique inséré au *Moniteur*, un de mes confrères veut bien me montrer au public comme un homme attaché au passé, ennemi du progrès, etc., le tout parce que je n'approuve point qu'on suive la fausse voie ouverte par l'enseignement officiel de l'architecture.

Agréez, monsieur, l'expression de mes sentiments les plus distingués.

VIOLLET-LE-DUC.

---

n'en ouvre jamais les fenêtres et que l'air du dehors n'y pénètre pas. Vous devriez bien, un jour que vous auriez l'Empereur pour quelque quart d'heure, lui toucher un mot de cela (question d'architecture), et ajouter (ce que vous ferez bien de vous-même) que l'Empire n'a nul intérêt à pencher tout entier d'un côté, du côté le plus faible, le plus sénile et le plus mou, — que si le premier Empire sorti du Consulat a relevé les autels ; sorti également de la Révolution, ni lui ni le second Empire ne sauraient renier aucune philosophie sérieuse. Là est la force, la sève, l'avenir. On l'ignore trop dans les boudoirs et dans les hauts lieux. Catholiques de salon et catholiques d'assemblées, Charton m'écrivait hier qu'on en pourrait mettre beaucoup au pilon avant d'en pouvoir faire un seul bon chrétien.

« Tout à vous,

« SAINTE-BEUVE. »

1. Le sujet traité par Viollet-le-Duc dans cette conférence avait été : *L'architecture dans ses rapports avec l'histoire.*

A Monsieur SAINTE-BEUVE

SÉNATEUR, MEMBRE DE L'ACADÉMIE FRANÇAISE

Paris, 30 Juin 1867.

Mon cher ami,

Je trouve votre carte ce soir, en rentrant à Paris, avec la question... « Vous n'avez point abusé du *nom* du prince, pas plus que de celui de l'Empereur », vous avez été net, carré, au milieu d'une assemblée d'esprits émoussés et confus. De là un contraste choquant, j'en conviens, mais sain et utile. Je partais le jour où je vous ai envoyé mon souvenir en vous lisant au pied levé. J'ai emporté le numéro du *Moniteur*, et vous ai relu, médité *dans le silence des bois*. Je n'ai eu que les échos lointains de la presse qui, semble-t-il, applaudit en masse à votre *sortie*. Mais je ne parle que d'après mes impressions propres. Or, votre manifeste m'a réconcilié un peu avec le temps. On trouve encore évidemment un gros public qui s'émeut en face de bonnes vérités. Je nous craignais plus bas que cela. Les accords dissonnants que vous avez jetés à travers la symphonie religieuse du Sénat font réfléchir, marquent un point dans cet affaissement moral de ce qu'on veut bien nous donner comme l'élite du pays. Vous avez montré simplement, sans emphase, la plaie gangrènée des salons bien pensants. On vous en voudra beaucoup, on vous le prouvera certainement, mais ni le prince qui a de l'esprit plus gros que lui, ni l'Empereur qui voit net, ne vous sauront mauvais gré, au fond, de les avoir séparés de ces tristes comprometteurs des pouvoirs, qui n'ont même plus le courage de l'hypocrisie.

Je sais les arguments des politiques de profession contre ceux qui, comme vous l'avez fait, découvrent en dehors de *l'amphithéâtre*, une plaie honteuse : « Pourquoi dire ces choses là? pourquoi rompre ainsi en visière aux traditions? Vous n'y croyez plus, soit, nous n'y croyons pas plus que vous, mais il est bon de les maintenir, *puisque nous n'avons rien à mettre à la place*. La Société de Saint-Vincent de Paul est l'ennemie née de la Révolution, mais la Société de Saint-Vincent de Paul n'enseignera jamais au peuple des doctrines qui ne tendent à rien moins qu'à nous faire dévorer. — Elle maintient l'intelligence assez bas, c'est possible, mais cela vaut mieux que de trop l'émanciper. Entre deux maux il faut choisir le moindre; il nous est plus commode d'avoir un peuple qui croit, ou fait semblant de croire à l'enfer, afin d'obtenir des secours et des protections de ces messieurs de

Saint-Vincent de Paul, qu'un peuple de libres penseurs qui nous demandera et se demandera chaque matin, pourquoi nous sommes en haut de l'échelle, pourquoi il est en bas. Entre nous, il est clair que, sauf de rares exceptions, dans la classe moyenne, la religion n'est qu'un vernis bien porté, un vêtement d'emprunt dont on se pare pour se faire ouvrir beaucoup de portes. Pourquoi déchirer ce vêtement qui, à tout prendre, est une garantie contre les velléités révolutionnaires, etc.? » J'entends d'ici ces discours sortir de la bouche des gens *sages* et *modérés* qui composent la masse banale des salons.

A mon sens, ces gens sages se font de notre monde moderne et tout démocratique une singulière idée, ils mettent les vieilles robes de chambre de Talleyrand, toutes percées aujourd'hui, et croient en imposer. Ils agissent, d'ailleurs, comme le ferait l'état-major d'un vaisseau qui, sentant l'eau gagner dans la cale, ne réveillerait pas les passagers et ne les enverrait point aux pompes, dans la crainte de causer quelque désordre à bord.

A mon sens encore, malgré l'habileté et la netteté d'intelligence du capitaine, nous coulons tout doucement faute d'envoyer tout le monde aux pompes et de dire franchement : « Il y a une voie d'eau, pas une minute à perdre, étanchons-la et vivement. »

Je dis donc que vous avez parlé en bon français (jeu de mot à part) et je vous en suis, comme bien d'autres, très sincèrement reconnaissant. Cela m'a fait relire vos articles sur M. Littré, tranquillement, aussi sous bois, et je vous dois une bonne heure. Vous voyez donc que j'ai fort pensé à vous.

Et cette santé???

Amitiés,

Viollet-le-Duc.

A Monsieur SAINTE-BEUVE

Sénateur, membre de l'Académie française

Paris, mardi matin, juillet 1867.

Mon cher ami,

Mille excuses de vous envoyer un *vieil* exemplaire des *Lettres sur la Sicile*, mais mon éditeur étant fermé aujourd'hui, je crains de vous

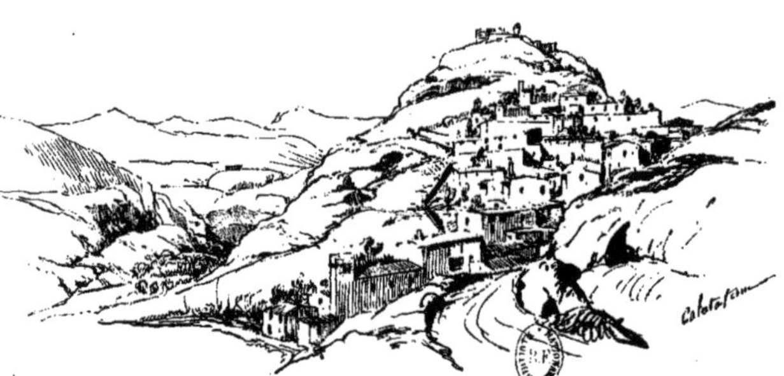

VUE DE CALATAFIMI (SICILE), DESSIN FAIT EN COMMISSION.

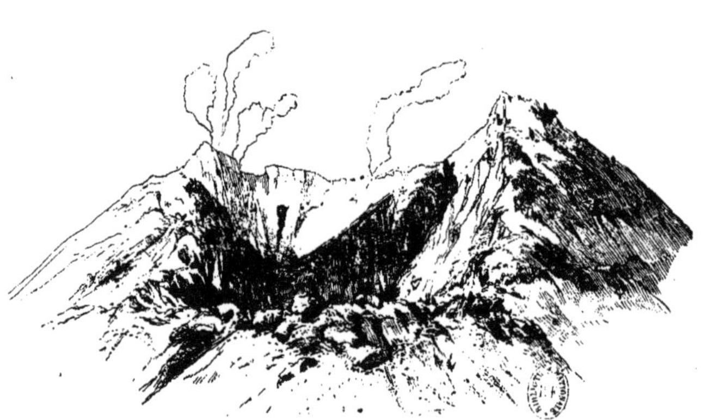

RAMPES SUPÉRIEURES DE L'ETNA, DESSIN FAIT EN COMMISSION.

faire attendre et je vous envoie celui-ci que j'ai retrouvé chez mon fils[1].

N'oubliez pas que ces lettres ont été écrites *pendant* l'expédition de Garibaldi, pour ainsi dire, en précédant les événements. J'ai donc le droit de me dire un peu prophète, chacun a sa petite vanité.

De nouveau tous mes remerciements et bien à vous,

VIOLLET-LE-DUC.

A MONSIEUR SAINTE-BEUVE

SÉNATEUR, MEMBRE DE L'ACADÉMIE FRANÇAISE

Paris, 16 septembre 1867.

Mon cher ami,

Comme je regrettais, en vous lisant ce matin au *Moniteur*, vos trop longs silences!

Votre article à propos du mémoire du comte Beugnot est un des plus remarquables, à mon sens, de la nombreuse collection. Mais il ne faudrait pas être si longtemps à nous donner de votre prose.

La presse, voire même le *Moniteur*, a besoin plus que jamais de recourir aux maîtres; le diable sait où elle va et nous avec. Nous n'aurions pas trop, je crois, de tous les esprits nets et fermes sur le pont. Pourquoi ne vous y voit-on pas plus souvent?

En vous remerciant du bon quart d'heure que vous m'avez fait passer.

Et tout à vous[2],

VIOLLET-LE-DUC.

1. Viollet-le-Duc avait publié en 1860 des *Lettres sur la Sicile* (ancienne maison Morel, 5, rue Saint-Benoît), à propos des événements de juin et de juillet 1860. La connaissance qu'il avait de ce pays, dont il a rapporté de nombreux dessins, lui avait suggéré certaines prévisions qui s'étaient réalisées.

2. Voici la réponse que Sainte-Beuve faisait à cette lettre :

« Mon cher ami,

« Il n'est pas désagréable de recevoir de ces encouragements. Ah! je serais assez disposé à récidiver souvent, car c'est dorénavant ma seule distraction. Mais l'état de ma santé amène vite la fatigue, et je sens, quoi qu'en puisse dire la physiologie, qu'il n'y a pas très loin de la prostate au cerveau (a).

« A vous d'amitié,

« SAINTE-BEUVE. »

(a) On sait que Sainte-Beuve était atteint d'une prostate, maladie dont il est mort.

A Monsieur E. TRÉLAT

DIRECTEUR DE L'ÉCOLE D'ARCHITECTURE

Paris, 6 mars 1868.

Mon cher ami,

Je viens de causer avec de Baudot au sujet des fameux modèles. Ce qu'il vous a écrit n'était que l'exacte reproduction de notre pensée à tous deux, lui et moi. Je ne crois pas à l'efficacité des modèles qu'on n'explique pas, et je ne saurais admettre que nous fissions des modèles pour ne les point expliquer nous-mêmes, comme nous pensons le devoir faire. De Baudot vient de me lire la dernière lettre que vous lui adressez et qui n'est, à tout prendre, qu'une fin de non-recevoir [1]. Je vous ai écouté l'autre jour quand vous m'avez énoncé l'excellence de la méthode actuellement adoptée, la suite des cours, etc., mais vous vous méprendriez si vous pensez m'avoir convaincu de l'inopportunité de nouveaux efforts dans un sens absolument pratique. N'ayant point sous les yeux les projets des élèves et ne pouvant répondre à vos affirmations que par des affirmations contraires, je me suis abstenu, ajournant mes observations jusqu'au moment où j'aurais sous les yeux la preuve matérielle de l'insuffisance des méthodes employées au point de vue pratique. A cet égard, pas d'équivoques entre nous. Mes convictions, d'après ce que j'ai vu depuis plus d'un an, sont absolues : vous ne faites pas des hommes utiles ou utilisables au moment de leur sortie et, cela, je le dis, d'après le vu des résultats obtenus. Or c'est, me semble-t-il, ce qu'il faut, avant tout, tenter de faire (des hommes utilisables). Donc, pour qu'il n'y ait nulle équivoque, je vous propose ceci, de faire faire des modèles sur chaque branche de la structure en adoptant, autant que possible, les formes données par cette structure et en analysant les parties de ces structures diverses. Ceci fait : *d'expliquer ou de faire expliquer* NOUS-MÊMES, ces modèles aux élèves, afin de les faire entrer dans la méthode analytique au moyen de laquelle on peut composer ; de faire faire, par

1. M. de Baudot faisait alors des conférences à l'Ecole d'architecture de M. Trélat. Avant de publier cette lettre et celle du 26 mars dont nous possédons les minutes, nous avons demandé à M. Trélat de vouloir bien nous les communiquer afin de pouvoir les collationner avec les minutes. Bien que n'ayant pas obtenu cette communication, nous avons cru devoir publier les minutes parce qu'elles permettent d'établir la nature exacte de l'intervention de Viollet-le-Duc dans l'enseignement de l'Ecole d'architecture de M. Trélat.

conséquent, des applications sur ces modèles par les élèves mêmes afin de les habituer à suivre la méthode dont on leur donne l'analyse.

Cela, je crois, est clair. Voulez-vous, oui ou non, accepter ceci tel que je le présente? là est la question. Tout autre chose me paraît être dans les nuages et n'arriver qu'à faire perdre du temps aux élèves et à nous. Je ne saurais par conséquent m'y prêter.

Veuillez, je vous prie, mon cher ami, songer qu'en ceci nous n'agissons qu'au seul point de vue de l'intérêt de l'École et des élèves, mais il ne faut pas de vague et d'équivoques.

Dites bien nettement ce que vous voulez ou ne voulez pas.

Tout à vous,

VIOLLET-LE-DUC.

A MONSIEUR E. TRELAT

DIRECTEUR DE L'ÉCOLE D'ARCHITECTURE

Paris, 26 mars 1868.

Mon cher ami,

Je ne suis pas autrement surpris par votre lettre datée d'hier. Je pressentais, à la tournure que prenaient les choses, que vous n'accepteriez point une ingérence dans l'organisation actuelle de l'École d'architecture, et vous avez peut-être raison.

Vous sentez que je ne discuterai pas les termes du manifeste verbal émis par de Baudot et soulignés par vous. Que vous ayez plus ou moins exactement rendu sa pensée ou ses expressions, cela m'importe guère. Il ne s'agit pas de faire *fructifier mes œuvres;* ce sont là des exagérations de langage qui n'ont nulle portée. Je ne tiendrais qu'à une chose : faire pénétrer le vrai d'où qu'il vienne, dans l'esprit des jeunes gens ou, ce que je crois être le vrai, faire entrer la clarté dans leur esprit. Or, j'ai constaté avec chagrin que nous ne nous entendons pas sur ce point; pour parler plus nettement je n'entrevois pas ce que vous voulez. Le côté pratique de l'enseignement me semble faire absolument défaut à l'École. Je vois dans les projets une indécision fâcheuse, un vague dans les formes appliquées, dans les programmes donnés et la manière de juger les concours, qui me semble être l'indice du vague dans la méthode, ou plutôt, du défaut de méthode. Je me trompe peut-être et ne me pose point en juge. On peut tenir à ses opinions sans trouver étrange qu'on ne les partage pas. J'ai exprimé longuement les miennes sous toutes les formes pour qu'il ne soit pas nécessaire, je crois, de les énoncer de nouveau ou de les discuter ici.

Je vous reconnais avant tout, et par-dessus tout, le droit de diriger l'enseignement de l'École, puisque vous en êtes le directeur, et de n'accepter d'aucune part une influence, fût-elle dictée par un dévouement chaleureux et sincère. Vous êtes responsable, partant libre, et de Baudot ne pourrait recevoir de mission que de vous ; de Baudot dérange vos vues, met le trouble dans la méthode que vous avez adoptée, vous n'avez pas besoin de demander avis pour le prier de cesser ses conférences et de s'abstenir de paraître au jury, et j'ai, quant à moi, trop le respect de la liberté d'autrui pour essayer de modifier votre manière de voir à cet égard.

Mais il y a un point de vue qui me touche personnellement, c'est en quelque sorte la responsabilité morale qu'un assez grand nombre de personnes veulent faire peser sur moi, à tort il est vrai, lorsqu'il s'agit de l'École d'architecture. Or, il n'est pas équitable que cette opinion puisse s'établir ou persiste, n'ayant, personnellement, sur l'enseignement aucune action et ne désirant en avoir aucune.

Donc, et pour répondre en toute sincérité aux points importants de votre lettre :

1° Il n'est pas nécessaire et il me paraîtrait peu digne pour vous de convoquer la commission dont vous me donnez la composition, afin de discuter sur nos *situations réciproques*. Ces situations sont très claires, vous êtes directeur, et responsable, je ne suis rien que membre du *conseil d'administration* qui n'a rien à voir dans les études ;

2° Il est encore moins utile de signaler devant une commission la divergence d'idées qui existe évidemment entre nous. Cette divergence est suffisamment constatée, et par notre réunion de l'autre jour, et par les idées émises par de Baudot qui n'a fait que reproduire exactement devant les élèves le résultat de longues conférences entre nous deux. Nous ne ferions, en pareille assemblée, que répandre des paroles en pure perte, et cela me semble inutile.

De plus, et en dehors de la question qui touche aux études :

1° Je persiste à croire qu'il faudrait faire marcher l'École avec les ressources fournies par l'École ;

2° Que l'emprunt ne devrait être fait que pour acquérir le local et payer les dépenses d'établissement faites (immeubles); mais qu'aucune partie de cet emprunt ne devait être employée à d'autres dépenses ;

3° Qu'il eût été préférable de ne pas recourir à cet emprunt parce que, et suivant la marche actuelle, il ne peut que créer une situation pleine de dangers ou, tout au moins, d'embarras.

Les choses étant ainsi, à mon point de vue, soit pour ce qui regarde l'enseignement, soit pour ce qui touche à l'administration, n'approuvant ni la méthode de cet enseignement, ni la marche de l'administration, je vous prie de pourvoir à mon remplacement comme membre du conseil d'administration et de me considérer, de ce jour, comme démissionnaire.

Croyez, mon cher ami, qu'en tout ceci il n'y a, de ma part, aucun sentiment d'aigreur et que je ne vous en suis pas moins, personnellement, tout dévoué, mais j'ai en aversion les situations fausses, et je tiens essentiellement à faire cesser celle qui m'est faite à l'École, à votre propre dommage.

Tous mes sentiments très affectueux,

Viollet-le-Duc.

A Monsieur CHARLES LUCAS

ARCHITECTE

Paris, 28 mars 1868.

Monsieur et honoré confrère,

Je reçois l'*Introduction* à la *Biographie des architectes... célèbres* et je vous remercie cordialement de cet envoi comme d'un bon souvenir.

Vous voulez bien me dire que je dois *paraître* dans cette *œuvre*.

Mais, je ne suis pas pressé de m'en aller dans l'autre monde, bien que celui-ci n'ait rien de très gai, et quant à voir imprimer ma biographie de mon vivant, comme architecte *célèbre*, cela me semble du dernier bouffon.

Attendons, pour donner de la célébrité aux gens, que six pieds de terre les recouvrent depuis un certain nombre de printemps.

C'est du moins mon opinion, et je ne connais rien de plus ridicule et de plus triste que les panégyriques jetés au nez des gens.

Laissons ce travers à l'Académie.

Recevez néanmoins, mon cher confrère, tous mes remerciements et sentiments affectueux.

Viollet-le-Duc.

A Monsieur ULBACH

2 juillet 1868.

Monsieur,

J'ai lu le *rapport* sur les rapporteurs de M. Duruy, que vous avez bien voulu remettre pour moi à Mme V. L.[1]. Vous avez, hélas ! trop raison, ce sont là des exercices littéraires de grands collégiens, non de la critique. On a semé la médiocrité, que voulez-vous donc qu'on recueille ?

Je ne désespère pas de l'avenir intellectuel de notre pays, parce qu'il ne faut jamais désespérer, mais je suis un peu effrayé des efforts à faire pour replacer les intelligences sur la voie saine, en toutes choses. Dans les questions d'art, nous sommes bien au-dessous du niveau que vous marquez. Vous, encore vous êtes une phalange, singulièrement éclaircie, mais vous touchez encore des coudes en allant en avant, mais nous !

Pour votre *rapport* et tout ce que j'ai lu de vous, depuis longtemps déjà, tous mes sentiments de sympathie très réels.

Viollet-le-Duc.

A Monsieur CHARLES LUCAS

ARCHITECTE

Paris, 26 septembre 1868.

Monsieur et honoré confrère,

Je vous suis très reconnaissant de m'avoir envoyé votre 2e fascicule des biographies d'architectes. Je l'ai lu et je reconnais qu'il est difficile d'être plus bienveillant sans tomber dans l'éloge banal.

Je n'ai point eu l'idée de vous décourager en vous envoyant mes premières impressions, votre œuvre est faite pour obtenir un succès et ne manquera pas d'un certain intérêt biographique; d'ailleurs vos notes, elles seules, sont précieuses à consulter.

1. M. Duruy, alors ministre de l'Instruction publique, avait demandé à MM. de Sacy, Paul Féval, Théophile Gautier et E. Thierry de lui adresser un *Rapport sur l'état des lettres en France*. Le travail de ces rapporteurs fut assez vivement critiqué par L. Ulbach, et c'est de cette critique dont il est ici question.

Je vous ai adressé des impressions toutes personnelles, mais je ne prétends pas les ériger en lois. Je ne crois pas plus aux biographies des contemporains qu'aux statues des hommes vivants, à moins qu'elles ne soient faites pour être lues ou posées sur un piédestal après leur départ pour l'autre monde.

Comment voulez-vous dire la vérité au nez des gens dans un livre où l'on se trouve en compagnie de ses confrères, si cette vérité peut leur déplaire ?

On fait un article de journal dans lequel on prend à partie tel artiste ou tel homme de lettres, et on lui peut dire de dures vérités parce que cela se passe, pour ainsi dire, entre le critique et le patient; mais quand on réunit les gens dans un salon, ce n'est pas pour leur faire des compliments, eût-on d'ailleurs toute autre chose à leur dire.

Vous avez un grand fond de bienveillance, ce qui est une rare qualité en tous temps, mais il est difficile, même en y mettant des ménagements, de faire de la critique qui ne froisse point certaines susceptibilités plus ou moins respectables, ou qui ne tombe pas dans la monotonie du panégyrique perpétuel. Ne seriez-vous jamais qu'élogieux, que le degré de la louange sera vivement senti par vos contemporains, et une louange un peu terne équivaudra, pour plusieurs, à une critique amère.

Quand on s'adresse aux vanités humaines (et les artistes sont, sous ce rapport, très humains), il faut s'attendre à tout.

Quoi qu'il en soit, je vous souhaite bonne chance ; quoi que vous disiez, et fussiez-vous même sévère en certains cas, vous serez assuré de trouver des lecteurs ; car si l'éloge chatouille agréablement l'oreille de celui auquel il est adressé, la critique un peu vive des œuvres du prochain est peut-être un plaisir plus vif encore.

Croyez à tous mes sentiments très sympathiques.

VIOLLET-LE-DUC.

A MONSIEUR MÉRIMÉE

Paris, 5 janvier 1869.

Mon cher ami,

Je vous vois tous assez mal en point sur vos rivages [1]. On se détériore ici passablement aussi, grâce au temps mou, tempétueux et plu-

1. Mérimée se plaignait beaucoup de sa santé qui était depuis longtemps chancelante.

vieux que nous avons. Pas la plus petite gelée, cela est funeste aux plantes comme aux gens. Vous paraissez croire que le *Club du Pré aux Clercs et de la Redoute* font quelque effet. Il n'en est rien et on ne s'en occupe guère. On y rit beaucoup, disent ceux qui parfois y mettent leur nez, mais cela ne tire pas à conséquence. Le gouvernement laisse passer et il a bien raison ; il aurait fait sagement de laisser passer avec le même dédain l'affaire de Baudin, car il n'y a gagné que des scies.

Le monde de ces clubs est pris un peu partout. Des curieux surtout, des désœuvrés, peu d'ouvriers, des typographes, des demi-artistes. On écoute, on rit quand cela est trop fort, mais, quant à de la passion, il n'y en a pas. Il serait donc ridicule de se tourmenter des bêtises qui se disent là dedans. D'ailleurs, on laisse bien dire en chaire des sottises plus grosses et, là, il n'est pas permis de rire.

Voilà Sainte-Beuve qui donne ses lundis au *Temps!* journal républicain... On a bien fait tout ce qu'il fallait pour qu'il en arrivât là. Vraiment, on n'est pas adroit. L'affaire du *Moniteur* est absurde. Voyez-vous M. Troplong, président du comité de censure des articles à insérer au *Moniteur*, comité dont vous faites partie, à Cannes. Puis, voilà Dalloz qui parvient à conserver le titre de son journal, et le voilà associé à un M. Pointel, qui est un clérical et qui veut tailler dans les articles de Sainte-Beuve les passages contraires à notre sainte religion. Au milieu de toute cette petite presse détestable et déconsidérée, au moment où ces journaux de chroniques et de scies tombent dans l'opinion, le gouvernement, au lieu de chercher à rallier les quelques hommes de talent dans la littérature, les quelques écrivains de valeur, ne sait que trouver pour leur être désagréable. Si vous saviez tous les détails de l'affaire du *Moniteur!* Cela est d'une bêtise amère. Il faut bien en revenir à l'évidence, tous ces hommes du gouvernement de l'Empire sont des étrangers pour ce pays-ci ; ils ignorent tout, ils ont des naïvetés de barbares.

Sainte-Beuve ne se préoccupe pas énormément de ce qui se fait ou se fera à l'Académie. Il pense bien que Théophile Gautier sera nommé, et Gautier se flatte de passer. Quant aux autres, c'est dans le vague, vu que les burgraves n'ont pas encore parlé.

Puisque vous ne savez ni ce qui vous fait du bien, ni ce qui vous fait du mal, essayez donc de ne rien faire du tout que de vous promener un peu au soleil quand il en fait, et de bonne heure ; de ne pas vous coucher trop tard et de vous lever un peu plus tôt ; de manger surtout le matin ; peu le soir[1]. Il me semble qu'avec une hygiène meilleure que la

1. Voici la réponse que Mérimée faisait à cette lettre : — « Cannes, 21 janvier 1869. Mon cher ami. Merci de votre bonne lettre. Je trouve comme vous qu'on a été léger et impoli à l'égard de Sainte-Beuve ; c'est la façon de ces messieurs, bien que leur maître soit l'homme le plus poli de l'Empire, mais il n'a pas fait d'élèves. Par exemple, un

vôtre, vous éprouveriez du soulagement. Essayez. Si vous voyez Courmont, souhaitez-lui, de ma part, meilleur état, et, si vous n'avez rien de mieux à faire, tenez-moi au courant de votre santé.

Mille amitiés,

VIOLLET-LE-DUC.

A MADAME LA PRINCESSE MATHILDE

26 Janvier 1869.

Chère princesse,

C'est toujours la même histoire... triste... mais qui recommence et recommencera perpétuellement.

La lettre adressée à Votre Altesse est pleine d'esprit, bien faite... un petit chef-d'œuvre littéraire. — La réponse a toute la netteté logique des choses du cœur; heureux ceux qui s'y laissent prendre! c'est encore ce qu'il y a de meilleur ici-bas [1].

Donc, à porter au compte des déceptions, et j'ose croire que ce compte est gros chez Votre Altesse.

M. N... me nomme ou me fait nommer d'une commission pour examiner les articles de *Philosophie, science et littérature* à insérer dans le *Journal officiel*. Il ne prend pas la peine de me demander si cela me convient; mais il m'écrit que j'ai été nommé il y a dix jours (ce que j'ignorais) et que le 17 il y a séance, et il m'écrit ici le 16. Je lui ai répondu très poliment en le priant de s'adresser à d'autres. Je ne suis pas susceptible et cela ne m'empêchera pas de vouloir du bien à M. R..., mais où prennent-ils leurs agents? Et quelle drôle de chose qu'un directeur de journaux officiels, qu'on prend probablement parce qu'il a du génie, et qui ne peut apprécier, sans une commission, un article de philosophie ou de littérature. Le fait est qu'il y a force gens qui aiment les titres et les appointements, mais bien peu veulent faire la besogne. Cela me rappelle un citoyen sculptier qu'on avait mis au ministère des beaux-arts en 1848, et qui voulait avoir un secrétaire parce qu'il ne savait pas écrire . . . .

. . . .

Je suis fâché d'apprendre le mauvais état de la santé de Sainte-Beuve. Je le croyais beaucoup mieux. Quel dommage qu'un si charmant esprit n'ait pas été logé dans un corps plus solide! Vous a-t-il parlé de l'Académie et de ce qu'on se propose d'y faire? Il y a ce me semble trois places à donner... Je pense que Théophile Gautier a beaucoup de chance, s'il ne fait pas peur à nos grands hommes avec sa barbe et son odeur de cigare... Mérimée. »

1. Mme la princesse Mathilde avait fait à Viollet-le-Duc l'honneur de lui communiquer les deux lettres échangées entre elle et Sainte-Beuve, lorsque ce dernier abandonna le *Moniteur* pour écrire dans le *Temps*. La lettre de Sainte-Beuve a été publiée dans le recueil intitulé : *Lettres à la Princesse*; elle est la dernière de ce recueil.

Je suis de votre côté parce que je suis toujours du côté de ceux qui prennent les voies les plus simples, tout *homme de bois* que je sois[1].

Si j'eusse eu à écrire ces deux lettres, en me supposant à la place des deux personnages, c'eût été dans le sens qu'elles ont pris chacune, sauf le tour littéraire de la première et le je ne sais quoi de vivant de la seconde.

La moralité de ceci — car il y a toujours une moralité banale — c'est que le cœur en est généralement pour ses frais. Gardez-nous cependant le vôtre tel qu'il est. Heureusement, le voudriez-vous que vous ne pourriez faire autrement.

J'ai mis le petit buste sur une cheminée, et cela réjouit un peu ma bouquinerie.

A vos pieds, chère princesse, le plus dévoué de vos serviteurs.

VIOLLET-LE-DUC.

A MONSIEUR SAINTE-BEUVE

SÉNATEUR

17 mars 1869.

Mon cher maître et ami,

Je viens de lire seulement votre dernier article sur le prince de Talleyrand, et je tiens à vous exprimer tout le plaisir qu'il m'a fait.

Si *vos œuvres inférieures* sont malades, le gréement est diablement bon[2]. Continuez-nous-le, on peut marcher ainsi longtemps en ayant le soin de tenir du monde aux pompes. Votre « non, ce n'était pas tout à fait du Voltaire » et ce qui suit vaut le fameux *Quousque tandem*. Soignez-vous, car vous avez bien de la jeunesse qui vous suit.

A vous,

VIOLLET-LE-DUC.

1. Viollet-le-Duc devait faire ici allusion à une plaisanterie dont il avait été l'objet.
2. Sainte-Beuve était atteint déjà de la maladie dont il est mort et ne pouvait marcher que très difficilement.

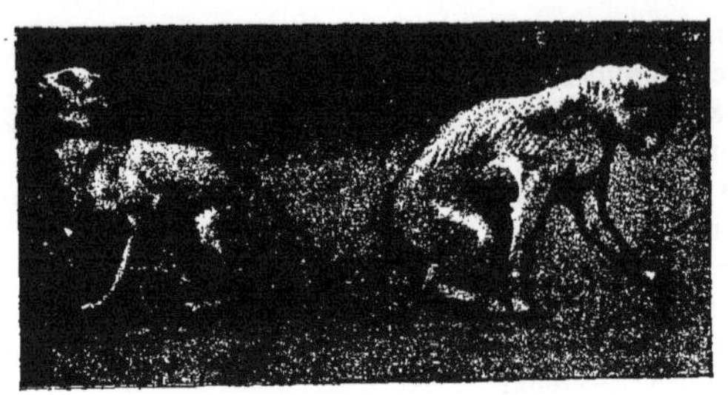

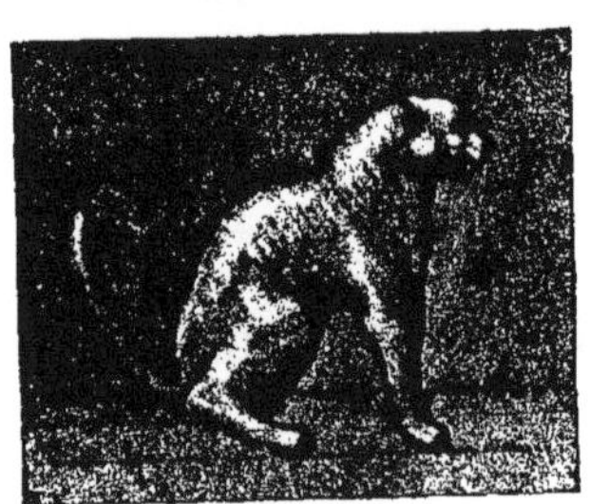

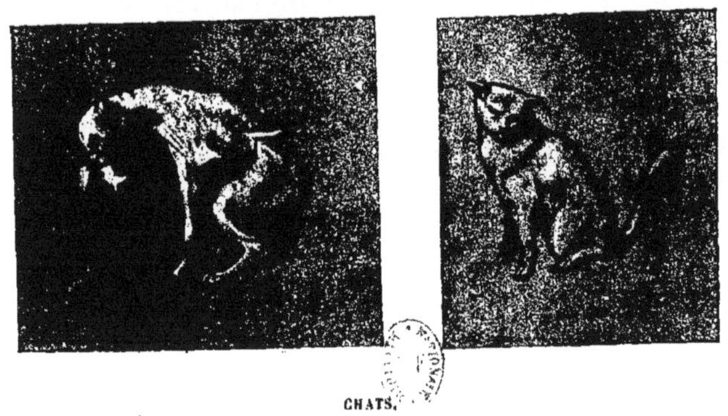

CHATS.

CROQUIS POUR LES LUCARNES DU CHATEAU DE PIERREFONDS.

6

A Monsieur CHAMPFLEURY

Paris, 25 mars 1869.

Mon cher maître,

Voici les croquis les moins maculés et déchirés des chats des lucarnes de Pierrefonds. Les sculpteurs ont mis les autres en tel état qu'ils ne sont pas présentables. Voici, en même temps, le croquis de leur place sur les lucarnes. Il y en a 16 (lucarnes), total 32 chats!

Je vous prierai, quand vous n'en aurez plus que faire, de me renvoyer ces croquis, parce que nous avons besoin de laisser ces pièces dans nos attachements[1].

Amitiés,

Viollet-le-Duc.

Très ravi que ma brochure soit de votre goût. Je sais que pour faire un trou, il faut frapper longtemps, souvent, et à la même place. Mais il faut bien commencer[2].

A Monsieur MÉRIMÉE

SÉNATEUR

Paris, 16 avril 1869.

Mon cher ami,

J'ai trouvé votre lettre du 11 en revenant, elle me donne l'espoir de vous voir bientôt parmi nous.

Vous me dites, mon cher ami, de parler *au maître* de la désorganisation de notre service des monuments historiques. J'aurais encore d'autres choses plus graves à lui dire. Mais je ne parle plus *aux*

1. M. Champfleury, qui préparait alors le livre qu'il a fait sur les chats, avait demandé à Viollet-le-Duc de lui communiquer des dessins exécutés pour le château de Pierrefonds et dans lesquels ces animaux sont représentés dans toutes les positions.

2. Viollet-le-Duc venait de publier une brochure sur l'enseignement de l'architecture, brochure qui constitue le quatorzième de ses *Entretiens sur l'architecture* (ancienne maison Morel, 5, rue Saint-Benoît).

grands de réformes d'abus, de mesures à prendre, de volonté pour la règle et le bon sens à montrer; c'est un métier inutile pour les autres, nuisible pour celui qui le fait. *Les grands* ne vous en savent, d'ailleurs, nul gré, mais supposent toujours, au contraire, que l'on ne se pose ainsi en avertisseur que pour nuire à quelque ennemi ou prendre la place de quelqu'un. *Le maître*, comme tous ses confrères, ne saurait être averti efficacement que par l'opinion publique, et vous savez ce que c'est que l'opinion publique, comment on la fait et la défait.

Il y a, en effet, disette d'hommes dans ce qu'on appelle *les régions du pouvoir*, en style de presse. Mais il ne faudrait pas croire que la disette se fasse sentir partout. Seulement, ce gouvernement-ci a fait tout pour écarter les hommes de valeur des régions officielles. Il a bien fallu qu'ils trouvassent de l'occupation ailleurs, soit dans l'industrie, soit dans les sciences, soit dans la presse. D'ailleurs, ce qu'on demanderait aux hommes aujourd'hui n'est plus du tout ce qu'on leur demandait il y a vingt-cinq ans. L'éloquence pure a fait son temps. La machine est bien trop compliquée pour qu'on la puisse faire marcher avec des paroles et quelques-unes de ces ficelles suffisantes encore sous Louis-Philippe. Le travers de notre gouvernement est de croire que ces ficelles et paroles peuvent encore suffire, de ne pas prendre assez au sérieux les gens qui savent et font sans tant parler de leur dévouement, de dynasties, et de tant d'autres choses auxquelles personne ne croit plus.

Vous me dites que toutes les révolutions dont *vous avez été témoin ou dont vous avez lu l'histoire ont vengé des méfaits passés, ont fait (ou dû faire) cesser des situations antinaturelles.* Vous ne croyez pas que ces prétextes existent aujourd'hui et, dès lors, vous ne voyez pas pourquoi une révolution se préparerait. — Il y a, et il y aura toujours, probablement, des méfaits à venger, des situations antinaturelles; et ce que voient, avec une sorte d'impatience, les gens qui n'aiment pas les révolutions et qui les imputent aux causes qui les font surgir, c'est que le gouvernement actuel crée des situations antinaturelles sans aucune raison valable. N'est-ce pas une situation antinaturelle que notre occupation de Rome, que ces caresses au clergé, que cet exclusivisme impérialiste, qui crée des castes dans la société, que cette protection affectée des classes inférieures — qui ne sont point dupes de ces tendresses — et ce dédain des travaux de la classe intelligente, de ce qu'on appelait le bourgeois? N'est-ce pas une situation antinaturelle que cette ingérence de l'État partout, sur tout, à propos de tout? Vous me direz : « Que font ces misères? peu de chose : il n'y a pas de quoi provoquer un cataclysme. » Notez bien que les révolutions sont provoquées par la valeur que l'on donne aux choses à réformer, non par leur valeur absolue. Tel abus, inaperçu il y a cent ans, est insupportable aujourd'hui. Exemple : essayez de demander les passeports à 300 voyageurs qu'un train amène à Paris un matin, vous aurez une émeute. Il a fallu cinq ou six siècles de misère pour conduire une population à renverser, un jour, quelques barrières; il ne faudrait qu'un retard de dix minutes, aujourd'hui imposé à 300 personnes, pour provoquer une émeute. Ce sont ces proportions, ces situations relatives, que les gouvernements modernes ne comprennent pas, en prétendant toujours s'appuyer sur quelque chose du passé, en croyant aux anciens moyens. Il en est de tout, comme il en est des cuirassiers. Cela ne sert absolument à rien, pas même à la guerre où on ne les emploie plus depuis Waterloo; cela coûte très cher, inutilise des hommes et des chevaux, mais cela est maintenu parce que Charles VIII avait avec lui des armures de fer. Un grain de bon sens ferait mieux notre affaire que toutes ces histoires de traditions, de souvenirs, de bases inébranlables, etc.

Voilà ce dont on se veut venger : c'est d'être pris pour dupes, d'être gouvernés par des moyens à l'efficacité desquels ne croient même pas ceux qui les emploient. Or, la vengeance de l'amour-propre est plus âpre encore que celle de la servitude matérielle. Un serf émancipé par sa propre énergie pardonne volontiers à celui dont il a brisé le fouet. Le pris pour dupe ne pardonne jamais à celui qui prétendait se moquer de lui.

Certes *le maître* avait ce qu'il faut pour gouverner dans les conditions imposées aujourd'hui : simplicité, sincérité, bonne foi, avec une certaine grandeur un peu plus métaphysique que philosophique. Bonté de cœur, et esprit net. Pourquoi aller chercher autre chose? pourquoi des phrases? pourquoi permettre l'exclusivisme autour de lui? pourquoi se rattacher au premier Empire? pourquoi se donner le vernis d'un autre temps? pourquoi se considérer comme chef d'une dynastie continuateur d'autres dynasties? Pourquoi flatter la multitude? Pourquoi se défier de la pensée, de l'intelligence? pourquoi des cuirassiers? pourquoi, par exemple, ouvrir des clubs et se servir des sottises qui s'y disent comme d'une arme? Ficelles, mon cher ami, ficelles que tout le monde voit.

Vous me demandez ce que nos ouvriers pensent de ce qui se dit dans une demi-douzaine de réunions; ils pensent que ces réunions sont des traquenards et qu'au besoin la police payerait les imbéciles qui vont débiter là des extravagances. Les ouvriers avec lesquels je me trouve plus que jamais en contact, bien que je ne fasse plus de travaux, ne sont pris que par la plus complète bonne foi. Comme les enfants, ils prennent les dragées, mais comme les enfants aussi, ils savent bien qu'on ne les leur donne que pour les rendre sages et les empêcher de demander autre chose de plus sérieux.

Comme vous avez du temps de reste, je vous envoie ce premier Paris et souhaite bien vous voir ici. Surtout ménagez-vous et pas d'imprudences. Mille amitiés à Courmont.

Tout à vous,

VIOLLET-LE-DUC [1].

A MONSIEUR MAXIME DU CAMP

19 mai 1869.

Monsieur,

Permettez-moi de vous adresser mes remerciements pour la mention que vous avez bien voulu faire de ma brochure sur l'enseigne-

1. Mérimée fit à cette lettre la réponse que voici : « *Cannes, 23 avril.* Mon cher ami. Merci de votre lettre. Je trouve que vous voyez les choses un peu en noir. Je crois que le gris est la teinte la plus vraie. Il me paraît certain que la masse des souffrances a diminué, ainsi que celle des iniquités et des injustices. Restent les sottises; cela est considérable sans doute, mais pourtant pas assez, à mon avis, pour amener une catastrophe, d'autant que le nombre de ceux qui voient les sottises et s'en indignent n'est pas si grand. D'un autre côté, il est impossible de ne pas regretter qu'on préfère souvent les *fiocchi* aux améliorations sérieuses. Je crois que ce que les Français aiment par-dessus tout, c'est moins la liberté qu'une bonne administration. Des préfets intelligents et polis feraient aimer le gouvernement et, en y mettant des formes, obtiendraient beaucoup de leurs départements. Malheureusement il y en a un grand nombre qui ne visent qu'à paraître tout-puissants. On se moque d'eux et ils sont en fait sans autorité. J'ai quelque espoir que le ministre de l'Intérieur actuel montrera plus de tact que ses prédécesseurs. Mais le laissera-t-on faire?

« Je reviens à Paris, et m'embarque le 25 de ce mois. Je ne suis pas encore trop bien. Je ne suis pas guéri de ma vieille bronchite et je suis toujours bien faible. Si je n'avais pas ma pauvre cousine à voir, je serais resté ici jusqu'à la fin de mai. Il y a ici un véritable printemps. La chaleur est modérée, il y a toujours un *venticello* très agréable pour tempérer le soleil. La végétation est admirable. On voit les feuilles et les fleurs se développer avec une rapidité inconnue dans le Nord.

« J'ai eu avant-hier la visite du prince Napoléon qui m'a paru maigri, mais parfaitement rétabli. Il a été aussi gracieux et aimable que possible. Il va croiser dans l'Adriatique et voir les côtes de l'Illyrie que personne ne visite. J'ai essayé de le mettre sur la politique, mais il n'a pas rendu. Il venait de Grasse, où il était allé voir les tableaux de Fragonard qu'il m'a paru apprécier médiocrement.

« Est-il vrai, comme on me l'écrit de Paris, qu'on donnera le prix de 100,000 francs à l'auteur de l'Opéra? Quelque habitude qu'ait l'Académie de se moquer du monde, je doute qu'elle ait le courage de couronner un ouvrage que tout le monde a si justement critiqué. S'il fallait trouver un moyen de décerner le prix, je proposerais de laisser toute liberté au ministre. La responsabilité le rendrait prudent et probablement juste. Au moins y aurait-il cet avantage qu'on saurait à qui s'en prendre.

« Adieu, mon cher ami, à bientôt, j'espère. Si je deviens un peu moins patraque, il faut que vous me montriez Pierrefonds que je n'ai pas vu depuis tantôt deux ans.

« Courmont va bien et fait ses préparatifs pour être à Paris dans le milieu du mois prochain. Tout à vous, Prosper Mérimée. »

ment de l'architecture dans le numéro du *Journal des Débats* de ce matin[1].

Beaucoup de personnes qui ont lu cette brochure m'ont fait l'honneur de me féliciter sur mon initiative en déclarant que j'ai trop raison, mais personne n'avait voulu, jusqu'à ce jour, en dire un mot... « Vous savez ma position », disent les uns... « Vous avez raison, mais il n'y a rien à tenter », disent les autres, etc. Ce qui démontre assez l'influence que peut prendre un corps sur les esprits mêmes qui prétendent à l'indépendance. Vous avez eu plus de courage et, si je n'en suis point surpris, vous me permettrez de vous en féliciter et de vous en savoir gré.

Veuillez agréer, je vous prie, monsieur, l'assurance de mes sentiments les plus distingués.

A Madame VIOLLET-LE-DUC

Paris, juin 1869.

Ma chère amie,

Je reviens seulement ce soir de Reims et je retrouve Paris et notre maison à leur place. Ces émeutes sans rime ni raison ont fini par agacer le bourgeois badaud de Paris qui a, paraît-il, tapé sur les quelques gamins auteurs de ces plaisanteries. Cela aurait dû être fait dès la première fois... Mais le bourgeois de Paris est si bête ! C'est fini, et j'espère que les gamineries de quelques drôles et la bêtise de quelques milliers de curieux ne serviront pas de prétexte pour faire de la réaction, ce qui serait encore plus bête.

Au fond, tout cela est triste et montre combien nous sommes peu sérieux, combien nous sommes peu préparés aux devoirs et aux sacrifices qu'exige la liberté vraie.

Je ne suis par sorti de Paris depuis mon retour le 10 juin et je ne compte pas faire d'absences avant les premiers jours de juillet. Il faut fournir de la besogne aux imprimeurs qui ne badinent pas. C'est une autre existence à recommencer, qui ne me déplaît point, mais qui demande beaucoup de travail.

Mes *ennemis* ou *envieux* ont si bien fait qu'ils m'ont à peu près

1. Cette brochure avait pour titre : *Ce que réclame au dix-neuvième siècle l'enseignement de l'architecture*; elle constitue le quatorzième des *Entretiens sur l'architecture* (ancienne maison Morel, 5, rue Saint-Benoît).

rendu tous les travaux d'architecture impossibles, la faiblesse de l'administration aidant. Il faut donc vivre d'autre chose, car je n'ai pas une fortune qui me permette de ne rien faire, à moins de changer de manière de vivre. Je sais bien que j'aurais pu me gendarmer, réclamer, etc., mais cela n'est pas dans mes habitudes. On ne m'ôtera pas, je suppose, le papier et les plumes. D'ailleurs, les affaires vont assez mal et je ne sais comment on sortira de la crise actuelle... Il faudrait beaucoup d'énergie, beaucoup de soins à connaître le tour de l'opinion, et je ne vois pas que l'on se rende un compte exact de l'état des choses dans les hautes sphères. Je pense que le pays est assez sensé pour repousser une révolution, mais il ne veut évidemment plus du régime qui a été suivi depuis 1852. Il faudrait bien de l'adresse, de l'activité et un travail sérieux pour ménager une transition. Et on a pris le soin de dégoûter ou de rendre inutile tout ce qui est intelligent dans le pays. Sans voir les choses trop en noir, et sans m'en effrayer surtout, je prévois cependant des mauvais moments à passer. En attendant, je me tiens tranquille et m'occupe de mes publications.

Tout à toi.

A Monsieur PAUL BŒSWILLWALD

ARCHITECTE

Paris, 27 août 1869.

Mon jeune confrère et ami,

J'ai reçu votre lettre de Florence hier et vous remercie de tous les détails qu'elle me donne sur votre voyage et vos impressions d'artiste [1]. Il faut voir sans *prévention* et sans *se monter le coup*, tout est là, et je m'aperçois que vous avez examiné les choses comme il convient pour en tirer parti. L'art grec est certainement la seule architecture qui laisse une impression pure de tout mélange. Cependant, puisque vous passez l'hiver à Rome, voyez les édifices de l'Empire, non pas en artiste, mais en ingénieur, en homme pratique, et vous observerez comme ces monuments sont sagement entendus, comme ils ont pu être élevés rapidement et par des moyens simples. Les Romains, qu'on représente comme fastueux à l'excès dans les livres faits par

1. M. Paul Bœswillwald, architecte, était récemment sorti de l'École des beaux-arts et faisait alors un voyage d'étude en Italie.

les archéologues lettrés, ont été les plus économes de tous les constructeurs, mais cette économie est bien entendue et n'est jamais de la mesquinerie. Si, à Rome, vous avez le courage de laisser de côté le vêtement romain qui, malgré sa richesse, ne vaut pas cher, pour vous occuper du mécanisme de la structure romaine, pour examiner comment on a pu obtenir de si grands résultats avec des moyens aussi simples et peu dispendieux, vous pouvez faire un bon travail.

A Rome, on voit tant de choses, et il y en a tant d'intéressantes, que l'on est porté volontiers à butiner partout, à amasser des notes et croquis sans nombre et, cela, sans liens, sans une idée dominante. Or, quand on est revenu chez soi, on s'aperçoit que tout cela ne peut servir à rien et qu'un travail limité sur un de ces dix sujets que l'on a effleurés serait d'un grand intérêt et avantage sérieux. Voyez donc, mon cher ami, voyez un peu tout, mais tâchez d'employer votre séjour dans le grand cadavre à en extraire quelque chose de précis, de limité. Surtout, défiez-vous de l'influence, des façons de vivre et d'étudier, adoptées à la villa Médicis. Cela est attrayant, fort doux, rend tout travail aisé et agréable; mais quand ces bons jours de camaraderie sont passés et qu'on se trouve en présence de la réalité, on s'aperçoit qu'il ne reste que bien peu de chose au fond du panier. Tâchez de tirer de votre propre fonds un sujet à traiter là-bas, et appliqué à cet objet. Quel qu'il soit, ne vous en laissez pas détourner. Je sais, par expérience, que cela est difficile, car on se trouve à Rome comme un homme de bon appétit en présence de vingt plats succulents, on voudrait bien les manger tous; ne pouvant le faire, on les goûte les uns après les autres, puis, au total, on n'a pas dîné.

Je vois que vous avez déjà couru les environs de Rome, il y a là, en effet, des choses plus intéressantes qu'à Rome même où le siècle fastueux a tout gâté. Il faut voir bien les petites villes des environs, et Viterbe, et Civita Castellane, et Velletri. Il y a là beaucoup de jolies choses du moyen âge qui n'ont pas été altérées. Il faut voir la banlieue de Rome, si pleine de débris intéressants, et l'hiver est favorable à ces tournées. Mais, ce qui vaut la peine d'être bien étudié, c'est la vraie structure romaine; et cela n'a jamais été bien fait avec méthode. Il faut la prendre de la République et des monuments de la Grande Grèce et de l'Étrurie et la suivre jusqu'à l'Empire. Il y a là une mine d'observations curieuses et pratiques d'un véritable intérêt.

Je vous remercie sincèrement, mon ami, de votre bon souvenir et des compliments que vous m'adressez à propos du cordon rouge[1]. Si vous pensez avoir besoin de renseignements, ne vous faites pas faute de m'en demander.

Tout à vous,

VIOLLET-LE-DUC.

1. Viollet-le-Duc venait d'être nommé commandeur de la Légion d'honneur.

A Monsieur GASNIER

CHEF DU BUREAU DES MONUMENTS HISTORIQUES

Septembre 1860.

Mon cher ami,

Vous me demandez mon opinion sur le pont de Montauban et sur les travaux que les ponts et chaussées projettent d'y exécuter, la voici :

Le pont de Montauban est un magnifique ouvrage en brique, du commencement du XIVe siècle. Il était autrefois accompagné de tours à ses deux extrémités, comme l'est encore le pont de Cahors. Ces tours furent démolies lors du siège et ne furent pas remplacées. Un assez méchant arc de triomphe fut élevé du côté du faubourg ; cet arc n'a pas un caractère particulier, c'est une construction très ordinaire. Quant au pont, il est magnifique, car, sur ce point, le Tarn est très encaissé et large. Il se compose de belles arches en tiers point et est très large (12 à 15 mètres). Par exception entre les ponts du moyen âge, son tablier est horizontal et était autrefois garanti par des parapets crénelés, remplacés depuis par des balustrades en fer[1].

Ce qu'on reproche habituellement aux ponts du moyen âge, c'est leur inclinaison du milieu aux extrémités, et, maintes fois, nous avons vu, en France, les ponts et chaussées altérer des ponts anciens sous le prétexte que leur passage était dangereux à cause des pentes du tablier. On se soumettait à cette raison et on laissait altérer ces arches anciennes. Mais, il est étrange de venir reprocher à un pont son horizontalité et d'en altérer le caractère à cause de cette qualité qu'il possède entre beaucoup d'autres, quand on s'efforce généralement d'obtenir l'horizontalité du tablier sur les ponts qui présentent des inclinaisons.

Cela indiquerait *qu'il faut* faire des travaux, *qu'il faut* employer un crédit et que, ne sachant à quoi l'employer, on s'adresse au pont de Montauban auquel, depuis longtemps, les ingénieurs des ponts et chaussées, qui ne l'ont pas élevé, ont déclaré la guerre.

On commencera par vider le tablier aux extrémités pour l'abaisser, on remontera l'extrados des arches ogives, cet extrados gênera, on demandera à remplacer les arcs en tiers point par des arcs plein cintre, et le tour sera joué. Du pont de Montauban il ne restera plus

1. Cet acte de vandalisme fut exécuté par les ponts et chaussées en 1831.

que les piles. Peut-être alors se demandera-t-on pourquoi ce tablier n'est pas horizontal. On répondra que c'est la faute du vieux pont. Puis on abaissera les arches sur toute la ligne pour retrouver cette horizontalité que l'on veut supprimer. Peut-être, dans l'intervalle, le Tarn qui a des crues subites et considérables enlèvera-t-il les arches abaissées, et on rebâtira un pont neuf à la plus grande gloire des ponts et chaussées.

Amitiés,

VIOLLET-LE-DUC.

A MONSIEUR JULES TROUBAT

SECRÉTAIRE DE SAINTE-BEUVE

Compiègne, 15 octobre 1869.

Cher monsieur,

J'ai appris ici par le *Journal officiel*, hier matin, la mort de notre pauvre Sainte-Beuve. J'étais, depuis ma visite de janvier, préparé à cet événement et je pensais bien, en vous quittant, ne plus revoir notre ami. Aussi suis-je parti fort chagrin et préoccupé, mais il me fallait absolument me rendre à mon poste. En revenant donc ici de Pierrefonds, mes craintes ont été confirmées par la triste nouvelle. Nous perdons là un ami sûr et un conseil précieux, un caractère ; ce qui, dans un temps d'effacement comme le nôtre et de misères morales, est un vrai malheur. Bien peu d'hommes eussent pu, au milieu de si longues souffrances physiques, conserver la force morale et l'intelligence nette des choses que notre ami possédait jusqu'aux derniers jours. Plus que personne, vous qui ne l'avez pas quitté, vous avez pu apprécier l'énergie de cette lutte de l'esprit contre la décomposition physique. C'est là un exemple qu'il nous laisse ; c'est ainsi qu'il faut finir.

Retenu ici aujourd'hui, je ne pourrai vous voir comme j'y comptais et accompagner le corps de notre ami à son dernier refuge. Excusez-moi et croyez, cher monsieur, à tous mes sentiments les plus sympathiques.

VIOLLET-LE-DUC.

A Monsieur MÉRIMÉE

SÉNATEUR

Paris, 30 janvier 1870.

Mon cher ami,

Je suis de votre avis, pour être utile aux hommes il faut ne les guère aimer. Malheureusement, de notre temps, on s'est pris de belle passion pour l'humanité en général et pour les gredins en particulier; avec cela on ne peut rien faire de bon ni de sérieux[1].

Notre ministre des beaux-arts est un homme essentiellement bienveillant. Il me rappelle un peu Émile Augier, il est de cette nature. Il croit que les choses de ce monde sont simples et que la vérité se cueille comme les pommes en octobre. Depuis qu'il est entré au ministère, vous sentez que les personnes les plus intéressées à lui donner des renseignements sur son administration sont précisément celles qui ont le plus d'intérêt à lui en cacher la vérité, laquelle pour-

1. Cette lettre emprunte une partie de son intérêt à la lecture de celle de Mérimée, à laquelle elle répondait; c'est pourquoi nous croyons devoir publier cette dernière :

« Cannes, 26 janvier 1870. — Mon cher ami, pour commencer par ma santé, elle est toujours aussi piètre. Je ne dors pas, j'étouffe souvent, je ne puis pas manger et je suis extrêmement faible. Le temps, qui est fort bien pour la vue, est très désagréable au toucher. Je veux dire qu'avec un soleil brillant il y a un vent des Alpes glacial. J'attends avec impatience les premiers jours de printemps. Il faut bien se cramponner toujours à quelque espérance.

« On dit que notre nouveau ministre, je parle de celui des beaux-arts, a tous les talents et toutes les vertus. Si je suis bien informé, il commence par déranger les choses pour arranger les hommes. Il faudrait prendre des ministres misanthropes qui n'eussent pas d'amis. Ce serait une belle occasion, cependant, pour faire quelque chose de bien, si on avait des idées, ou une idée seulement, si on savait vouloir. Je crois qu'un ministre qui oserait ferait en France de grandes choses. Oser vingt fois et ne se tromper que dix-neuf, et on a réussi, et on sera un grand homme. Le nôtre a-t-il de l'audace? Ce n'est pas une vertu de ce temps-ci. Il n'y en a ni dans le gouvernement, ni dans l'opposition. Que pense le bon peuple de cette affaire d'Auteuil? Y a-t-il eu jamais un homme plus malheureux en cousins que notre Empereur? Ce sauvage qui, pendant dix-huit ans, n'a fait que hurler avec tous les ennemis du gouvernement, s'aviser de tuer un soi-disant homme de lettres, au moment où il aurait dû se laisser assassiner. Mais il était trop Corse pour être pris sans vert. C'est une triste affaire. Je regrette qu'il ne soit pas jugé par un jury d'épiciers. Une Haute Cour de justice passera toujours pour un tribunal corrompu aux yeux des Parisiens. J'ai écrit à la princesse M... un mot de condoléance; mais je ne sais trop comment elle l'aura pris.

« Je voudrais travailler, mais je n'en ai guère le moyen. D'une part, mes bouquins me manquent, de l'autre, je suis souvent trop souffrant pour écrire des drôleries. J'en ai commencé une cependant que je finirai, j'espère, si j'ai de bons jours. J'ai lu beaucoup de toutes sortes de livres, entre autres *l'Education sentimentale* de Flaubert. Je ne l'ai vu qu'une fois ou deux et il m'a plu. N'y a-t-il personne qui pût lui donner un bon conseil et le tirer d'une vilaine ornière où il s'engage sans avoir l'air de s'en apercevoir. Adieu, mon cher ami, quand vous aurez le loisir de me donner des nouvelles du monde, vous me ferez bien plaisir. P. M. »

rait leur être fatale. Si bien que notre ministre ne sait plus qui croire, ou de ceux qui l'avaient prévenu du danger ou de ceux qui veulent le lui cacher.

Il fait bon d'être libéral, mais il faut toujours savoir à qui on a affaire et peser les renseignements. Or, notre ministre, bienveillant par nature, les accueille tous, les compte peut-être, mais ne les pèse pas. Donc, comme il y a dix personnes, partout, intéressées à maintenir un abus contre une désireuse de le voir cesser, vous pouvez conclure. Cependant nous luttons, mais, de ma part, c'est avec un profond dégoût. Si nous avions eu là quelqu'un qui fût solide, un esprit ferme et froid, la lutte serait égale, mais ce brave A... trouve toujours que tout est bien, ne veut se mettre mal avec personne et se paye d'une poignée de main. La semaine passée, je suis parvenu cependant à lui mettre la puce à l'oreille, et il a pu parer un coup ménagé de longue main contre l'organisation des monuments historiques en particulier[1]; mais de la tenue et de la fermeté, il ne faut pas lui en demander. Tout son désir est de pouvoir être agréable à tous et de ne trouver jamais que des visages souriants. Ce sont ces braves gens-là qui vous mènent à la boucherie en vous disant, jusqu'au dernier moment, que les bouchers ne sont point si mauvais qu'on le dit et qu'ils se contentent volontiers d'une légère saignée. Nous aurions bien besoin de vous, ici, et d'esprits de la nature du vôtre, mais, en cherchant bien, je n'en vois pas.

Le danger est surtout dans cette administration qui, depuis dix-huit ans, fait de la *satrapie*, qui est pourrie, qui tient toutes les ficelles et est la première à gêner la marche de ce ministère tout disposé à faire les réformes utiles et à les faire carrément.

Il faudrait avoir le courage de faire place nette et de ne pas se laisser *embarlificoter* les jambes dans les broussailles. Des esprits nets, fermes, peu soucieux des questions de personnes, j'en cherche, je n'en vois guère. Ce que je vois ce sont des gens bien intentionnés, mais parfaitement étrangers aux affaires administratives. De l'autre côté, une administration toute farcie d'abus et de procédés irréguliers, qui ne veut pas se laisser entamer.

Il ne faut pas cependant jeter le manche après la cognée. Il va se fonder un journal (le *Centre gauche*) qui veut aider le ministère en éclairant l'opinion sur toutes ces questions de broussailles bureaucratiques. S'il prend bien ses renseignements, il peut rendre quelques services, mais la presse est bien déconsidérée[2].

1. Il s'agissait de noyer le service des monuments historiques dans celui des bâtiments civils, ce qui a toujours été l'un des rêves caressés par l'Académie des beaux-arts.

2. Viollet-le-Duc donna des articles au *Centre gauche*. Ces articles, au nombre de dix, ont été publiés dans les numéros du journal portant les dates des 25 et 28 février, des 7, 14, 21 et 28 mars, des 4 et 24 avril et des 16 et 28 mai 1870.

Je vous dirai que je sais *de visu* comment l'Empereur a été reçu dans les casernes le jour où on enterrait l'illustre V. Noir. On ne peut se faire une idée de cet enthousiasme et de l'aspect provocateur de cette réception. L'Empereur est resté froid et affable, mais il n'a pas moins dû sentir qu'il n'avait, de ce côté, qu'à retenir. Ces imbéciles d'irréconciliables ont eu l'esprit d'exaspérer l'armée par les provocations les plus niaises et les plus sottes; il leur en cuirait si on arrivait à une crise sur le pavé. J'espère toutefois que, l'Empereur aidant, on évitera toute catastrophe de ce genre. C'est bien à souhaiter. Le sang répandu est toujours gênant, ça ne peut s'éponger.

Je suis bien de votre avis à propos de *l'Éducation sentimentale*, c'est dommage de voir un véritable talent d'écrivain aller ainsi à gauche[1]. J'aime beaucoup l'homme (l'auteur) et il pourrait bien faire. Mais il subit, comme tant d'autres esprits, l'action dissolvante du temps où nous vivons. Son roman, qu'il aurait dû intituler : *les Rateurs*, est assez bien la peinture d'un des côtés de notre société; ce n'est pas celui-là qu'il faudrait montrer. Les affaires sont languissantes et les embarras particuliers viennent s'ajouter aux difficultés générales. Je crois toujours à une dissolution, elle me paraît inévitable.

Bien à vous,

VIOLLET-LE-DUC.

A MADAME VIOLLET-LE-DUC

Mattmark, 12 juillet 1870.

Ma chère amie,

Je suis arrivé dans ce trou de Mattmark hier à 8 heures du soir, étant parti à 2 heures du matin et n'ayant guère cessé de marcher pendant ce temps, sauf trois heures que j'ai passées dans une crevasse de glacier, bien malgré moi. Une bonne tasse de thé, une bonne nuit ont réparé tout cela et, sauf quelques éraflures déjà fermées, grâce à l'arnica que j'emporte avec moi, il n'en paraît plus rien. Défie-toi des journaux qui font des romans, du *Figaro*, surtout, qui est à la recherche de tous les cancans. S'il avait vent de mon séjour sous un glacier, il ferait là-dessus une nouvelle à sensation dont je me soucie

1. Il s'agissait du livre de Flaubert.

peu[1]. J'ai du reste, pendant ce séjour forcé sous la glace ou dans la glace, fait des observations bien intéressantes. Je suis satisfait de mon voyage, je me porte à merveille, je suis couleur pain d'épice, je dors peu, mais bien, je mange quand je puis, et cette vie me redonne l'élasticité de la jeunesse. Puis, comme devant ces grandes choses de la nature, devant ces vrais périls contre lesquels la pauvre nature humaine ne peut opposer qu'une bien faible prudence, toutes ces petites misères de nos grandes villes sont jouets d'enfants gâtés! J'avoue que Paris, avec son existence toute de cancans, de petits propos, de mots du jour, de pauvres scandales et de conversations banales, me devient odieux. Aussi, suis-je parti avec ce plaisir que, seuls, les écoliers ressentent le jour de l'ouverture des vacances.

D'ici je redescends en pleine vallée de grande route à Viège pour retourner à Martigny et, de là, à Chamonix, par l'un des cols. On attendait de la pluie en Suisse, en voici. Je demande seulement à ce qu'elle ne dure pas trop longtemps. Sur ce, je vais remettre mes guêtres et aller voir, si le temps le permet, un bas de glacier qu'il était trop tard hier pour étudier à loisir.

Je t'écrirai en arrivant à Chamonix; d'ici là rien à craindre, je suis les routes les plus vulgaires des touristes.

Au revoir, ma chère amie. Amusez-vous bien à Dieppe; écris-moi à *Chamonix* poste restante.

Je t'embrasse de tout cœur,

VIOLLET-LE-DUC.

A MONSIEUR LE GÉNÉRAL SOUMAIN

COMMANDANT DE LA PLACE DE PARIS

Paris, 12 août 1870.

Mon cher général,

Si le ministre de la guerre le jugeait opportun, il serait possible d'organiser quelques compagnies du génie auxiliaire (*gardes natio-*

1. On le voit, Viollet-le-Duc ne craignait rien tant que d'être devancé par les journaux dans l'annonce de son accident. Il palliait, bien entendu, la gravité du péril qu'il avait couru, péril qui fut très grand, puisque étant sur le glacier de Schawrzberg *avec un seul guide*, il tomba dans une crevasse de fond, et ne dut son salut qu'à une saillie formée par un rétrécissement de cette crevasse, saillie qui l'arrêta dans sa chute, et

naux) formées d'anciens ouvriers et chefs d'ateliers, lesquels pourraient rendre au besoin des services sérieux[1].

Je connais bien des architectes qui ne demanderaient pas mieux de faire un service de ce genre. Ces hommes, par leurs connaissances pratiques, sont tous instruits pour faire des terrassements, des blindages, établir des barrières, etc. Soumettez, si vous le jugez convenable, mon idée au ministre; pour moi, malgré mes 56 ans passés, je suis encore capable, ne fût-ce que de pelleter de la terre et de la brouetter, ce que feraient de grand cœur, avec moi, beaucoup d'autres.

A vous,

VIOLLET-LE-DUC.

A MADAME VIOLLET-LE-DUC

A DIEPPE (SEINE-INFÉRIEURE). — PAR BALLON MONTÉ

Paris, le 8 octobre 1870.

Ma chère amie,

Je vais bien. Paris se défend et se défendra longtemps. Tous les jours nous avons de petites affaires. Cela est peu de chose et l'esprit de la population est bon.

Pour moi peu de loisirs; j'ai mes nuits jusqu'à présent et c'est tout. J'en profite pour dormir vite. J'ai deux chevaux dans mon écurie et j'en use largement.

La santé est excellente et Paris, après cette épreuve, aura pris un aspect sérieux qui est le vrai. On apprend l'économie, on se tient, on se compte, on se surveille.

sur laquelle il put se tenir assis jusqu'à ce que son guide ait eu le temps d'aller chercher du monde à Mattmark, ce qui demanda deux heures et demie. Viollet-le-Duc a fait le récit de cette aventure dans une des nombreuses causeries qu'il publia en 1878 dans le *Bien public*.

1. Cette proposition de Viollet-le-Duc lui était suggérée par les défaites sanglantes que les Allemands venaient de nous faire éprouver. On verra plus loin qu'elle fut accueillie. Le général Soumain y faisait la réponse suivante : « Paris, le 13 août 1870. Mon cher monsieur Viollet-le-Duc, j'envoie de suite au ministre de la guerre votre demande que je reçois à l'instant. Vous et vos collègues pouvez rendre d'excellents services au général Chabeaud-Latour, chargé des travaux des fortifications de Paris. Tout à vous. Général Soumain. »

Je suis noir comme un Arabe et tous mes hommes font merveille. Des nouvelles de province nous n'en avons guère. Elles semblent, si peu que nous en recevions, favorables. Quoi qu'il en soit, Paris est décidé à tout.

Je t'embrasse de cœur,

VIOLLET-LE-DUC.

EXTRAITS DU JOURNAL DE VIOLLET-LE-DUC

PENDANT LE SIÈGE DE PARIS

2 janvier 1871.

Le temps s'écoule et, depuis la tentative de bataille du Drancy, on ne fait rien. La plus grande incertitude semble régner dans les ordres donnés. Pendant ce temps, l'armée se démoralise de plus en plus, et il est visible que tous, y compris les chefs, en ont assez, qu'ils n'espèrent pas une solution.

Depuis trois jours les Prussiens bombardent les forts de Rosny, de Nogent et de Noisy et le plateau entre ces forts. Leurs batteries sont établies au Raincy. Ils paraissent avoir là une douzaine de pièces de gros calibre (les projectiles ont 0 m. 145 de diamètre au culot) avec lesquelles ils tirent, de 8 heures du matin à 4 heures du soir, au moins 5 coups par deux minutes, ce qui fait 1,200 coups par huit heures. Une nuit (celle du 31 décembre au 1er janvier) ils en ont tiré un millier. Il faut donc compter :

Journée du 30 décembre	1,200	4,600
— 31 décembre	1,200	
Nuit du 31 décembre au 1er janvier	1,000	
Journée du 1er janvier	1,200	
Aujourd'hui le tir a été plus faible, environ		500
		5,100

Ce nombre de projectiles n'a pas fait subir de graves dégradations aux forts, et n'a nullement entamé les défenses, une pièce seule a été démontée dans le fort de Rosny; il y a eu, en tout, environ quarante blessés et une dizaine de tués. C'est bien de la poudre pour ce faible résultat. Chacun de ces projectiles coûte, tiré, environ 75 francs. Voilà donc 382,500 francs pour tuer vingt hommes, peut-être, parmi lesquels il faut compter une demi-douzaine d'imprudents[1].

Journal, 21 janvier 1871, bataille du 19.

Le matin du 19, à 4 heures, nous nous dirigeons derrière le mont Valérien, au-dessus de Rueil, sur le moulin Gibet où nous arrivons avant le jour. De là on peut se rendre compte de l'attaque projetée contre la position de la Bergerie et de Garches occupée par les Prussiens. Mais, comme toujours, dans cette malheureuse guerre, les mouvements manquent d'ensemble. La division Susbielle, cantonnée à Clichy, n'arrive sur son point d'attaque (la Malmaison) que tard, c'est-à-dire à 9 heures au lieu d'y être rendue à 6 heures. Il en résulte une indécision au centre qui craint pour sa droite. L'attaque de gauche, côté de Saint-Cloud, est menée vivement et décidée; vers 9 heures on est, sur ce point, maître de Saint-Cloud et de la redoute de Montretout. Mais cette redoute ne peut être tenue, écrasée qu'elle est sous le feu de batteries établies au sommet des hauteurs de la Bergerie et de Cucuphas.

L'attaque du matin est, tout le jour, arrêtée par les murs crénelés du parc de la Bergerie, et on ne peut s'expliquer comment et pourquoi, de 9 heures du matin à 4 heures du soir, on envoie des bataillons de la ligne, de la mobile et de la garde nationale, tirer contre ce mur et se faire tuer sans résultat possible.

Imprévision? Il y a un mois que le capitaine commandant les avant-postes à la maison Crochard, au-dessous du château de Buzenval, signalait l'existence de ces murs, comment ces points étaient faiblement gardés la nuit par l'ennemi et comment il serait facile, pendant une nuit sombre et brumeuse, d'en faire sauter une partie au moyen de la dynamite ou de la poudre. On n'a rien fait[2].

On ne pourrait accuser les troupes engagées aujourd'hui d'avoir manqué de bravoure. Tout le monde s'est bien conduit; mais il est également notoire que les généraux n'ont ni les capacités, ni l'énergie, ni l'activité nécessaires pour commander dans une guerre pareille.

1. Pendant le siège Viollet-le-Duc put, en qualité de lieutenant-colonel du génie auxiliaire, participer à la plupart des opérations qui eurent lieu autour de Paris. Il a laissé, non seulement un journal de ces opérations, mais aussi des aquarelles qui en représentent les phases principales.

2. C'est M. le marquis de la Rochethulon qui commandait ces avant-postes; il a entretenu avec Viollet-le-Duc une correspondance dans laquelle il lui fait part des événements dont il a été le témoin pendant le siège de Paris.

Après la journée, désordre complet dans les corps, impossibilité de se reconnaître dans l'accumulation de troupes amoncelées. Il est évident qu'il fallait faire retraite pendant la nuit pour éviter un désastre le lendemain. Un retour offensif de l'ennemi eût rencontré devant lui une masse confuse qu'il eût été impossible de faire mouvoir. Il est évident encore une fois que la direction supérieure manque.

A 7 heures, l'ordre du gouverneur envoyé au général Ducrot était de tenir les positions prises. Le général Ducrot a renvoyé un avis tendant à démontrer que sa droite serait tournée le matin, que la batterie en face le bois de Buzenval serait enfilée par des batteries établies au Vésinet, que Rueil allait être, au jour, couvert de projectiles, et que la retraite, alors, serait un véritable désastre. Ordre du gouverneur est venu alors, vers 8 heures 1/2, de tout faire replier sur les cantonnements de Neuilly, Courbevoie, Puteaux, Clichy et Asnières.

Ainsi, après l'affaire du 19 janvier, comme après celles du Bourget, de Villiers et de Champigny et celle du Drancy, impossibilité de reprendre l'offensive à cause du manque d'ordre dans les corps que le général en chef fait mouvoir. Il n'y a pas dans cette armée de major-général, et personne en état d'en remplir les fonctions. Les corps qui doivent agir simultanément et concourir à une attaque générale n'arrivent pas exactement aux heures indiquées. L'ennemi a ainsi le temps de se reconnaître et de porter successivement ses forces sur les points attaqués. Puis, quand l'affaire est terminée avec plus ou moins d'avantages remportés, aucun ordre dans le placement des corps qui ont concouru à l'attaque du jour, en prévision d'une attaque le lendemain. Aucune disposition prise pour assurer la place nécessaire à ces corps et les moyens de se mouvoir. Chacun se retire du combat ou reste sur les positions prises, comme il peut, et sans que rien ne paraisse avoir été prévu. Il n'y a qu'un ordre qui semble uniformément donné et suivi, c'est celui de faire replier l'artillerie en arrière afin de ne la pas compromettre. Ce mouvement de retraite de l'artillerie produit deux fâcheux effets : 1° il contribue à mettre la confusion et à causer des encombrements sur les routes ; 2° il produit sur les troupes un mauvais effet moral, habituées qu'elles sont aux retraites, même après une affaire brillante. Ces troupes se disent : « Bon, voilà que nous allons quitter les positions prises après de durs efforts ; alors à quoi bon ces efforts? »

A Madame LA PRINCESSE MATHILDE

Paris, 14 février 1871.

Chère princesse,

Vous n'avez, dites-vous, pas reçu de mes nouvelles depuis le 4 septembre. Depuis ce jour je n'ai cessé de faire partie de l'armée de la défense de Paris et ne suis rentré chez moi que le 22 janvier après l'affaire de Buzenval. Seul à Paris de ma famille avec mon fils, je ne sais si mes lettres par ballons sont arrivées à destination et n'ai commencé à avoir des nouvelles du dehors que le 24 janvier. J'ai su par Victor Giraud que vous étiez à Mons et, plus tard, du Sommerard m'a appris que vous aviez pris Bruxelles pour résidence.

Je n'ai pas besoin de vous dire si nous avons eu de tristes moments à passer, et ce n'est pas fini, car nous ne pouvons nous mouvoir, et, à peine, envoyer de nos nouvelles. Les lettres du dehors nous arrivent, les nôtres ne parviennent pas.

Nommé colonel de la légion du génie, attaché à l'armée dès avant la bataille de Champigny, je n'ai cessé de participer à toutes les opérations et ne suis pas rentré un seul jour à Paris depuis le 27 novembre. Au milieu de nos désastres je me trouvais encore fort heureux d'être occupé d'une manière active, car l'oisiveté, en ces circonstances, m'eût rendu fou enragé.

Cette guerre de jour et de nuit m'empêchait de réfléchir à notre cruelle position, et l'excès de fatigue faisait tout oublier. J'ai ainsi vécu de cette existence des camps, ne sachant trop comment, ne m'en souciant guère et espérant qu'une balle me donnerait le repos de l'esprit et du corps.

J'ai vu tomber bon nombre de mes hommes et des meilleurs, mais le sort a voulu que je n'eusse rien. Rentré chez moi, au repos forcé, je me trouve plus malheureux qu'avant parce que j'ai le temps de songer à toutes ces misères et que je ne puis rien qu'attendre. Quoi?

J'ai quelquefois rencontré Trélat, ni lui ni son fils n'ont rien, heureusement! Je ne vois personne, depuis mon retour, que du Sommerard qui m'a donné à manger quand nous sommes rentrés, n'ayant plus rien. Je me tiens enfermé, essayant de travailler et de mettre un peu d'ordre dans mes idées. En effet, si on rencontre des amis, qu'a-t-on à leur dire?

Paris a été très ferme pendant le siège, mais quel triste commandement ! et quel meilleur parti on pouvait tirer des éléments de résistance dont nous disposions !

Paris pouvait empêcher son investissement si, dès l'abord, les chefs eux-mêmes n'avaient donné l'exemple de la crainte. Plus tard, il était trop tard et, tout en faisant notre devoir à toutes les affaires offensives, nous savions bien, au fond, que nous ne pouvions réussir à rien de sérieux. C'est avec cette conviction que nous avons cependant, jusqu'au bout, fait de notre mieux, mais ce n'était pas gai.

Maintenant, que va-t-il advenir ? qui le sait ? Les élections en province sont peu républicaines et paraissent fort incliner vers l'orléanisme.

Je vous avoue que, pour moi, ces questions sont secondaires, tant que nous sommes sous le talon des Allemands. Nous éprouvons ce qu'est la haine d'un peuple envieux, rapace et pédant, il ne nous lâchera qu'après s'être bien assuré que nous sommes, pour toujours, réduits à l'impuissance.

Tout est à refaire chez nous, nous n'avons plus le sens moral, le patriotisme est faible et, en ces tristes temps, c'est encore chez les hommes de 50 à 65 ans, que j'ai trouvé le véritable patriotisme et l'énergie. Ce sont des générations à former sur de nouvelles doctrines.

Pour moi — vous me demandez ce que j'espère et projette — je n'espère rien, je suis trop vieux pour recommencer et ne compte que sur le temps pour guérir des plaies qui ne seront évidemment fermées, si elles se ferment jamais, que quand nous n'y serons plus.

Mais vous, chère princesse, que faites-vous et que comptez-vous faire ? Vous n'en savez probablement rien non plus et attendez. Avec qui êtes-vous là-bas et comment passez-vous le temps ?

Votre lettre datée de Bruxelles, 5 février, ne m'est arrivée que ce matin cachetée. Je mets celle-ci entre mains sûres, la poste ne les pouvant, paraît-il, faire passer de Paris au dehors.

A des temps meilleurs, chère princesse, car il ne faut pas désespérer, et, en attendant, je vous envoie toute la masse des souvenirs accumulés pendant cinq mois [1].

VIOLLET-LE-DUC.

---

1. Cette lettre paraît avoir été la dernière d'une correspondance suivie que Viollet-le-Duc eut l'honneur d'entretenir avec Mme la princesse Mathilde avant 1870.

A Monsieur HENRI RÉVOIL

ARCHITECTE

Paris, 23 février 1871.

Pour moi, mon cher ami, je n'ai rien attrapé dans ces jours et nuits de travaux devant l'ennemi, mais j'ai vu malheureusement tomber autour de moi beaucoup de mes braves camarades. Mon fils s'est aussi tiré d'affaire, mais son enfant est mort, comme bien d'autres, des privations qui nous étaient imposées à tous. Je vous plains sincèrement, mon cher ami, et il n'y a pas de consolation à vous offrir [1]. Ce n'est plus au milieu de la vie qu'on retrouve le bonheur intime quand on a eu la chance de le rencontrer, chose rare ! Nous nous devons cependant au pays si malade, et personne n'a le droit de se soustraire aux devoirs qu'il impose, quelles que soient les afflictions de famille. Voilà ce dont il faut que nous soyons tous convaincus si nous voulons que notre France se relève. Aucune personnalité ne doit lui faire défaut.

Nous sommes toujours, ici, enfermés, ne pouvant communiquer avec le dehors sans la permission de ces messieurs. Vous sentez que, quant à moi, je reste. Nous avons eu de durs moments, mais la population de Paris a été bien au-dessus de ce que j'eusse osé espérer. Ah, si nous avions eu des chefs militaires ! Mais à quoi bon ces regrets. Il faut refaire ce pays, coûte que coûte, et que tous les gens de bonne volonté s'y mettent. Gasnier s'est réfugié chez moi, sa maison de Suresnes étant au pouvoir de l'ennemi. Il y est depuis l'investissement. Beaucoup de nos amis sont je ne sais où, plusieurs ont quitté Paris, avant le siège, d'autres je ne sais. Beaucoup d'artistes ont été tués, car, dans cette guerre, ce sont principalement les gens intelligents qui se sont dévoués; la fripouille criarde, lâche et honteuse, s'est perdue dans l'esprit des quelques niais qui appelaient cela le peuple.

Espérons que nous prendrons un peu d'expérience et que la leçon si dure nous profitera. Espérons que nous arriverons à réfléchir, à savoir nous conduire et à laisser de côté les incapables et les fous; mais quel chemin à faire encore !

Sorti de Paris, le 18 septembre, avec les compagnies du génie auxiliaire, je n'y suis rentré que le 27 janvier. L'âme navrée, le cœur sai-

1. M. Henri Révoil venait de perdre sa femme.

gnant, je me suis mis à travailler pour oublier s'il est possible. — Je ne vois personne; d'ailleurs, Paris n'est plus ce que vous l'avez vu, c'est l'ombre de lui-même. Puis, que se dire ?

Je travaille, tâchant de faire profiter l'avenir de la leçon, car je ne me considère pas comme quitte de devoirs [1].

Faites ainsi, malgré vos trop justes douleurs, le travail est le seul consolateur.

Tous mes souvenirs à M. Baragnon. Donnez-moi de vos nouvelles et croyez-moi bien à vous.

VIOLLET-LE-DUC.

A MADAME VIOLLET-LE-DUC

Gand, 21 mars 1871.

Ma chère amie,

Je suis arrivé hier soir en bon état et me suis mis à la besogne demandée, ce matin [2].

Tu sais les événements stupides de Paris des 18 et 19. Ce qu'il va advenir, on ne le peut prévoir, et cela est encore plus triste que le siège. Que faire en pareilles circonstances, quand toute une population est affaissée et laisse le champ libre à 25,000 imbéciles qui suivent 1,200 gredins ?

Ce voyage me devenait bien nécessaire. Voir des campagnes non dévastées, autre chose que des villages incendiés et que des gardes nationaux avec leur fusil dans le dos pour aller acheter, en face, du tabac quand ils n'allaient que si mal devant l'ennemi, cela est un soulagement. Ici, j'ai enfin trouvé une population calme, des gens qui n'ont pas l'air de fous furieux ou abrutis, des hommes qui s'occupent de leurs affaires et qui travaillent. Cela repose et rassérène les esprits. Pas de Prussiens, pas de racontages de désastres.

J'ai enfin dormi sans être réveillé par le clairon ou les crieurs de

1. Viollet-le-Duc préparait son *Mémoire sur la défense de Paris*, qui devait paraître peu de temps après cette lettre.

2. Viollet-le-Duc avait été appelé à Gand par le bourgmestre et les échevins de cette ville pour donner son avis sur les restaurations dont l'Hôtel de Ville de Gand était alors l'objet. A la suite de cette visite, il adressa, à la date du 25 mars, au bourgmestre un long rapport sur cette entreprise, en l'accompagnant de croquis et de documents graphiques qui furent suivis pour l'exécution de la décoration qui restait à faire.

journaux, j'ai enfin passé une nuit sans me dire qu'on se battait à nos portes, ou que la garde nationale préparait quelque bêtise nouvelle pour la journée.

Je pense rester ici jusqu'à la fin de la semaine, à moins d'événements extraordinaires. Je passerai par Bruxelles en revenant.

Les Belges ont été très bien pour nous depuis nos désastres, et se doutent bien un peu que leur sort est attaché au nôtre ; que si nous sommes absorbés, les Prussiens ne feront d'eux qu'une bouchée. Mais, si nous faisons des bêtises comme celle du 18, ils nous tourneront le dos. Il en sera ainsi de tous ceux qui nous revenaient. Quel pays que le nôtre ! et où en est-il arrivé ! Cette assemblée montrera-t-elle quelque énergie ? Et ce semblant d'armée, quelle honte !

J'ai été reçu ici comme un ami, c'est beaucoup. A l'étranger, en ce malheureux temps, on ne sait trop comment ne pas rougir d'être Français. C'est un sentiment pénible. Mais on m'a bien vite rassuré à cet égard par l'accueil tout sympathique que l'on m'a fait et tous les sentiments que l'on me témoigne. C'est égal, il est dur de se sentir, même en pays ami, et au milieu de gens bienveillants, dans cet état d'infériorité et d'écrasement.

Je t'écrirai encore d'ici pour te dire ce je que deviens, et j'irai te voir à mon retour, si, d'ici là, Paris existe encore.

Je t'embrasse de tout cœur,

VIOLLET-LE-DUC.

A MONSIEUR ULBACH

HOMME DE LETTRES, DIRECTEUR DU JOURNAL « LA CLOCHE »

Paris, 16 septembre 1871.

Mon cher monsieur,

C'est seulement aujourd'hui, arrivant de tournée, que l'on me communique l'article si bienveillant que M. Lespès a bien voulu mettre dans *la Cloche* du 13 septembre.

Veuillez bien, pour moi et aussi pour mon éditeur, faire à M. Lespès mes remerciements. En dehors de ses appréciations très bienveillantes sur mon *Mémoire*[1], M. votre rédacteur manifeste des sentiments du bon et vrai patriotisme qui me vont droit au cœur.

1. *Mémoire sur la défense de Paris* (ancienne maison Morel, 5, rue Saint-Benoît).

Nous avons bien besoin d'écrivains qui veuillent prendre au sérieux l'état présent de notre pauvre pays. Malheureusement, il s'en rencontre peu qui paraissent pénétrés des énormes efforts qu'il nous faut faire pour sortir du marais sanglant où nous pataugeons.

Les *mâles* nous font défaut, cher monsieur, et mes tournées en province ne m'ont pas trop rassuré sur l'avenir de notre belle France.

Attendons ; peut-être faut-il laisser aux esprits le temps de se remettre « d'une alarme si chaude ».

Je vous serre cordialement la main,

VIOLLET-LE-DUC.

A MONSIEUR LE MARQUIS DE LA ROCHETHULON

DÉPUTÉ DE LA VIENNE

Paris, 3 octobre 1871.

Monsieur,

Je vous suis bien reconnaissant des détails que vous m'envoyez et qui sont du plus vif intérêt[1]. Si je n'avais pas été obligé de terminer mon travail pendant la Commune, c'est-à-dire au moment d'un désarroi général, j'aurais pu me procurer bien des renseignements qui m'ont manqué. Je pense faire une 2e édition de ce livre[2] et, alors, les renseignements que vous me donnez sur les localités que vous connaissez si bien me permettront de rectifier les erreurs que vous voulez bien signaler. Quant aux appréciations générales que contient votre lettre si pleine d'intérêt pour moi, j'en avais bien, hélas, la connaissance, mais vous comprendrez le sentiment qui m'a dominé dans cette publication. Je tenais à ne pas aigrir davantage les esprits et à passer au besoin sous silence bien des faits qui sont si douloureux pour notre patriotisme. Quand on écrit si près des événements, toute vérité n'est pas bonne à dire, il faut savoir se taire sur des faits et des personnages, passer légèrement sur les premiers, et paraître oublier les hommes qui ont participé aux événements.

Nous étions avec le général Ducrot au *Moulin du Gibet* quand il fit

1. On a vu plus haut que M. le marquis de la Rochethulon avait été, pendant la guerre, commandant des avant-postes au-dessous du château de Buzenval.
2. *Mémoire sur la défense de Paris.*

l'observation que vous rappelez sur le retard de l'aile droite (matinée du 19 janvier). J'ai peu quitté le général tout le jour et, aux détails que vous me donnez, j'en pourrais joindre d'autres qui ne sont guère plus gais. Mais que voulez-vous, la plume me tombait des mains à chaque page de ce mémoire, et je me demandais si je ne laisserais pas le travail commencé. J'ai sur les affaires de Champigny et du Bourget bien d'autres notes. La puissance qu'exerce la vérité sur ceux qui l'aiment me faisait écrire ces choses, puis la réflexion venait et je biffais bien des passages en me disant à part moi : « A quoi bon ! »

Le temps viendra où l'on pourra tout dire sur ces tristes temps, ce sera quand nous nous serons relevés aux yeux de l'Europe et aux nôtres. Alors, nous pourrons dire non sans fierté : « Voilà la fange dont nous avons su sortir par notre énergie et notre travail. » Verrons-nous ce temps ? Je le désire plus que je ne l'espère.

Certainement, c'est une consolation dans ces misères et cet abandon de trouver encore des hommes qui, comme vous, ont gardé intacts le feu sacré et le sentiment des grands devoirs : c'est ce qui peut permettre d'espérer.

Je souhaite que vous mettiez à exécution votre projet d'écrire l'épisode de Buzenval et les événements qui ont précédé ce fait de guerre.

On ne pourra faire l'histoire de ce temps qu'en réunissant les observations des acteurs qui, comme vous, ont, jusqu'au bout, payé de leur personne.

Veuillez agréer, monsieur le marquis, l'expression de mes sentiments de haute considération et de vive sympathie.

VIOLLET-LE-DUC.

A MONSIEUR MASSENOT

ARCHITECTE

INSPECTEUR DIOCÉSAIN DES TRAVAUX DE LA CATHÉDRALE D'AMIENS

Paris, 9 octobre 1871.

Mon cher ami,

En ce qui concerne le projet de dégagement, actuellement soumis au conseil municipal d'Amiens pour le dégagement de la cathédrale, j'ai l'opinion que voici [1].

1. Il s'agissait d'un projet qui tendait à l'ouverture d'une rue d'axe depuis le parvis jusqu'à la rue Basse-Saint-Martin.

En principe, je n'ai pas un goût bien vif pour les rues d'axe aboutissant à un grand édifice. Les monuments en général, et ceux du moyen âge en particulier, ne sont pas faits pour être vus en géométral, mais suivant certains angles, et cela est tout naturel : le point géométral est unique, les autres sont infinis en nombre. Donc, il faut faire les monuments, non en prévision de ce point unique, mais bien en vue de ces points multiples.

On n'arrivait au Parthénon que suivant un angle oblique, et l'effet produit par le monument en était d'autant plus saisissant[1].

Je vous autorise à faire usage de cette lettre si vous le trouvez bon.

Amitiés,

VIOLLET-LE-DUC.

A MONSIEUR PIAT

SCULPTEUR, MEMBRE DU CONSEIL GÉNÉRAL DE LA SEINE

Paris, 31 octobre 1871.

Monsieur,

Vous me faites l'honneur de me demander mon avis sur la valeur d'un de mes confrères, M. R..., architecte, ancien inspecteur des travaux de la Ville et chargé de plusieurs travaux de restauration en province. Connaissant M. R... particulièrement et ayant été souvent en rapports avec lui, je crois qu'il est parfaitement capable de mener à bonne fin un travail important de restauration d'un édifice appartenant à l'époque de la Renaissance. Je ne mets pas en doute les capacités que vous reconnaissez à M. R... comme artiste scrupuleux, ayant étudié avec soin les monuments du XVIe siècle et ayant exécuté, par suite, d'excellents travaux.

Quant à déclarer que M. R... est le seul capable de réédifier l'Hôtel

1. Viollet-le-Duc s'est exprimé ainsi dans ses *Entretiens* quand il a traité la même question : « En Italie, et à Florence notamment, où les édifices produisent des effets si brillants, les rues d'axe ont été évitées et on arrive aux monuments suivant des angles ou latéralement. La façade de Notre-Dame de Paris produit beaucoup plus d'effet du quai des Augustins qu'elle n'en produit de la caserne située à l'extrémité de la rue d'axe. »

de Ville de Paris, cela me paraîtrait une exagération et ce serait donner, sans autorité et sans pouvoir justifier une pareille opinion, à beaucoup d'autres de mes confrères un brevet d'incapacité ; il ne m'appartient pas de trancher une question aussi délicate, d'autant que l'Hôtel de Ville n'est pas tellement ruiné qu'il ne soit facile de rétablir l'ancienne partie, la seule réellement intéressante, dans son état primitif. A défaut des restes encore debout, il existe sur cet édifice quantité de documents qui faciliteraient singulièrement la reconstruction à l'architecte qui sera chargé de ce travail.

Je me suis tenu éloigné de toutes les rivalités qui ont pu surgir à propos de la reconstruction des édifices municipaux ; je n'ai jamais fait partie de l'administration de la Ville et ne puis connaître les motifs qui militent en faveur de tel ou tel architecte aspirant à exécuter un projet concernant la réédification de l'Hôtel de Ville. N'étant pas appelé et ne désirant nullement être appelé à donner un avis sur cette question, il serait peu convenable que je prisse parti pour l'un de ces candidats au détriment des autres. Il n'y a pas de concours public, je ne saurais donner un avis motivé sur un des projets proposés puisque je n'en connais aucun.

Si le conseil municipal de Paris a des scrupules et ne croit pas devoir approuver aveuglément le projet qui lui sera présenté par l'administration, que n'ouvre-t-il un concours ? en faisant d'ailleurs toutes ses réserves quant à la décision définitive à prendre ? Il semblerait que ce parti mettrait le public à même de juger[1].

Je sais que les concours ont rarement donné de bons résultats, parce qu'il s'est habituellement trouvé des influences étrangères au mérite réel des concurrents. Mais ne peut-on bien juger une fois ? Cela s'est rencontré et peut se rencontrer encore.

Quant à la seconde question que vous voulez bien m'adresser, elle demanderait des développements étendus.

J'ai, en effet, consacré une partie de mon temps à étudier les questions relatives à l'application des arts à l'industrie. Je commencerai par une conclusion, quitte à expliquer les considérants.

Je crois qu'il n'y a pas un art absolu et un art industriel. Il y a l'art; plus son enseignement est élevé et intelligent et mieux cet art sait se plier à tous les besoins d'une société. L'antiquité grecque en fournit l'exemple le plus frappant. Jamais l'art n'est arrivé aussi loin que sous la civilisation des Hellènes et, alors, l'art savait donner son empreinte à tout objet, si vulgaire qu'il fût. Par contre, en Angleterre, depuis un certain nombre d'années, on a prétendu faire pénétrer l'art dans la fabrication industrielle; on a installé un musée magnifique, des écoles

1. La reconstruction de l'Hôtel de Ville de Paris était mise au concours en 1873 et Viollet-le-Duc fut président du jury de ce concours.

nombreuses et suivies avec empressement; des cours ont été professés et, au total, on a recueilli le perfectionnement de la main-d'œuvre, mais le goût critique, le vrai goût n'a pas fait un pas. Ces exemples et cet engagement prodigués n'ont fait que mettre la confusion dans les produits, et c'est ainsi que l'on voit reproduire sur un objet usuel une peinture ou une sculpture appliquée à un édifice.

Ce qu'il faut, surtout chez nous où l'analyse est facilement saisie par toutes les intelligences, c'est un enseignement raisonné, méthodique, critique, c'est d'apprendre à voir par l'esprit et à choisir par la raison. A cet égard, tout est à faire. Je dis tout! Nous n'avons ni écoles installées, ni modèles, ni professeurs. Le peu qui a été tenté, ne l'a été que par des efforts privés insuffisants et sans publicité. Et, cependant, avec des moyens aussi faibles, des résultats ont été obtenus. Mais ces efforts privés ont été bientôt en butte à la routine, se sont heurtés à des positions faites, à des corporations privilégiées, car nous sommes toujours en France, soit monarchie, soit république, sous l'empire des priviléges et, tant qu'il en sera ainsi, l'art ne pourra prendre la place qu'il devrait occuper dans un pays aussi propre que le nôtre à profiter des avantages que fournirait cet art à l'industrie, c'est-à-dire à la richesse publique, au développement des intelligences.

Les corps privilégiés nous ont conduit à l'abîme parce qu'on s'est habitué à compter en France sur leur prétendue infaillibilité; les corps privilégiés arrêtent et arrêteront le développement intellectuel, parce que le développement intellectuel tendrait à annuler l'influence des priviléges. La question est donc vaste, s'étend très loin du cercle dans lequel on prétendrait la circonscrire. Ce que j'en dis n'est point pour vous décourager. Il faut faire ce que l'on croit bon dans les limites du possible. Eh bien! si l'on veut développer l'art industriel, que la Ville, indépendamment des écoles élémentaires de dessin, érige une école supérieure normale où seront faits des cours publics, autour de laquelle on établira un véritable musée d'études, et non des magasins de bric-à-brac, et elle aura fait une belle chose; mais qu'il ne soit pas question de placer cette école sous la main d'un corps si respectable qu'il soit, qu'elle en fasse une institution vraiment libérale.

Veuillez agréer,

VIOLLET-LE-DUC.

A Monsieur G. BOISSIER

de l'Académie française

Paris, 15 décembre 1871.

Cher monsieur,

Je connais M. L... par ses œuvres et il me paraît plus que suffisant pour montrer le dessin aux jeunes filles, et, s'il veut prendre cet enseignement à cœur, il est évident que nous serons très heureux de le posséder. Ainsi que je le disais à notre séance dernière, la grande affaire, c'est la méthode à adopter. Notre enseignement sera un enseignement banal ou intelligent, c'est-à-dire qu'il ne fera que des cinquièmes d'artistes, des machines plus ou moins capables de reproduire un modèle comme le fait un photographe, ou qu'il développera l'esprit d'observation et l'habitude de bien voir et de choisir, chez les jeunes personnes. Comme je le disais aussi : un artiste de mérite peut n'être qu'un très médiocre professeur, et j'en connais plusieurs dans ce cas; par contre, un homme d'un talent médiocre peut, s'il a une bonne méthode à sa disposition, faire un excellent professeur. Ce ne sont pas les ateliers de nos artistes en renom depuis cinquante ans qui ont fourni les meilleurs sujets et, David excepté, le plupart de nos peintres célèbres n'ont produit que des médiocrités.

Nous n'avons pas à faire des jeunes femmes artistes amateurs de deuxième ou troisième ordre, bas bleus de la peinture, mais des femmes qui sachent voir et comprendre, et qui apportent ainsi dans la famille ce choix, cette habitude de l'observation attentive qui a sur l'enfant une si bonne influence.

Je ne veux pas faire ici une conférence sur le dessin, mais je crois qu'il est bon de nous entendre à ce sujet. En tout cas, je n'ai personne à présenter, et M. L... serait, certes, une bonne fortune pour nous, d'autant qu'il entrerait très probablement dans les vues que j'indique ici et qui me semblent les meilleures, naturellement, puisqu'elles sont miennes. Toutefois, je puis me tromper et il faut discuter la question.

J'ai lu avec bien du plaisir votre dernier article de la *Revue* et, aussi, les précédents, que j'ai repris. Voilà de l'observation bien faite et bien rendue. — Quand je lis aujourd'hui quelques-unes de ces bonnes études à la fois savantes et fines, je ne puis croire que l'esprit français, le bon, soit éteint, et cependant que de sottises! et de pauvretés! Comme à vous, Paris ainsi appauvri, malheureux, triste et sale, me plaît, mais que d'imbéciles regrettent le règne des petits crevés et des cocodettes ! Agréez, cher monsieur, mes affectueux sentiments.

VIOLLET-LE-DUC.

A MONSIEUR CHAMPFLEURY

21 janvier 1872.

Mon cher ami,

Je serai très flatté du patronage que vous m'offrez et je verrai venir l'enfant avec plaisir [1]. Sous la réformation et jusqu'au siège de Montauban, vous avez de quoi faire un volume terriblement plein. Les documents abondent, et je ne crois pas que, jamais, on ait fait autant de caricatures, satires, charges, que pendant cette époque.

Très enchanté que mon article vous ait plu [2]. Ne m'oubliez pas auprès de Mme Champfleury et tout à vous.

VIOLLET-LE-DUC.

A MONSIEUR VILLEMINOT

SCULPTEUR

Paris, 27 janvier 1872.

Mon cher monsieur,

Vous voulez bien me communiquer le numéro de l'*Union nationale* du 24 janvier, dans lequel il est fait mention d'une démarche tentée par les membres du bureau de la *Chambre syndicale des sculpteurs*, auprès de M. le directeur des beaux-arts, afin d'obtenir à l'Exposition de 1872 une salle pour la sculpture d'ornement.

1. Champfleury, qui préparait alors une *Histoire de la caricature sous la Réforme*, avait demandé à Viollet-le-Duc de placer ce livre sous son patronage.
2. Viollet-le-Duc venait de publier dans l'*Encyclopédie d'architecture* un article sur l'*Histoire de la caricature au moyen âge*, que Champfleury venait de publier.

Cette démarche ne paraît pas avoir été accueillie favorablement. Indépendamment du peu de place dont dispose l'administration, M. le directeur des beaux-arts prétendrait que l'art ne doit avoir aucune *application utile* : c'est du moins sous cette impression que les membres du bureau de l'Association des artistes sculpteurs auraient été laissés au sortir de l'audience qu'ils avaient obtenue de M. le directeur des beaux-arts. Il résulterait de cette opinion personnelle d'un administrateur que toute manifestation d'art qui a pour objet un résultat utile n'est pas digne d'être classée dans les productions d'art.

Je ne discuterai pas la valeur de cette théorie, aussi nouvelle que singulière, mais je crois qu'il est bon de définir le rôle donné à l'art dans une de ses expressions les plus favorables au développement de la prospérité publique. Je ne crois pas, d'abord, qu'il soit sensé d'établir une distinction entre *l'art et l'art industriel*. Il n'y a pas d'art industriel, mais *l'art* s'applique à l'industrie sans perdre aucune de ses qualités, et ces applications, si infinies qu'elles soient, ne frappent pas l'art de déchéance.

N'en déplaise à M. le directeur des beaux-arts, les vases grecs, qui étaient des objets usuels, ont une valeur d'art indiscutable, et, pour peu qu'on parcoure le musée de Naples, on reconnaît bien vite que, chez les anciens, l'art ne dérogeait point en s'alliant à l'industrie. Il en était de même pendant le moyen âge et l'époque la plus brillante de la Renaissance. Jean Goujon, en sculptant les portes de bois de l'église Saint-Maclou de Rouen, faisait œuvre d'art; Michel-Ange, lui-même, ne dédaignait pas de prêter son concours à l'industrie, aux *objets utiles*, et il eût été fort surpris, certes, si une administration de son temps eût prétendu classer ces produits en dehors des œuvres d'art, uniquement parce qu'ils pouvaient trouver un emploi usuel.

Il faut que l'art ait en France le tempérament robuste pour résister, aussi longtemps, au régime exclusivement académique auquel quelques-uns prétendent le soumettre.

Il y va cependant, chez nous, d'une partie importante de notre richesse. Beaucoup de nos produits ne sont recherchés à l'étranger que parce qu'ils sont empreints d'un sentiment d'art évident. Au lieu de chercher à parquer l'industrie en dehors de l'art, un administrateur français devrait faire tout pour que l'art pénètre d'une manière plus intime encore dans l'industrie; l'art n'y perdrait rien; mon avis même est qu'il y gagnerait, puisque, en consultant le passé, on voit que les époques les plus brillantes de l'art ont été celles, précisément, où il se faisait sentir jusque dans les produits les plus vulgaires. Une exposition de sculpture et de peinture décorative serait donc un des moyens les plus propres à relever l'application de l'art à l'industrie, par suite, à développer le goût du public et à soustraire les artistes qui travaillent *aux objets utiles*, à la fâcheuse influence des spéculateurs.

La morale de ceci, c'est qu'il serait temps pour les artistes qui travaillent aux choses *inutiles* ou *utiles*, de faire eux-mêmes leurs expositions, et de ne plus avoir recours, pour organiser ces expositions, à la *protection* plus ou moins large ou exclusive d'administrations d'autant plus funestes au libre développement de l'art qu'elles ont une prétention plus marquée à se connaître aux choses d'art et à régenter les artistes. Vous formez une association; eh bien! étendez-la, développez-la, et passez-vous de protecteurs. C'est un peu le conseil que l'on pourrait donner à toutes les classes en France.

Le meilleur moyen d'avoir toujours des administrateurs excellents et des administrations éclairées, c'est de pouvoir s'en passer.

Tous mes compliments,

VIOLLET-LE-DUC.

A MONSIEUR LE MAIRE D'AMIENS

20 avril 1872.

Monsieur le maire,

Après m'avoir engagé à visiter l'école de dessin de la ville d'Amiens, vous m'avez fait l'honneur de m'engager à vous transmettre, par écrit, mon opinion sur l'enseignement tel qu'il est pratiqué dans cette école, et sur les moyens de l'améliorer.

J'ai visité deux classes : l'une dans laquelle les élèves copient indistinctement la figure et l'ornement, gravé ou lithographié, ou d'après la bosse ; l'autre dans laquelle quelques jeunes gens dessinent d'après le modèle vivant.

Je dois d'abord rendre justice au zèle et au soin avec lesquels M. le professeur dirige ces classes ouvertes aux enfants et adultes. Il est impossible, je crois, de demander plus de dévouement et une attention plus scrupuleuse dans les détails de l'enseignement.

D'un autre côté, les élèves sont d'une force médiocre, et cela m'a paru tenir à deux causes, au peu de temps qu'ils consacrent à l'étude, et à une méthode qui n'est pas en harmonie avec les besoins de cette école. Il n'est guère possible d'obtenir de meilleurs résultats dans la situation où se trouve l'école d'Amiens, mais n'est-il pas possible d'améliorer cette situation? C'est ce que je vous demanderai la permission d'examiner.

Le but principal de l'école de dessin de la ville d'Amiens est certainement de donner des notions élémentaires à des jeunes gens qui, pour la plupart, sont et demeureront ouvriers ; il faut donc à ces jeunes gens un enseignement simple, substantiel, approprié aux différentes industries, facile à suivre, et pouvant donner des résultats rapides, puisque la plupart des élèves ne peuvent consacrer que peu de temps à cette étude.

Dans la situation actuelle, les modèles sont divisés à l'infini, ne sont pas gradués, sont le produit d'écoles et de styles si différents qu'ils doivent nécessairement mettre le désordre dans l'esprit de jeunes gens qui ne peuvent discerner les qualités des défauts, entre tant d'œuvres diverses. En outre, ces modèles n'ont pas d'application, ce sont des œuvres qui n'ont aucune corrélation ; les uns reproduisent des tableaux de grands maîtres, d'autres des plâtres, d'autres des compositions sans objet, très peu sont copiés sur la nature. Quelques-uns sont gravés, d'autres lithographiés, la plupart sont d'un caractère tellement opposé qu'ils font ressortir leurs propres défauts aux yeux des élèves mêmes. Les modèles d'ornement, nombreux et très importants dans l'enseignement pratiqué à Amiens, sont d'un goût déplorable ou d'une exécution au-dessous du médiocre. Ils sont surtout défectueux pour une école industrielle telle que celle-ci, parce qu'ils ne s'appliquent à aucune industrie. Ainsi, à la vue des modèles, il est impossible de dire s'ils représentent des ornements de pierre, de marbre, de bois, de bronze, de fer forgé ou fondu ; s'ils peuvent s'appliquer à des meubles ou à des monuments, à des étoffes ou à des décorations peintes, à de l'orfèvrerie ou à de la terre cuite. Ce défaut, que nous avons eu l'occasion de signaler bien des fois, produit dans notre industrie un véritable désordre ; il est cause que les œuvres de sens et de goût sont rares, que le public se dégoûte facilement, que le succès est toujours incertain et, pour ainsi dire, dû au hasard.

Je pense qu'une ville industrielle aurait un avantage réel à donner aux jeunes gens un enseignement pratique de l'art du dessin, aussi bien destiné à former le goût qu'à exercer la main ; les résultats d'un enseignement ainsi combiné sont plus importants qu'on ne le croit ; si l'on dispose d'un petit nombre de bons modèles, les élèves et le professeur y gagnent, l'enseignement est plus facile, plus *un* ; les élèves s'attachent d'autant plus à imiter leurs modèles que ceux-ci sont plus parfaits et d'un goût plus sûr. Vingt mauvais modèles copiés donnent, tout au plus, de la main ; un bon modèle devant les yeux, un modèle bien écrit, facile à saisir, d'une application claire et précise, apprend à l'élève à voir, à réfléchir, à choisir, à raisonner ce qu'il fait, en même temps qu'il exerce sa main.

Les modèles doivent être présentés de manière à ce que le peintre, l'architecte, le sculpteur, le tailleur de pierre, le menuisier, le serrurier, le décorateur, le bronzier, le dessinateur d'étoffes, etc., trouvent des guides sûrs en les copiant, des guides qui les fassent entrer, du premier coup et sans tâtonner, dans leur industrie.

Pour arriver à ce résultat, l'enseignement peut être divisé en trois parties :

1° Dessin d'après le modèle dessiné ;

2° Dessin et modelé d'après la bosse ;

3° Dessin et modelé d'après nature.

Les modèles dessinés doivent être très grands, exécutés sur des cartons de façon à pouvoir être vus et copiés par 12 ou 15 élèves à la fois. Ces cartons dessinés et modelés avec soin, simplement et très purement, seraient faits d'après de bons exemples ; j'entends par bons exemples des objets faits de pierre, de marbre, de bois, de métal ou tissés, dans lesquels la décoration est bien en rapport avec la matière employée, où l'ornement s'identifie avec cette matière, profite de toutes ses propriétés, aide, pour ainsi dire, à sa nature même, en faisant ressortir toutes ses ressources. Ces modèles pourraient être assez limités comme nombre ; 50 modèles suffiraient pour longtemps aux besoins de l'école d'Amiens ; ces 50 modèles, en supposant qu'ils dussent coûter 50 francs pièce, en moyenne, ce serait une somme de 2,500 francs répartis en trois ou quatre exercices ; ce n'est donc point une dépense notable.

Dans l'espace d'une ou deux années, les élèves auraient pu copier une grande partie de ces modèles et, de préférence, ceux qui se rattacheraient à l'industrie qu'ils veulent exercer. D'ailleurs, successivement et au moyen d'une allocation annuelle très minime, la ville d'Amiens posséderait une collection très nombreuse et très variée de modèles.

Ce mode d'enseignement, par groupes d'élèves copiant un même modèle, a cet avantage qu'il fatigue beaucoup moins le professeur que l'enseignement diffus, et qu'il excite une grande émulation parmi les jeunes gens d'un même groupe ; les sujets remarquables percent plus rapidement, prennent plus de confiance et sont beaucoup plus facilement distingués par le professeur.

A cette classe il faudrait joindre un enseignement du dessin et du modelé en terre, d'après la bosse, mais, toujours, en choisissant les modèles par industries, et ne donnant que des modèles dont la décoration est parfaitement en rapport avec la matière sur laquelle elle s'applique. A cet égard, l'antiquité, elle-même, est loin d'être irréprochable ; il faut donc que les choix soient faits avec discernement.

Enfin, une troisième classe du modelé et du dessin d'après la nature compléterait l'enseignement ; il ne faudrait pas borner cette classe à l'étude de l'académie, elle devrait comprendre les plantes, les fleurs, dont l'application est si heureuse dans la décoration, les animaux, dont la forme et les grâces toutes naïves excitent le goût et l'observation des choses naturelles. Dans cette classe on pourrait faire composer les jeunes gens, mais, toujours, sans sortir de la pratique. Aux dessinateurs d'étoffes on ferait composer des dessins destinés soit à l'impression, soit au tissage; aux sculpteurs, des chapiteaux, des panneaux, des frises, etc., et tous ornements intérieurs et extérieurs des édifices; aux peintres, des décorations de lambris, des attributs, etc., etc.

J'ai résumé ici les observations, résultats d'une assez longue expérience des écoles pratiques de dessin, soit à Paris, soit en province. J'ai moi-même exercé, comme professeur pendant quinze ans, une partie de l'enseignement que j'indique ici, à l'école gratuite de dessin de Paris, sise rue de l'École-de-Médecine[1]. C'est ainsi que j'ai contribué à former, pour ma faible part, des ouvriers habiles que je retrouve chaque jour dans les différentes industries du bâtiment, du bronze et de l'orfèvrerie; à Paris, l'expérience est donc faite, ce n'est plus là de la théorie. Je vous livre ces observations, monsieur le maire, me mettant d'ailleurs à votre disposition pour les compléter par des détails pratiques, si vous jugez que la ville d'Amiens puisse en profiter.

Veuillez agréer,

VIOLLET-LE-DUC.

A MONSIEUR CALS

ARCHITECTE CHARGÉ DE LA SURVEILLANCE DES TRAVAUX DE RESTAURATION DE LA CITÉ DE CARCASSONNE

Chamonix, 17 juillet 1872.

Mon cher Cals,

Je trouve, en arrivant ici hier, votre lettre du 13. Il est inutile en effet de m'envoyer ici des paquets de papiers à signer, je signerai ces séries en passant à Carcassonne, fin août.

1. Viollet-le-Duc a été professeur à ladite École de 1834 à 1850. L'une des particularités de son enseignement consistait dans l'exécution, devant les élèves, des modèles qu'il leur faisait dessiner. Il n'existe plus aujourd'hui que quelques-uns de ces modèles, bien que le professeur en ait dessiné un très grand nombre; cela tient à ce que l'un des directeurs de cette Ecole avait pour habitude d'en donner à toute personne marquante qui l'honorait de sa visite. Cela paraîtra une énormité, nous le tenons cependant pour vrai, puisque le fait nous a été raconté par le directeur actuel de l'Ecole, qui le déplore plus que personne.

Je ne crois pas que le comble du château, ou plutôt, de la tour ronde du château de Foix ait été terminé par un comble conique, mais bien par un comble pyramidal à huit pans, avec pénétrations de coyaux coniques dans la pyramide ; ainsi :

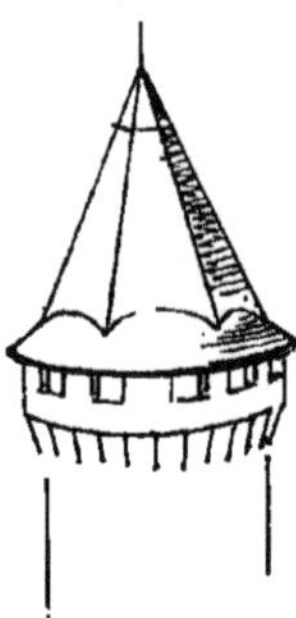

C'est du moins ce qu'indique une ancienne gravure qui se trouve dans la petite œuvre d'Israël Sylvestre ou dans Mérian ; je ne me souviens pas, d'ici, lequel des deux. Cette disposition s'explique très bien par les huit piliers que vous marquez sur le chemin de ronde, lesquels piliers renvoient les pieds des quatre fermes avec sablières rectilignes, d'un pilier à l'autre, sablières puissamment soulagées par des corbeaux de bois sur les têtes des piles ; ainsi :

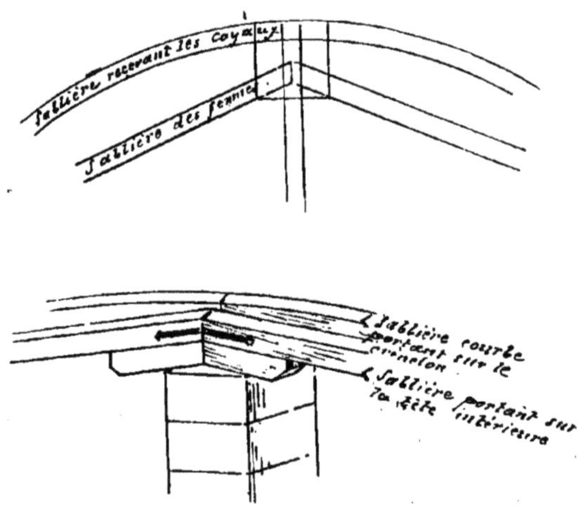

De la sorte, vos arbalétriers des fermes portent bien ; voir ci-dessous.

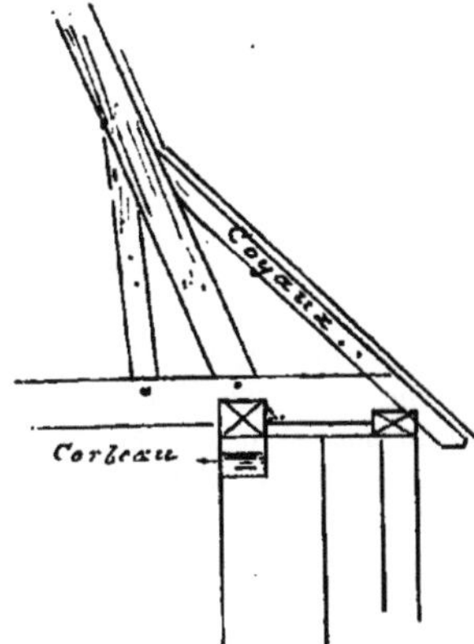

Vous ne masquez sur aucun point les mâchicoulis, ce qu'on ne saurait admettre. Votre comble est plus solide et enfin vous êtes d'accord avec la gravure dont voici l'aspect[1].

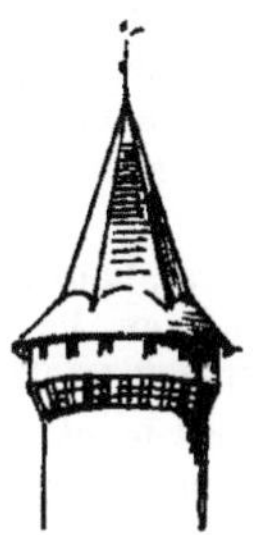

Tout à vous,

VIOLLET-LE-DUC.

1. Viollet-le-Duc répondait, ici, à des questions qui lui avaient été adressées par M. Cals, architecte, au sujet de la restauration projetée de la tour dite de Gaston, au château de Foix. Cette restauration devait être exécutée plus tard, sous la direction de M. Paul Bœswillwald, qui adopta d'ailleurs, pour la couverture de cette tour, les dispositions indiquées par Viollet-le-Duc.

A Monsieur E. JACQUEMIN

ENTREPRENEUR A NANCY

Paris, 20 septembre 1872.

Monsieur,

Il n'existe, que je sache, aucune loi, aucun règlement, qui autorise l'architecte ou les agents qu'il emploie, à graver leurs noms sur un monument à la construction duquel ils auraient concouru. Mais, vous connaissez l'axiome : Tout ce que ne défend pas la loi est permis ; donc, un architecte peut faire graver son nom sur un édifice dont il a dirigé la construction, à moins que ceux qui ont commandé ou payé l'œuvre ne s'y opposent.

Il doit en être de même de tous ceux qui ont concouru à l'œuvre, soit comme inspecteurs, entrepreneurs, conducteurs, etc.

Je ne puis vous donner, à cet égard, qu'une appréciation personnelle, puisqu'il n'existe pas de règlements sur cette matière pouvant être invoqués.

Je n'ai jamais fait graver mon nom, comme architecte, sur un édifice construit sous ma direction, qu'autant que cela m'était demandé par ceux qui avaient commandé l'œuvre ; mais il n'est jamais venu à ma pensée d'interdire à un entrepreneur d'inscrire le sien sur un coin de cet édifice.

Je ne saisis pas bien, il est vrai, la distinction que vous établissez entre l'architecte et le constructeur. Pour nous, l'architecte est le constructeur, en ce sens qu'il fournit les détails nécessaires à la construction. S'il ne le fait pas, il n'est point architecte, mais un dessinateur. Et, dans l'espèce (comme disent les gens de robe), je ne vois pas comment la besogne de l'architecte a pu être séparée en deux. S'il en a été ainsi et si, à côté de l'architecte — qui alors n'est plus architecte — il y a eu un homme chargé de rendre exécutables ses dessins, le monument doit présenter des singularités dont je ne me rends pas compte.

En tout cas, fussiez-vous entrepreneur des travaux, et non une sorte de doublure ou d'interprète de l'architecte, je ne vois pas sur quelles lois, sur quel usage même, mon honorable confrère, M. M..., a pu s'appuyer pour faire biffer votre nom inscrit sur un édifice à la construction duquel vous aurez concouru [1].

1. L'édifice dont il est ici question est l'église Saint-Epvre, à Nancy.

Mais, les tribunaux n'ont évidemment rien à voir en pareille matière. Ce sont là de ces questions de convenance et de tact qui échappent à toute juridiction.

Veuillez agréer, monsieur, l'expression de mes sentiments distingués.

VIOLLET-LE-DUC.

A MONSIEUR PAUL LEROY-BEAULIEU

Paris, 23 septembre 1872.

Monsieur,

J'ai lu avec l'attention qu'il mérite l'excellent article que vous avez inséré dans le *Journal des Débats* du 22 septembre, sur les vices de l'enseignement secondaire en France. Il y a longtemps que je partage l'opinion de Rabelais et de Montaigne, et je suis heureux de voir ces idées dans le *Journal des Débats* que plusieurs croyaient, à tort, tout dévoué aux traditions universitaires.

Veuillez me permettre de vous adresser, à ce propos, quelques observations, dont vous ferez emploi, si bon vous semble, à l'occasion, d'autant que, dans ce même numéro du *Journal des Débats*, je lis un autre article de votre honorable collaborateur M. Georges Berger sur les arts et l'organisation des musées, qui rentre dans le projet, objet de mes préoccupations comme artiste.

Si l'enseignement donné dans nos lycées est quelque peu défectueux, ou faux, ou insuffisant, et ne produit généralement que des fruits médiocres ou *coulés*, il en est de même à l'École des beaux-arts, au moins pour ce qui touche à l'architecture. — Je me garderai de parler de l'enseignement des autres arts.

Vous dites avec raison, monsieur, que « dans nos lycées les compositions, les prix, les concours consument un temps précieux et développent outre mesure les qualités superficielles de l'esprit et, sous prétexte d'entretenir l'émulation, suscitent l'amour des distinctions frivoles, le désir de parvenir à tout prix, la jalousie, l'orgueil et mille autres passions funestes ». C'est bien dit, et c'est malheureusement trop vrai, nous en avons fait la triste épreuve. On peut objecter à ceci, et on objecte, que l'enseignement donné dans les lycées est un enseignement général, destiné à préparer les intelligences, à les assouplir; après quoi, la jeunesse ayant appris à travailler, choisit les carrières qui conviennent à chacun... Mais que dire d'un enseignement dont le caractère est tout spécial, destiné cette fois à former des praticiens, qui présenterait les défauts que vous signalez? qui, loin d'appliquer l'esprit des élèves à l'étude sérieuse, méthodique, raisonnée d'un art dans lequel la science entre pour une grosse part; loin de développer l'intelligence et de la familiariser avec les méthodes utiles et pratiques, contraint l'élève à se renfermer dans certaines limites exclusives imposées par une coterie dominante, ne prenant même pas la peine de formuler une doctrine, mais qui prétend borner l'art à la reproduction de quelques formes banales, étrangères à notre état social, à nos mœurs, à nos besoins, aux matériaux dont nous disposons et aux progrès de l'industrie?

Que dire d'une école d'art dont le résultat apparent est de donner des récompenses puis... des places à ceux de ses disciples exactement soumis aux idées de cette coterie, et de condamner à l'ostracisme les jeunes gens qui manifestent quelque indépendance et prétendent s'appuyer, dans leurs études, sur l'examen libéral de tout ce qui peut contribuer à étendre leurs connaissances?

Que dire aussi des administrations publiques qui subissent bénévolement le joug de cette coterie et consentent à lui fournir, aux dépens des contribuables, les moyens de maintenir son influence en plaçant ses créatures?

Puisque votre intention est d'étudier dans toutes ses parties la question de l'enseignement secondaire, en vous appuyant sur le remarquable travail de M. Bréal, permettez-moi d'appeler votre attention sur cette autre question plus spéciale de l'enseignement donné à l'École des beaux-arts, en ce qui touche au moins *l'architecture*. Il y a là un intérêt public.

Il n'est pas indifférent, en effet, de savoir si les sommes considérables affectées aux travaux publics sont sagement et utilement employées, ou si elles sont souvent dépensées en ouvrages inutilement coûteux, sans être plus beaux pour cela.

Il n'est pas indifférent pour le public de savoir si ceux auxquels est confié l'emploi d'une partie de la fortune publique sont mis, par l'enseignement officiel qu'on leur donne, en état d'employer sagement ces ressources, ou s'il les laissent, faute de connaissances suffisantes, dilapider sans profit pour personne.

Je puis, à cet égard, vous fournir les renseignements dont vous croiriez devoir user, et soyez assuré qu'aucune considération ne m'empêchera de dire la vérité.

Veuillez agréer, monsieur, l'expression de mes sentiments les plus distingués.

VIOLLET-LE-DUC.

A Madame VIOLLET-LE-DUC

Lausanne, 11 octobre 1872.

Ma chère amie,

Je suis arrivé ici avec le beau temps qui m'a permis aujourd'hui d'avancer passablement la besogne. Ce soir, il pleut, mais, en Suisse, ces variations ne prouvent rien; je pense donc pouvoir terminer dans les cinq jours que je me suis donnés pour faire ce travail. Je suis, dans l'hôtel, au milieu d'Anglais et surtout d'Anglaises. Pas un Français. Que diable viennent-elles faire ici ces Anglaises? Je n'en sais rien, mais comme elles sont plus laides les unes que les autres, je pense que ce sont des exilées de la belle Angleterre qui, repoussées par leurs compatriotes, viennent ici rêver sur les bords du lac et espérer... quoi? je n'en sais rien et je ne m'en tourmente pas. Quoi qu'il en soit, je n'entends que des *Oh!...* des *Yès*, des *Dear*, des *Morning*, des soupirs et plaintives paroles de ces laides exilées. C'est égal, c'est bien extraordinaire qu'il y ait tant d'Anglaises laides à Lausanne et si peu d'Anglais! Il n'y en a pas un pour six femmes. J'ai fait la moyenne.

Je n'ai donc pas de sujets de distraction et, de 7 heures du matin à 5 heures du soir, je reste dans ma cathédrale. Les Anglaises y viennent aussi, mais je monte alors dans les galeries et leur envoie de la poussière sur leurs chapeaux et quels chapeaux!

Voilà tout ce qu'il y a de plus intéressant dans mon existence.

Ce qui me charme c'est que je ne suis pas obligé de parler.

J'ai trouvé mon gouvernement suisse toujours aussi bien disposé [1].

Et comme ces gens-là savent faire les affaires sans phrases! simplement et, quand une chose est dite, on n'y revient plus.

Je t'embrasse de tout cœur,

Viollet-le-Duc.

1. Viollet-le-Duc venait d'être chargé de la restauration de la cathédrale de Lausanne.

A Monsieur GASNIER

CHEF DU BUREAU DES MONUMENTS HISTORIQUES

Paris, 7 novembre 1872.

Mon cher ami,

Ne portez pas de jugements téméraires, dit *l'Écriture*.

L'église des Cordeliers de Toulouse a été brûlée en 1871. Alors elle était entre les mains de la Guerre et servait de magasin à fourrages.

La ville, à plusieurs reprises, avait voulu rentrer en possession de ce vaste vaisseau et fit des observations, trop justifiées par l'événement, sur cette accumulation de fourrages.

Mais, l'administration de la Guerre, grâce à cette haute intelligence dont, hélas ! nous avons eu les fruits, accumulait toujours dans ce vaisseau bottes de foin sur bottes de foin, sans prendre les précautions élémentaires en pareil cas. Si bien qu'un soir, par malveillance, par combustion spontanée ou autrement, les fourrages prirent feu. Mais, comme ladite administration de la Guerre avait eu l'ingénieuse idée, pour placer des palans, de crever deux ou trois voûtes, le feu s'est communiqué à la charpente par ces ouvertures, et alors les voûtes, bien que construites en briques, prises entre deux foyers se sont effondrées.

Aujourd'hui l'administration de la Guerre, qui occupait des lieux appartenant à la ville, dit à celle-ci : « Voilà votre immeuble — serait-il classé parmi les monuments historiques ? Je veux vous le remettre, car il ne peut plus servir à empiler du foin, mais s'il est historique, comme j'ai ouï dire que vous le voudriez vendre et démolir, je m'en réfère au ministre compétent. »

Historiques ou non, les *Cordeliers* ne sont plus qu'une ruine, que voulez-vous que la ville en fasse ? Qui payerait la restauration très dispendieuse du bâtiment qui n'a plus que ses gros contreforts debout ? De fait, la ville n'a pris, que je sache, aucune décision officielle. Elle n'a pas besoin d'une nouvelle église, elle n'en a que trop. Si le bâtiment pouvait servir à quelque chose elle l'utiliserait peut-être. — Mais, maintenant, à quoi peut-il servir ?

Vous pourriez répondre à l'administration de la Guerre « que les *Cordeliers* étant brûlés par le fait de sa possession et par sa faute, c'est à elle de les remettre à leur propriétaire en l'état où elle a pris l'édifice, que l'immeuble étant ainsi en état, vous le considérerez comme un monument historique, puisqu'il était classé comme tel ».

Mais, comme vous n'écrirez probablement pas sur ce ton, vous pourrez dire simplement « que le monument étant brûlé n'est plus un monument et, par conséquent, a perdu sa dénomination d'historique » — car, pour être historique, faut-il être. « Que la ville en rentrant en possession d'une ruine, sans réclamer sa restauration, ce qui indique un caractère bien fait, peut bien faire de ce feu monument historique ce que bon lui semblera [1]. »

Je serai de retour lundi dans la journée.

VIOLLET-LE-DUC.

A MONSIEUR BURTY

Paris, 28 novembre 1872.

Mon cher monsieur,

Les artistes ne sont pas bons pour diriger quoi que ce soit. Ils ont bien de la peine à se diriger eux-mêmes.

La manufacture de Sèvres, entre les mains d'un artiste, tomberait plus bas encore, si c'est possible. Cet artiste voudrait imposer son goût; la camaraderie s'en mêlerait, et on arriverait à quelque chose de parfaitement nul ou ridicule [2].

En principe, la manufacture de Sèvres, pas plus que celle des Gobelins, n'a de raison d'être. Ces établissements pouvaient avoir une utilité au moment où le pouvoir jaloux de Louis XIV a supprimé les corporations, et où il fallait mettre, à la place du monopole qu'on supprimait, un monopole royal.

Il en est de cela ce qu'il en est des académies; sous peine de voir les beaux-arts et la fabrication des objets de luxe tomber dans la barbarie, il fallait suppléer par une institution royale à l'institution républicaine qu'on supprimait. Mais, à cette heure, cela ne signifie rien. L'industrie privée, par la libre concurrence, s'est émancipée, et elle produit en raison des besoins et des goûts du public.

1. Les Cordeliers de Toulouse furent déclassés à la suite de cet incendie, mais ils devaient être classés de nouveau quelques années plus tard, en 1886.

2. Il s'agissait alors de remplacer le directeur de la manufacture de Sèvres, qui était décédé. Viollet-le-Duc, consulté sur la question de savoir s'il convenait de confier ces fonctions à un artiste, répondait par cette lettre.

Aujourd'hui, des manufactures privées nous font des tapisseries de Beauvais qui ne diffèrent de celles de la manufacture de l'État, qu'en ce que leurs produits coûtent six fois moins cher, sans exagération. — La porcelaine est fabriquée à Limoges, quand on le veut, presque aussi bien qu'à Sèvres et même les produits de ces établissements privés ont une valeur originale que la maison de Sèvres n'obtient pas. Les éléments existent, que le goût du public s'élève, la fabrication s'élèvera, c'est son intérêt. C'est donc l'éducation du public qu'il faut faire en cela comme en bien d'autres choses. L'inconvénient principal, à mon avis, de ces établissements soutenus par l'État, est de donner un brevet de perfection à des objets d'un ordre souvent très inférieur. Il ne doit pas plus y avoir un *art de l'État* qu'une religion de l'État. Le public — surtout en France — est disposé à croire que tout ce qui a l'apostille de l'État est irréprochable. C'est un malheur. Ce n'est pas au public à recevoir les modèles du goût; c'est à lui à les imposer. Il faut donc lui donner les éléments propres à former ce goût; pas autre chose. Donnez-lui des musées *faits pour l'étude* et non pour amuser des oisifs; donnez-lui de bonnes écoles et, quand il aura appris à voir et à discerner, l'industrie sera bien obligée de faire ce qui lui plaira.

Toutes les tentatives faites depuis dix ans pour relever l'art céramique ont été faites en dehors de Sèvres. Cet art a évidemment fait des efforts et des progrès sensibles; Sèvres n'y est pour rien. A quoi donc sert cet établissement? A nourrir un certain nombre de médiocrités et à fabriquer, à des prix fabuleux, des objets qui, partout dans une vente, sont laissés à un prix inférieur à celui de la fabrication. Donc, le prestige même de l'établissement ne se maintient pas dans l'esprit du public.

On nommera toutes les commissions qu'on voudra, on mettra à la tête de la manufacture de Sèvres et de celle des Gobelins un artiste d'une grande valeur, cela ne changera pas le principe qui, aujourd'hui, n'est plus d'accord avec nos habitudes.

L'État fabricant de porcelaine ou de tapis, cela n'est-il pas parfaitement ridicule quand tout le monde peut fabriquer des tapis et des porcelaines? Si encore ces établissements étaient faits pour essayer les nouveaux procédés et tenter, au moyen des ressources du budget, ce que de simples particuliers ne peuvent tenter, ce serait supportable. Mais non; loin de là : ces manufactures tiennent à maintenir intacts tous les anciens moyens, à servir d'asile à la routine et, parce qu'il en est ainsi, on veut croire qu'ils possèdent une supériorité?

N'est-ce pas absurde? On pouvait conserver ces établissements sous une monarchie parce que de ces usines sortaient des objets très chers que les souverains de France pouvaient offrir à leurs confrères.

Cela pouvait être laid. — Officiellement, c'était ce qu'on avait de mieux à donner. Mais espérons que nous n'aurons plus de monarques qui feraient des cadeaux. Si la République en veut faire à ses voisins, rien ne sera plus conforme à son esprit que de s'adresser à l'industrie privée. Voilà un véritable stimulant pour elle (l'industrie).

Quant à la céramique appliquée aux édifices, les Anglais nous ont devancés et ils vendent leurs produits partout. A leur suite nous sommes venus. — Est-ce Sèvres qui a pris l'initiative? Non, ce sont des industriels et, déjà, ils fournissent de bons produits. Sèvres a prétendu un jour faire des vitraux ! Elle en a fait de détestables à tous les points de vue, comme art et comme fabrication[1].

L'industrie privée l'a promptement dépassée, et Sèvres a fermé ses ateliers. Cet exemple seul prouve que Sèvres ne peut rien produire, rien faire progresser, et qu'elle n'est que le refuge d'une fabrication routinière, dispendieuse et contestable au point de vue du goût.

Vous voudriez que Sèvres laissât la bibeloterie pour faire du grand art. Sèvres est impuissante par son organisation même, depuis le directeur jusqu'au chauffeur; tous n'ont qu'un but unique : faire aujourd'hui ce qu'on a fait hier et, s'ils perdaient ce but un instant de vue, tous n'auraient plus qu'à s'en aller, car l'industrie privée, seule, a les mobiles qui permettent de chercher du nouveau à ses risques et périls.

Comment voulez-vous qu'un directeur ou même un chef d'atelier prennent sur eux de perdre vingt ou trente journées, de la matière et du temps, c'est-à-dire une vingtaine de mille francs, pour essayer quoi que ce soit?

Il faut donner un produit conformément à la tradition, non autre chose; et la responsabilité de chacun ne permet pas d'aller à l'aventure.

Donc, à mon sens, il n'y a qu'une conclusion : *Delenda est*, comme de bien d'autres choses.

La céramique appliquée à l'architecture se tirera d'affaire toute seule, et s'en tire déjà avant que Sèvres se doute de la chose[2].

Tout à vous,

VIOLLET-LE-DUC.

1. Viollet-le-Duc avait pu faire lui-même l'expérience de ce que Sèvres pouvait produire en vitraux, car il surveilla l'exécution de ceux qu'on y exécuta vers 1840 pour les chapelles de Dreux, pour celle du château d'Amboise, pour la cathédrale de Saint-Flour, etc., vitraux pour lesquels il fit des cartons et qui existent encore.

2. Viollet-le-Duc a traité le même sujet dans plusieurs articles du *XIXe Siècle* (nos des 19 et 26 avril 1875).

A Monsieur DE MONTIFAUD

Paris, 29 novembre 1872.

Monsieur,

Vous me demandez si le monument érigé au cimetière du Père-Lachaise, et qu'on donne comme étant le tombeau d'Héloïse et d'Abailard, est authentique.

Voici comment M. A. Lenoir a composé ce monument au musée des Petits-Augustins : l'arcature qui forme l'enveloppe est faite avec l'arcature des collatéraux de l'église de Saint-Denis, — chapiteaux, colonnes et trèfles. — Deux bas-reliefs (l'un, celui du sarcophage, l'autre, celui de l'un des pignons) proviennent du tombeau de Louis, fils de saint Louis. Des mascarons et fleurons proviennent de l'abbaye Saint-Germain-des-Prés (chapelle de la Vierge, XIIIe siècle). Les deux statues appartiennent à la fin du XIIIe siècle et sont de provenance inconnue. Quant aux pilastres d'angle et aux gâbles, ils sont de l'invention de M. Lenoir.

Voici ce que A. Lenoir dit naïvement de cet édicule, dans le t. II du *Musée des monuments français*, page 223 : « Cette chambre (c'est ainsi qu'il désigne cette façon de baldaquin), que *j'ai fait construire avec les débris d'une chapelle* de l'abbaye de Saint-Denis, montre le style d'architecture pratiqué dans le XIIe siècle; les colonnes portent des ogives percées à jour en forme de trèfles..... La statue d'Héloïse, que l'on voit sur le tombeau, est une figure de femme de *ce temps-là*, à laquelle j'ai fait mettre le masque d'Héloïse... »

Ainsi, voici un monument du XIIe siècle fait avec une arcature du XIIIe siècle, contenant des statues du XIVe siècle, à l'une desquelles on a fait *mettre le masque d'Héloïse!*

Où a-t-on trouvé ce masque?

Il est certain que l'auteur naïf de ce faux en archéologie n'avait pas la conscience de son méfait; ce qui l'excuse un peu.

Pour les deux bas-reliefs si curieux, provenant du tombeau de Louis, fils de saint Louis, Millin les décrit et les grave dans ses *Antiquités nationales*. Voici ce qu'il en dit : « On y voyait le cercueil de Louis porté par les barons de France et par le roi d'Angleterre. Une figure couronnée porte sur l'épaule un des bâtons; c'est le roi anglais. » Ainsi l'enterrement du fils de saint Louis se trouve aujourd'hui être celui d'Abailard! Voyez à ce sujet ce que dit M. le baron de Guilhermy dans sa *Monographie de Saint-Denis*[1].

Ces deux bas-reliefs ont été réclamés par moi auprès de la préfecture de la Seine quand j'ai rétabli à Saint-Denis le tombeau du fils de saint Louis (Louis), tel qu'il était à Royaumont. Naturellement, les sculptures m'ont été refusées, on m'a autorisé à les faire estamper, et je les ai fait reproduire sur les deux bouts du tombeau du jeune prince, tombeau dont je ne possédais plus que les deux faces oblongues.

Ceci prouve une chose, c'est qu'en France, s'il est facile de propager l'erreur et si chacun se rend complice d'un faux, il est très difficile de rétablir la vérité. Beaucoup d'amants ont fait et font un pèlerinage au tombeau prétendu d'Héloïse et d'Abailard, si grossièrement contrefait.

Les cendres des deux illustres personnages reposent-elles sous ces fragments ridiculement assemblés? Après ce qui vient d'être dit, il faut une foi robuste pour le croire. Quand on est si peu scrupuleux sur l'enveloppe que chacun peut contrôler, il est douteux qu'on l'ait été pour le contenu que personne ne peut vérifier[2].

Veuillez agréer,

VIOLLET-LE-DUC.

A MONSIEUR NATALIS DE WAILLY

MEMBRE DE L'ACADÉMIE DES INSCRIPTIONS ET BELLES-LETTRES

Paris, 8 juin 1873.

Monsieur,

Je reçois, après votre aimable lettre, le beau volume de Ville-Hardoin. C'est un vieil ami que vous me faites lire dans son texte pur d'alliage. Ce volume prend sa place près de ceux que vous avez bien voulu déjà m'adresser et que je consulte souvent comme vous pouvez vous en assurer.

Je suis vraiment bien touché de la pensée qui vous est venue ainsi qu'à plusieurs de vos honorables collègues de l'Académie des inscrip-

1. *Monographie de l'église royale de Saint-Denis*, p. 244.
2. Cette lettre, qui a été publiée dans l'*Artiste* (n° du 1er mars 1873), y a été intercalée dans un extrait du livre de M. de Montifaud sur *Héloïse et Abailard*, qui a été publié chez Lemerre.

tions, et suis très flatté que ces messieurs aient voulu vous charger de me faire des ouvertures à propos de la place vacante par la mort de M. Vitet dont, personnellement, je ne saurais trop regretter la perte.

Je suivrai votre conseil et, dès demain, je verrai M. Delisle en lui portant les fascicules que j'ai à lui remettre.

Il est bon de vous avouer que je suis de tous les solliciteurs le plus déplorablement doué et que l'idée de me présenter chez les gens pour leur dire : « Je suis Oreste ou bien Agamemnon, veuillez me permettre de m'asseoir près de vous », me donne la chair de poule.

De plus, j'ai eu maille à partir avec l'Académie des beaux-arts qui, selon ma conviction (peut-être erronée), suit la plus déplorable voie et me semble être plus nuisible qu'utile au sérieux progrès de l'art chez nous et principalement de l'architecture. Ce qui ne m'empêche pas d'être lié d'amitié avec la plupart des membres de l'Académie des beaux-arts. Quoi qu'il en soit, je n'ai jamais voulu poser là ma candidature.

Je sais que l'Académie des inscriptions ne prétend, heureusement, exercer aucune influence directe sur les intérêts matériels et l'administration publique, et qu'elle se renferme scrupuleusement dans la sphère des études spéculatives.

Je n'aurais donc, pour ne m'y point présenter, les motifs qui m'éloignent de celle des beaux-arts!

La chose n'en est pas moins délicate.

Puis, enfin, je vais partir pour plus de deux mois afin de terminer dans la haute Savoie un grand travail topographique entrepris depuis huit ans[1], et de là, me rendrai à Naples pour étudier les nouvelles

1. Viollet-le-Duc réunissait alors les documents et faisait les relevés nécessaires pour l'établissement de sa carte du Mont-Blanc.

Voici en quels termes M. Natalis de Wailly faisait à Viollet-le-Duc les ouvertures auxquelles répond cette lettre :

« Passy, 8 juin 1873.

« Monsieur,

« Je vous dois mille remerciements. . . . .
. . . .

« J'ai maintenant à vous parler, monsieur, non plus en mon nom seulement, mais comme interprète de plusieurs de mes confrères de l'Académie des inscriptions, qui ont pensé à vous pour succéder à M. Vitet. Je me suis chargé de vous en avertir, afin que vous connaissiez leur désir avant même qu'il y ait lieu pour vous d'annoncer votre candidature, si en effet il vous convenait de donner suite à un projet auquel, jusqu'à présent, vous êtes tout à fait étranger. Je n'ai pas besoin de vous dire qu'étant chargé de vous faire cette ouverture, je suis entré dans la conspiration et que j'en désire bien sincèrement le succès.

« Si vous passiez du côté de la Bibliothèque, vous pourriez en causer en toute liberté avec Delisle, qui en a parlé avant moi, sans le désirer pourtant plus que moi.

« Veuillez agréer, monsieur, l'assurance de mes sentiments les plus dévoués.

« N. DE WAILLY. »

fouilles de Pompéi. Voyez comme tout cela se combine mal avec le rôle de solliciteur.

Vos ouvertures sont pour moi, déjà, une ample récompense des longs travaux que j'ai poursuivis et que je voudrais trouver meilleurs. Mais la vie est si courte!

Veuillez agréer,

VIOLLET-LE-DUC.

A MONSIEUR CUYPERS

ARCHITECTE A AMSTERDAM

Paris, 20 septembre 1873.

Mon cher confrère,

Je reçois votre lettre, ce matin, au retour d'un voyage de deux mois et demi, et vous félicite, de tout mon cœur, de votre nouvelle restauration, ou plutôt je félicite ces messieurs de Mayence d'avoir eu l'esprit de vous la confier.

Votre projet de charpente en fer me semble bien conçu, simplement, et comme il convient à ces sortes d'ouvrages. Je pense, toutefois, que vous ferez bien d'ajouter des écharpes entre les arêtiers, pour éviter

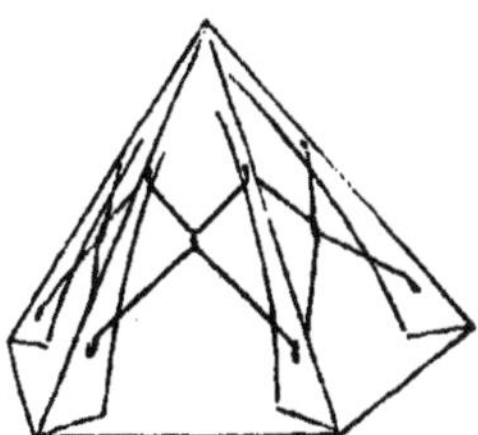

toute torsion sous les entretoises et les lattes en fer, ainsi : car ces grands pavillons sont sujets à pivoter sous la pression des vents agissant toujours du même côté. Des fers carrés peuvent remplir cet office en les assemblant ainsi :

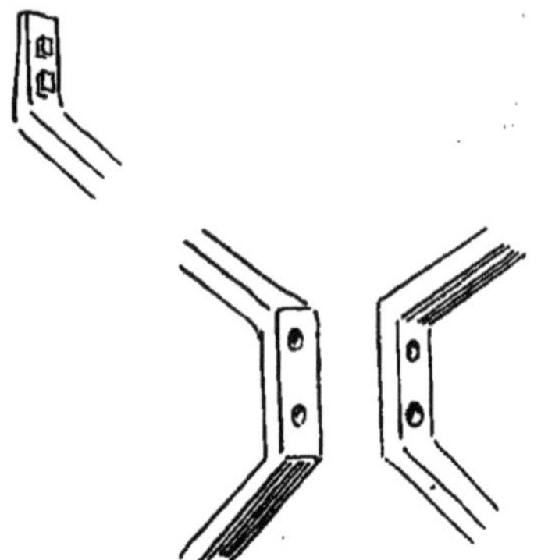

Je vous renvoie vos calques ainsi que vous le désirez.

Je n'ai guère le loisir d'aller en Hollande, j'ai tant à faire dans notre pauvre pays ravagé et qui a tout à réorganiser.

Quant à l'église du Sacré-Cœur, à Montmartre, il ne m'en a pas été parlé, et je ne pense pas que si, par aventure, on m'en parlait, je voulusse me charger d'une entreprise qui est une affaire de parti et de coterie religieuse bien plutôt qu'une affaire d'art. D'ailleurs, je ne pense pas qu'on réunisse les sommes nécessaires et, en vérité, nous avons bien d'autres choses à faire ici.

Donnez-moi plus souvent de vos nouvelles. Je vous enverrai un portrait meilleur dès que j'aurai le loisir d'en faire faire.

Tous mes meilleurs sentiments,

VIOLLET-LE-DUC.

A MONSIEUR CHAMPFLEURY

10 octobre 1873.

Mon cher ami,

Je vous remercie de votre communication et de tout ce que contient de flatteur votre article.

Mais, nous avons beau faire, je crois bien que nous prêchons dans le désert. On pense bien plus à s'en aller implorer une Notre-Dame quelconque qu'à étudier la configuration du sol sur lequel on marche. On préfère compter sur des miracles.

Nous allons bientôt voir apparaître *l'Enfant du miracle* en personne. Nous reculons, et je vois des gens affolés en *blanc*, aujourd'hui, comme ils étaient affolés en *rouge*, il y a bientôt trois ans.

Je supputais en mars 1871 que les neuf dixièmes de la population de Paris étaient absolument fous.

Beaucoup, à Paris comme ailleurs, en ce moment, sont fous encore et rêvent fleurs de lis.

C'est un pays bien malade et, s'il est une chose qui me console un peu, c'est de voir que toute l'Europe ne l'est guère moins.

Speriamo.

Mes sentiments respectueux à Mme Champfleury et tout à vous.

VIOLLET-LE-DUC.

A MONSIEUR NATALIS DE WAILLY

MEMBRE DE L'ACADÉMIE DES INSCRIPTIONS ET BELLES-LETTRES

Paris, 10 octobre 1873.

Monsieur,

Vous avez bien voulu, il y a trois mois, manifester le désir, si honorable pour moi, de me voir entrer à l'Académie des inscriptions et belles-lettres à la place du regretté M. Vitet, membre libre de cette classe.

J'ai été extrêmement touché des sentiments que vous vouliez bien me manifester à cette occasion, et ma première pensée avait été de me présenter au moment venu. Depuis, réfléchissant plus mûrement sur les suites de cette démarche, des motifs sérieux ont dû me détourner de la tenter.

Je ne suis point membre de l'Académie des beaux-arts, au sein de laquelle serait ma place naturelle, je n'ai jamais posé ma candidature, et n'ai point l'intention de la poser tant que l'Académie des beaux-arts conservera une influence directe sur l'enseignement et sur l'administration, ce qui, à mes yeux, est préjudiciable au développement des arts.

Il n'y a, dans ce parti, ni hostilité systématique, ni trace d'un mécontentement personnel. C'est affaire de raisonnement, non de passion.

Mais, si je me portais comme candidat dans une autre classe, et que je fusse nommé, je conserverais difficilement l'indépendance que je tiens à garder vis-à-vis la classe des beaux-arts; si j'échouais, ce qui peut arriver en dépit des appuis les plus respectables, ce serait donner à l'expression de mes opinions une apparence d'amour-propre froissé, de mécontentement loin de ma pensée.

Le mieux est donc de s'abstenir, d'autant que le fauteuil d'un académicien libre convient mieux à un amateur éclairé, à un savant livré à des études purement spéculatives, qu'à un vieux praticien comme moi.

Je n'en conserve pas moins le précieux souvenir que vous m'avez laissé à ce propos, en quelques lignes, comme un des témoignages les plus honorables que je puisse posséder.

Veuillez agréer,

VIOLLET-LE-DUC.

A MONSIEUR KLOTZ

ARCHITECTE DE LA CATHÉDRALE DE STRASBOURG

Paris, 18 octobre 1873.

Monsieur et cher confrère,

J'ai reçu, avec votre lettre du 23, les documents relatifs à la restauration de la lanterne de Notre-Dame de Strasbourg.

Vous savez déjà quelle était mon opinion à cet égard lorsqu'il s'agit de cette restauration en 1868, je crois. Cette opinion ne pourrait être modifiée qu'autant que des arguments nouveaux et puissants militeraient en faveur du rétablissement d'un couronnement qui, par son caractère, ne concorderait pas avec le style des parties existantes et de l'époque même de cette portion de l'édifice.

Si le XIXᵉ siècle possédait un style d'architecture qui lui fût propre, peut-être pourrait-on soutenir qu'il est bon d'en marquer le passage toutes fois qu'une occasion se présente de compléter un vieux monument. Mais, je ne crois pas que, malgré les nombreux efforts tentés en Europe, et même en Amérique, on en soit arrivé à présenter ce style propre au XIXe siècle, et à en marquer le caractère d'une manière indiscutable.

Notre temps possède, par contre, une qualité qui lui est particulière et dont on ne saurait méconnaître la valeur. Il a su, par l'étude attentive du passé et des principes qui ont dirigé les arts, et notamment *l'architecture*, aux époques antérieures, s'identifier les styles appartenant à ces époques. Il a su en saisir l'esprit, la raison d'être et les formes déduites des conditions faites aux artistes de ces temps anciens. Aussi, a-t-il été possible de notre temps (ce qui n'avait point été tenté avec succès antérieurement) de restaurer les anciens monuments suivant leur caractère propre et de les transmettre dans leur pureté aux âges à venir. On peut discuter la valeur de cette méthode au point de vue de l'esthétique, on ne saurait méconnaître l'importance qu'elle a su prendre dans l'opinion, non sans de graves motifs. Il faut donc en tenir compte.

Ce principe, admis universellement, a permis de vulgariser la connaissance du passé dans les arts comme dans les lettres, de dresser *l'inventaire*, pourrait-on dire, de ce passé, et de faire profiter le présent comme l'avenir des richesses accumulées par les siècles.

Ceci dit pour expliquer, à l'aide d'un aperçu général, la méthode que je crois utile de faire prévaloir.

Notre rôle est ainsi tracé clairement pour tous les cas particuliers qu'ils présentent. Toutes fois qu'un ancien monument est confié à un architecte, celui-ci doit le réparer ou le compléter en se rendant un compte scrupuleux, par l'examen critique de ses diverses parties aux points de vue de l'âge, du style, de la structure, sans s'écarter des conditions imposées par chacune de ces parties. Ainsi transmet-il intact, autant qu'il est en son pouvoir, le dépôt qui lui est confié, aux générations futures appelées à l'étude de ces monuments.

Or, pour le cas particulier qui préoccupe l'administration de la municipalité de Strasbourg, je ne crois pas qu'on ait à faire autre chose que de remettre, autant que faire se peut, la coupole du transept de Notre-Dame de Strasbourg dans la forme indiquée par l'âge, le style et la structure de cette partie du monument. S'il existait, sur la galerie romane conservée aujourd'hui, une superfétation d'une époque postérieure, ayant au point de vue de l'art une certaine valeur, et qu'il n'y eût qu'à réparer cette adjonction, le mieux serait certainement de lui conserver son caractère propre, mais il n'en est pas ainsi. Nous savons qu'il a été élevé, sur la galerie romane, un couronnement du XIVe siècle; nous possédons des gravures et dessins de ce couronnement, mais il est détruit depuis 1759. Il n'y a donc aucune raison pour le rétablir. Il n'y aurait pas, à mon sens, et par les motifs déduits ci-dessus, à tenter de faire un couronnement marquant le passage de notre époque puisque notre époque a cela de particulier (et c'est ce qui la distingue) qu'elle incline avec raison à restaurer les édifices anciens avec respect absolu pour leur caractère particulier. Donc, pour être de notre temps, il faut conserver les édifices dans leur forme primitive. C'est œuvre de bonne foi et d'honnêteté en même temps que la marque d'un esprit sagement critique.

Que reste-t-il donc à faire? réunir les documents qui permettent de donner à cette galerie du dôme le couronnement qui lui appartenait et, par conséquent, le couronnement antérieur à l'adjonction du XIVe siècle.

Ce couronnement est indiqué dans des sceaux, il est présenté dans des monuments analogues et de la même époque; il consistait en une couverture de charpente revêtue de métal ou de tuiles, et de forme pyramidale à base octogonale comme vous l'avez indiqué. Reste à connaître l'inclinaison qu'il convient de donner aux pans de cette pyramide. Elle me paraît devoir être de 45° à l'arêtier, et non sur la face d'un des côtés, car ce sont les arêtiers, et non les faces, qui donnent la silhouette sur le ciel.

Je crois que cette couverture pyramidale devra être surmontée d'un motif décoratif assez important, de métal, dont la hauteur devra être le tiers de la verticale abaissée du sommet de la pyramide sur la base de cette dernière.

Je suis tout prêt, monsieur et cher confrère, à vous fournir de nombreux renseignements si vous les jugiez utiles, et vous prie avec mes bons et vieux souvenirs, de me croire votre tout dévoué et affectionné.

VIOLLET-LE-DUC.

AU MAIRE DE TOULOUSE

Paris, 2 novembre 1873.

Mon cher monsieur,

J'ai reçu ce matin les plans du musée de Toulouse et votre excellent discours aux élèves de votre lycée. Je suis heureux d'entendre dire au premier magistrat d'une grande cité ce que je ne cesse de répéter : qu'on n'enseigne pas par l'ennui, et que tout ce qu'on met devant les yeux des enfants n'est pas de nature à faire aimer l'étude.

Nous avons bien à faire en ce pays, mais il faut commencer par quelque chose malgré le mauvais vouloir, qu'il vienne d'en haut ou d'en bas, car nous sommes entre deux barbaries : celle des ignorants qui veulent tout détruire, et celle de ceux qui prétendent diriger les esprits en les asservissant.

Je vais m'occuper de votre musée et je pense bien vous envoyer assez prochainement un projet esquissé concernant l'appropriation de cet édifice.

Veuillez agréer, mon cher monsieur, l'expression de mes sentiments les plus distingués.

VIOLLET-LE-DUC.

A MONSIEUR LOUIS ULBACH

Paris, 22 décembre 1873.

Cher monsieur,

Mme V. L... me remet l'article que vous avez fait dans le *Bien public* sur *ma maison*[1]. Je ne vous adresserai pas un remerciement banal, votre article étant le contraire de la banalité. Je vous dirai seulement, ce que vous savez comme moi, « qu'il n'est rien de plus flatteur pour un auteur et qui touche plus vivement sa fibre sensible que de trouver un critique en communion intime de pensée avec l'œuvre caressée ».

Soyez tranquille, vous ne me dénoncez pas; je suis depuis longtemps un *factieux* aux yeux de bien des gens et je m'honore de leur paraître tel, puisqu'en ces tristes temps c'est être factieux au premier chef que d'aimer son pays et de détester les intrigants qui essayent d'avilir ce cher malade en lui faisant renier ce qui fait sa vraie gloire aux yeux du monde.

Oui certes, il serait bien temps « d'organiser la franc-maçonnerie des hommes de bonne volonté ». Ils ne manquent pas chez nous, mais chacun d'eux, dégoûté, vit dans son coin. Nous ne savons pas faire d'efforts collectifs, divisés que nous sommes par une longue habitude du despotisme matériel et de l'oppression de la pensée.

Les conservateurs ou reconstructeurs ou réparateurs de l'*ordre moral* viennent de faire un de ces tours que je vous signale.

On rend à l'Impératrice le musée chinois et les armes de Pierrefonds. *Le musée chinois* avait été pris par l'armée française dans le palais d'été de l'Empereur à Pékin.

1. Viollet-le-Duc venait de publier l'*Histoire d'une maison* chez Hetzel.

M. de Montauban a trouvé bon de *donner* ce fruit de la conquête à l'Impératrice bien que ce fruit appartînt à la France puisqu'il était le produit de ses sacrifices.

Voilà peut-être le plus bel échantillon des arts de la Chine et une valeur intrinsèque considérable qui vont être vendus à l'étranger.

Quant au musée *des armes de Pierrefonds* il avait parfaitement été acquis par l'Empereur sur sa cassette particulière. Mais, tous les *objets d'art* acquis par le souverain restent à l'État, quitte à tenir compte de la valeur à la personne ou à sa succession. De plus, les vendeurs ont bien entendu (en vendant leurs collections) que ces objets resteraient dans un musée de l'État; ils vendaient en conséquence, pour la plupart. La commission instituée pour examiner la question avait conclu à ce que la collection (unique en Europe) resterait en France. Mais les défenseurs de l'ordre moral, qui ont probablement besoin de voix bonapartistes, en ont décidé autrement.

Ainsi, cher monsieur, il ne nous suffit pas d'avoir été battus, bafoués, trahis, pillés pendant la guerre, il faut encore que nous nous dépouillions du peu que les circonstances nous laissaient.

Voyez si vous pouvez à ce sujet dire quelque chose.

Amitiés,

VIOLLET-LE-DUC.

A MONSIEUR CORBON

MEMBRE DE L'ASSEMBLÉE NATIONALE

Paris, 24 décembre 1873.

Mon cher ami,

Merci pour votre petit mot. Le lièvre est lancé, il le faut bien chasser[1]. N'oubliez pas, relativement au musée chinois, l'argument (sans réplique) suivant. Le maréchal Vaillant a pris Rome, comme vous savez. Et, prenant Rome, il en a gardé les clefs. A sa mort, l'État, qui sait la chose, réclame de la succession la possession desdites clefs. La succession ne se fait pas prier et restitue les deux

1. M. Corbon s'était chargé de présenter à l'Assemblée nationale dont il faisait partie les arguments que Viollet-le-Duc invoquait pour établir que le musée d'armes de Pierrefonds et le musée chinois étaient une propriété nationale, et que le gouvernement n'avait pas le droit de les livrer à l'Impératrice.

morceaux de fer, très laids d'ailleurs, et que vous pouvez contempler au musée d'artillerie. Cela vaut bien 6 fr. 50. Or, le général de Montauban prend, pas tout seul, je le suppose, mais avec le concours de l'armée française et à l'aide des deniers de la France qui paye son armée, le palais d'été de Pékin ; il emballe les bibelots et les dépose aux pieds de l'Impératrice. S'il y avait eu, alors, un ministre de la guerre ayant tant soit peu la dignité qui devrait appartenir à ce poste, il eut dû dire au général de Montauban qu'il faisait le généreux avec un bien qui ne lui appartenait pas, qu'il eût à restituer lesdits bibelots à l'État et à tenir trente jours d'arrêt. Il ne l'a pas fait, le ministre de la guerre ; et les objets qui valent au moins 300,000 francs (valeur intrinsèque) sont restés à Fontainebleau.

Bien. — Mais c'est à l'Impératrice des Français, à la tête couronnée, que le don a été fait, non à la femme. — C'est à la souveraine représentant la France, si l'on veut être galant, que le don a été fait. — Et, après cela, nous verrions un *trophée* de la France, vendu à la criée en Angleterre ? Ce serait un peu fort.

Pourquoi la *commission* a-t-elle prétendu que le musée chinois devait être rendu ? parce que M. Beulé, qui n'aime pas les chinoiseries, a déclaré, la main sur son cœur et devant l'Académie et les hommes, que les Chinois n'ont pas d'art[1] ! C'est bête et ce n'est pas vrai, mais c'est un goût particulier, ou plutôt un dégoût.

Si ce n'est pas *objet d'art*, a dit la commission, c'est *meuble*; donc *rendons*. Rendons — si cela appartient, — mais si cela n'appartient pas ? Or, l'anecdote du maréchal Vaillant, aussi bien que celle du général Valazé pour les clefs d'Anvers (même fait) démontrent que le musée chinois est un trophée français, non une chose acquise par le général de Montauban avec ses deniers, et dont il pouvait disposer à son gré.

Éclairez vos collègues, car il est prodigieux de constater combien beaucoup d'entre eux ignorent les choses sur lesquelles on les consulte.

Et c'est bien là-dessus que compte le ministère, en cette petite affaire comme en beaucoup d'autres.

A vous,

VIOLLET-LE-DUC.

N'oubliez pas la loi française, appliquée aussi en Italie, en Espagne et autres contrées, qui veut qu'à la mort d'un souverain les *objets d'art* acquis par lui ne puissent être vendus ou rendus à la succession, et soient acquis à l'État, quitte à en constater la valeur si la chose paraît équitable.

1. Cette commission, qui était une commission consultative nommée par l'Assemblée nationale, comptait M. Beulé parmi ses membres

Cette loi a été appliquée en 1852 par l'Empereur lui-même à la succession de Louis-Philippe. C'est une loi, bonne ou mauvaise; il est du devoir de la Chambre de l'observer, et notez que cette loi date du XIVe siècle!! et qu'elle a toujours été observée. Oh, les conservateurs!

A Monsieur CORBON

MEMBRE DE L'ASSEMBLÉE NATIONALE

Paris, 26 décembre 1873.

Cher ami,

Bien des remerciements pour votre petit mot[1]. Si quelques gens de cœur s'y mettent, j'ose croire qu'il y a assez de sentiment d'honneur, ou même de simple honnêteté dans la Chambre, malgré les animosités de partis, pour que cette affaire se termine, comme elle doit se terminer, au profit du pays, non à son détriment. Je reprends plus à fond le *compte rendu des commissaires parlementaires*. Je lis dans la *Presse* du 25 décembre :

« *On* a considéré le musée chinois comme composé de curiosités; ce ne *sont pas des objets d'art*, et on a décidé qu'il serait restitué. »

On, c'est M. Beulé qui, malheureusement pour le pays, n'aime pas les chinoiseries.

Mais, c'est bientôt dit : « Ce ne sont pas des objets d'art. » Les vases étrusques, les bronzes antiques, le musée Sauvageot tout entier, à ce compte, sont des curiosités. — Les admirables *envois* du palais d'été de Pékin sont ou peuvent être un sujet d'études pour nos industriels d'art, bien autrement que ne le sont les vases étrusques. Les Anglais le savent bien, aussi comptent-ils enrichir le musée de Kensington de cette collection, conquise par nos armes et à l'aide des budgets français.

Ceci est en dehors de l'appréciation de fond, — qui veut que cette

1. Viollet-le-Duc répondait à une lettre de M. Corbon, qui commençait par ces mots : « Mon cher maître, soyez assuré qu'on tiendra bon, et que si, par impossible, l'Assemblée permettait que la convention reçût son exécution, c'est-à-dire que la France fût dépouillée des précieuses richesses artistiques contenues dans ces deux musées, l'opinion publique connaîtra la chose à fond, — et cette connaissance fera un tort immense aussi bien à la famille Bonaparte qu'au gouvernement actuel. »

collection d'art ou de curiosités étant rapportée par *notre* armée, payée par conséquent par vous et par moi, reste à la France.

J'ai dit, je crois, là-dessus, tout ce qu'il y avait à dire. Je passe.

Pour Pierrefonds, *on* a soutenu le contraire. L'Empereur a dépensé 3 ou 4 millions à Pierrefonds; il y a réuni des armes historiques, entre autres, la collection Soltykoff. « Quand *on* place une *œuvre d'art dans un palais de la liste civile, on* (on, c'est-à-dire la loi française appliquée en 1852 par l'Empereur lui-même) la considère comme *immeuble par destination*, et elle devient *propriété de l'État.* »

Il faut donc voir si les armures sont des œuvres d'art et si Pierrefonds appartient à la liste civile. « On a pensé que les armures étaient des objets d'art, mais que Pierrefonds n'était pas un château de la liste civile; que c'était une maison que l'Empereur a bâtie à ses frais. »

Examinons : Pierrefonds, depuis le premier Empire, appartient *au domaine de Compiègne*, fait partie de la chèferie de Compiègne, comme on disait autrefois, au même titre que l'ancienne abbaye de Saint-Corneille que l'Empereur Napoléon III a rebâtie. — Donc, Pierrefonds dépend du domaine de l'État comme le château de Compiègne. — Pierrefonds a été acheté en 1813 par l'Empereur Napoléon Ier à un particulier (une veuve) pour la somme de 2,700 francs, et l'Empereur Napoléon Ier, bien qu'il eût alors d'autres choses à faire, s'est empressé de réunir cette acquisition au domaine de la *liste civile*, dont il n'a jamais, depuis lors, été distrait.

Les sommes dépensées à Pierrefonds se répartissent ainsi :

Dépenses faites sur le crédit des monuments historiques (fonds d'État, chapitre du budget des beaux-arts), ci . .	Fr.	1,174,799 32
Dépenses faites sur les fonds de la *liste civile* et sur la cassette particulière de l'Empereur, ci.		4,152,546 06
Total. . . .	Fr.	5,327,345 38

Si l'Empereur, sur sa cassette, a dépensé 3,900,000 francs, la liste civile a dépensé environ 250,000 et l'*État* 1,174,799 fr. 32.

Donc, ce n'est pas là une *maison* rebâtie par l'Empereur.

L'État et la liste civile ont contribué à cette *restauration* d'un bâtiment domanial pour une somme de 1,425,000 francs, chiffre rond.

La façon de raisonner est singulière : Si une œuvre d'art est placée dans un palais dépendant *de la liste civile*, elle appartient à l'État; si une œuvre d'art est placée dans une résidence particulière du souverain (une maison) elle n'appartient pas à l'État. En déclarant que le musée chinois, qui était placé à Fontainebleau *dépendant de la liste civile* n'est pas une œuvre d'art, on le rend. En déclarant que Pierrefonds est un domaine n'appartenant pas à la liste civile, on rend les objets d'art qui y étaient déposés. — Ainsi rend-t-on dans l'un et l'autre cas.

Faites, mon cher ami, de cette lettre ce que vous voudrez. Je suis dégoûté de ces mensonges et j'aurais honte de m'en faire le complice, ne fût-ce que par le silence.

Tout à vous,

VIOLLET-LE-DUC.

A MONSIEUR CORBON

MEMBRE DE L'ASSEMBLÉE NATIONALE

Paris, 27 décembre 1873.

Mon cher ami,

De nouveau mes remerciements pour votre petit mot d'aujourd'hui. Vous, au moins, avez du cœur et ne tremblez pas à tout bout de champ. Donnez-en un peu (de cœur) à tous ceux qui en manquent. Vous savez que je n'aime pas les rôles derrière la coulisse. Je ne me suis pas mis en avant jusqu'à présent parce que cela eût pu être plus nuisible qu'utile à l'affaire et que je n'aime pas le bruit (pour moi).

Mais je fais un mémoire sur la question puisqu'on nous laisse respirer, et je le signerai si mes amis jugent que cela doit être signé. Donc je vous donne carte blanche pour me découvrir si la chose vous parait utile [1].

Bien à vous,

VIOLLET-LE-DUC.

1. Cette lettre, comme la précédente, a trait aux collections de Pierrefonds et de Fontainebleau. Viollet-le-Duc et Corbon avaient, l'un et l'autre, fort à cœur de les conserver à la France; ils s'y employèrent de toutes leurs forces et y réussirent. Voici un extrait de la lettre de Corbon, à laquelle répondait celle qu'on vient de lire :

« 27 décembre 1873.

« Mon cher maître,

« C'est moi qui dois vous remercier des excellents renseignements et arguments que vous m'envoyez. Je conçois que les raisons mises en avant pour justifier les conventions vous emplissent de dégoût. On en est abreuvé quand on veut aller au fond des choses de la politique gouvernementale. Pour moi, l'idéal du progrès en politique, c'est la simplification du gouvernement poussée à ce point que les hommes d'État en exercice soient comme ceux des Etats-Unis, et surveillés à ce point qu'il leur soit impossible de compromettre sérieusement les intérêts du pays. Nous sommes bien loin de cet idéal !...

« Tout vôtre,

« A. CORBON. »

A Monsieur MELDAHL

CONSEILLER D'ÉTAT, DIRECTEUR DE L'ACADÉMIE ROYALE DES BEAUX-ARTS A COPENHAGUE

Paris, 28 février 1874.

Monsieur,

J'ai reçu la lettre que vous avez bien voulu m'adresser sur les origines du dôme ou, plutôt, de la coupole; vous avez très bien compris l'intérêt qui s'attache à cette question, et il est à présumer, en effet, que toutes les races humaines ont fait primitivement des huttes composées de branches d'arbres ou de roseaux, plantées en cercle et réunies au sommet, ce qui donnait nécessairement un cône quelque peu convexe ainsi :

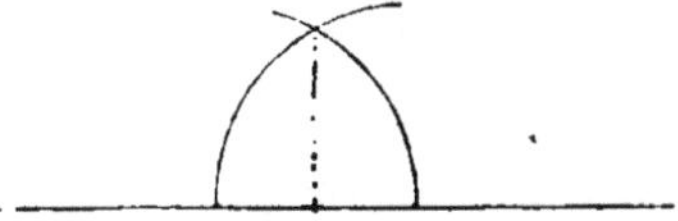

Comme vous l'observez très justement, cette forme se retrouve, non seulement sur des monuments de l'antiquité, mais chez des peuplades sauvages. Cependant, il y a évidemment entre ce conoïde et la calotte hémisphérique tout un travail intellectuel d'une grande importance, surtout si cette calotte est composée, non plus de roseaux réunis au sommet, mais de briques, de pierres, ou même de boue.

Or, les Aryens nous laissent voir, dans des monuments très anciens qu'ils ont élevés, des constructions ayant exactement la forme que j'indique ci-dessous, faites de *pierre*, comme par exemple *le trésor d'Atrée;* mais cette forme est obtenue au moyen *d'assises horizontales*, et non point normales aux courbes, ainsi :

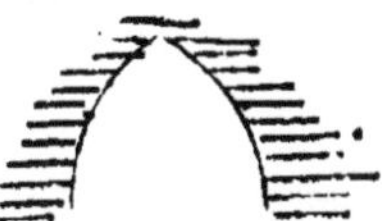

De là à la voûte il y a encore bien loin, et il n'est pas conforme à la marche de l'esprit humain que, de cette construction par *assises horizontales*, on arrive à la construction clavée.

D'autre part, certaines races humaines (troglodytes) se sont fait des demeures, soit dans des cavernes naturelles, soit dans des roches tendres creusées à main d'homme. Il est évident que les races ont dû, à un moment donné, partir de ces hypogées pour se construire des demeures en plein air. Mais les traditions d'origine d'un mode de structure se retrouvent toujours chez les différentes races. Ces hommes n'ont dû alors employer, ni le bois pour faire leurs maisons, ni la pierre *par assises horizontales;* ils ont dû former des *conglomérats* de cailloux et de boue mêlée à de la paille et, dans ce cas, la forme la plus simple et la plus rationnelle est la forme hémisphérique. Cette masse étant séchée au soleil, ces troglodytes, par suite de leurs habitudes, la creusaient, pour s'y faire un logis. Naturellement ce conglomérat évidé formait voûte. Ce serait plutôt dans ce genre naïf de structure qu'il faudrait chercher la coupole, que dans la cabane faite de roseaux réunis au sommet[1].

Ces populations quelles sont-elles? A quelle race appartiennent-elles? Je crois que ce système de structure, qui est l'origine des monuments des bords du Tigre et de l'Euphrate, est le résultat du mélange des traditions des deux races *Aryens et Sémites*, peut-être *Chamites*. Je n'ai pu encore éclaircir ce point.

Du reste je m'occupe, en ce moment, de réunir des documents que je possède et amasse depuis longtemps sur ces questions, avec l'espoir d'en faire un volume d'ici à deux ans, ayant avec un éditeur des engagements pris à ce sujet[2].

Je n'en mets pas moins mes faibles connaissances à votre disposition pour faciliter vos recherches sur le même objet.

Mais, pour les questions de structure comme pour les questions de linguistique, il faut beaucoup se défier des *apparences* qui, dans l'un comme dans l'autre cas, ne donnent pas toujours les origines. C'est surtout la *construction*, le mode de *formation*, qui doivent servir à reconnaître les points de départ.

En principe, on doit admettre que la coupole (voûte sphérique ou ellipsoïde) vient de l'Orient. Ce n'est pas douteux, puisqu'on la trouve là dès une époque très reculée.

Mais de quel Orient? Est-ce de l'Inde, de l'Assyrie, de la Perse? Doute, doute. Je ne connais pas de coupole existant en Orient, Inde, qui soit antérieure au bouddhisme. Or, le bouddhisme n'est pas bien vieux.

1. M. Meldahl, qui a bien voulu nous communiquer cette lettre, nous a demandé de mentionner ici qu'il n'avait pas eu la pensée que lui prête Viollet-le-Duc, d'établir une filiation directe entre la coupole et des constructions faites en roseaux, mais qu'il avait entendu simplement compter ces dernières au nombre des éléments de structure qui avaient pu amener le constructeur à concevoir la coupole

2. Viollet-le-Duc faisait ici allusion à l'*Histoire de l'habitation* qu'il publiait en 1877 chez Hetzel.

Il y avait, certainement, des voûtes en Mésopotamie, puisqu'on voit encore des traces conservées (de voûtes clavées) à Korsabad, qui sont du temps de la splendeur des dynasties assyriennes. Mais, ces voûtes sont des berceaux, non des coupoles. M. Place a, dans ses restaurations, indiqué des coupoles. Mais les preuves suffisantes font défaut à cet égard et, pour ma part, j'y crois médiocrement. Il y a donc là un point difficile à démêler. Les Romains ont pris la coupole à l'Orient, ce n'est pas douteux, mais bien tard, c'est-à-dire à la fin de la République. Jusqu'alors ils ne faisaient que la voûte étrusque, qui est le berceau et, s'ils avaient des temples ronds d'une très haute antiquité, comme était celui de Romulus, ils étaient couverts par des combles coniques en charpente ou par des conoïdes faits d'assises horizontales, comme le trésor d'Atrée.

Quelques chambres sépulcrales de l'époque italo-grecque des provinces au nord de Rome donnent bien des apparences de calottes, mais cela est taillé dans le roc et, par conséquent, ne prouve rien au point de vue de la structure.

A ce point de vue, la calotte a dû être faite de *pisé*, de limon mêlé de cailloux, sur une forme et au moyen d'un système bien simple, employé encore en Orient et, cela, dans un pays qui, comme la Mésopotamie ou les bords du Gange, donne des limons excellents, prenant une grande dureté à l'action des rayons solaires.

Mais quand a-t-on commencé ? Là est la question. Je suis heureux, monsieur, que vous ayez bien voulu me donner cette occasion d'entrer en relation avec vous, et vous prie d'agréer l'expression de mes sentiments les plus distingués.

VIOLLET-LE-DUC.

A MONSIEUR CUYPERS

ARCHITECTE A AMSTERDAM

Paris, 4 mars 1874.

Mon cher confrère,

J'ai bien tardé à répondre à vos dernières lettres, mais, depuis un mois, je suis en camp volant et je ne fais que prendre pied à Paris où, alors, je trouve des montagnes de lettres. J'ai reçu vos maisons, je vous en remercie; nous publions le groupe et la maison isolée sur terrain étroit. Cela est très bon et bien approprié[1].

J'arrive à l'objet de votre lettre du 2. Je vois que, pour Mayence comme pour le monastère de Ruremonde, l'affaire des *frontons* revient sur l'eau.

Ces frontons de lanternes sont d'une époque peu ancienne. Cela ne remonte guère, sur les bords du Rhin, qu'à la fin du XIIIe siècle, *archéologiquement* (passez-moi ce mot barbare). Ces gâbles ne doivent pas surmonter, par conséquent, une construction du XIIe siècle, ni même du commencement du XIIIe.

Sur les vignettes des manuscrits, sur les monuments figurés de l'époque ci-dessus, les tours octogones (lanternes) ne sont pas surmontées de gâbles à la base de la flèche pyramidale de charpente. — Les seuls appendices que l'on observe parfois sur la maçonnerie polygonale ne sont pas des gâbles, mais des amortissements d'angles,

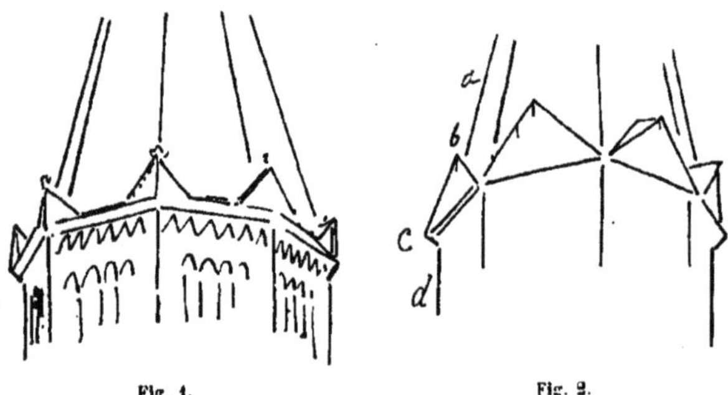

Fig. 1. Fig. 2.

ainsi (fig. 1); ce qui est bien différent et accuse l'angle, le fortifie à l'œil, au lieu de le dérober.

Au point de vue esthétique, rien n'est plus désagréable en perspective, sinon en géométral — or, les édifices sont faits pour être vus en perspective — que cet assemblage de lignes. Tous ces angles sont mous, pauvres. Les silhouettes *a b c d* (fig. 2) sont fâcheuses.

Passe encore quand les arêtiers partent du sommet des gâbles, le gâble a sa raison d'être dans ce cas. Il est le pied d'un arêtier. Mais il est absurde de placer un fronton devant un plan incliné.

On fera d'autant plus d'effet qu'on sera plus simple dans la restau-

1. Les constructions dont parle ici Viollet-le-Duc étaient publiées dans les *Habitations modernes* (ancienne maison Morel, 5, rue Saint-Benoît, Paris), ouvrage dont il avait la direction.

ration de cette partie du dôme. Mais la simplicité — cette belle qualité — n'est pas beaucoup plus en honneur de l'autre côté du Rhin que de celui-ci, au moins s'il s'agit de projets sur le papier.

Tout à vous,

VIOLLET-LE-DUC.

A MONSIEUR HETZEL

ÉDITEUR

Nant Boran, 17 juillet 1874.

Cher monsieur,

J'ai reçu votre lettre à Lausanne, mais les courses ne m'ont pas laissé le loisir d'y répondre.

Je suis, depuis mardi, dans les solitudes au-dessus de 2,000 mètres, là où on ne sait où poser son encrier. Aujourd'hui je suis redescendu au Nant, lieu inconnu aux facteurs de la poste, mais où, du moins, il y a des chaises, une table et quelque chose qui ressemble à une habitation.

Je vous réponds donc, quelque voyageur portera ma lettre à Saint-Gervais, ou je la déposerai moi-même dans la boîte en y passant après-demain.

J'ai songé à vos projets de publication sur les monuments remarquables de France. Je ne vois pas cela bien net. Ce serait une sorte de guide plus ou moins bien fait, ou quelques chose comme une description historico-artistique sur tels ou tels édifices. Cela a été terriblement exploité, depuis les Vitet, les Mérimée, par tous les faiseurs de phrases sur les choses d'art, les pharmaciens et archéologues de province en robe courte ou longue. J'y penserai plus mûrement, mais, jusqu'à présent, cela ne me dit rien. Il faudrait trouver une forme qui sortît de la banalité et qui ne rappelât pas le jeune Anacharsis ou toutes les imitations d'icelui.

Je crois qu'il est bon, aujourd'hui, de ne donner à notre jeunesse que des livres qui l'obligent à réfléchir; car c'est ce qui nous manque le plus : l'habitude de réfléchir, bien que nous ne soyons pas plus bêtes que d'autres. Peut-être, même, est-ce parce que nous sommes moins bêtes que beaucoup d'autres, que nous trouvons simple de décider sur tout avec ce qu'on appelle le sentiment, et sans avoir pesé les conséquences d'une détermination. Il faut donc, je crois, tenter de développer cette faculté de réfléchir, en montrant l'attrait de la raison, les avantages qu'obtiennent ceux qui s'en servent.

Il faut lutter enfin contre cette funeste tendance de l'esprit français à croire à l'intervention dans les choses humaines de la chance, de l'étoile, de la providence, de la Sainte Vierge ou du Sacré-Cœur.

Tous, croyants et incroyants, en sont à cet égard au même niveau, ou peu s'en faut; et il est aussi niais de croire à la *fortune* et à la destinée civilisatrice de la France, comme disent certains esprits libéraux, que de compter sur les pèlerinages pour faire remonter nos affaires. — Ces niaiseries plaisent chez nous parce qu'elles dispensent de réfléchir et de travailler. C'est plus commode de compter sur le génie de la France avec son flambeau, ou sur la Sainte Vierge, que de se lever matin et de se mettre à la besogne pour résoudre des difficultés.

C'est dans cet ordre d'idées que j'ai toujours aimé écrire. Le genre purement descriptif me laisse froid. Puis, si bien faites que soient ces vues de monuments, que vous entrevoyez, ce seront toujours des vues d'almanachs ou de guides ou de journaux illustrés. Le public est saturé de ces sortes de choses. — Ça l'amuse un instant, puis il passe outre. Il faut que l'image, dans le livre illustré, invite à lire le texte, qu'elle excite la curiosité en exigeant une explication. Autrement on regarde les images, et on ne lit pas le texte. On a reproché souvent aux livres illustrés d'être des livres faits pour ne pas être lus, parce qu'en effet les figures et le texte sont deux choses qui n'ont guère de rapports entre elles, étant le produit de deux esprits, l'un qui écrit, l'autre qui tient, avant tout, à faire une jolie planche ou, quelquefois, une planche qui sera vite expédiée.

Faisons d'abord l'*Histoire de l'habitation humaine*, puis nous verrons bien, d'après l'accueil du public aux deux derniers volumes, ce qu'il attend et ce qui lui convient. Il n'est pas si bête le public, et, quand on entre dans une voie qu'il peut suivre, qui le conduit quelque part, il sait bien dire ou faire comprendre ce qui lui manque encore. Parfois même il vous donne des idées. Ne projetons donc pas trop de choses avant d'éprouver le sentiment de ce bon public. Je ne doute pas, d'ailleurs, de tous vos bons sentiments, et il ne m'a fallu que quelques heures pour comprendre qu'entre nous la sympathie était complète, que nous tendions au même but, et que nous aimions le pays de la même manière.

Tout à vous,

VIOLLET-LE-DUC.

A Monsieur HETZEL

ÉDITEUR

Chamonix, 20 juillet 1874.

Cher monsieur et ami,

Je suis rentré en possession de mes papiers et de votre lettre du 9, je puis donc y répondre mot pour mot. Il fallait bien que le ministre acceptât ma démission, car j'étais bien décidé à ne la retirer que sous certaines conditions qu'il n'aurait certes pas acceptées [1]. L'organisation primitive et qui date de 1848, en vertu de laquelle nous agissions, avait été peu à peu faussée, et, à plusieurs reprises, j'avais voulu me retirer. Après la guerre j'étais décidé à quitter l'administration. Il me fut alors représenté que ce n'était pas le moment d'abandonner un poste, que tout était à réorganiser et qu'on devait compter sur moi. On ne réorganisa rien du tout, et il me fut bientôt démontré que l'administration était complètement désarmée devant des prétentions contraires aux intérêts de l'État.

Je crois que, ne tenant plus à une organisation ou à une désorganisation officielle, je puis encore employer utilement les quelques années de force qui me restent peut-être, au lieu de m'user sans profit pour obtenir des résultats insignifiants. Si, dans cette administration, je pouvais être utile à quelques jeunes gens, et, cela, en luttant sans cesse, étant libre de mes mouvements et de mon temps, je crois que je puis rendre service à un plus grand nombre et beaucoup plus efficacement, et c'est à la jeunesse qu'il faut absolument s'adresser à cette heure. Il n'y a rien à faire des générations qui ont l'âge viril. Ni caractère, ni croyances, ni énergie pour lutter, ni sentiment exact de ce qui est juste ou injuste. Parmi ce monde, qui désormais appartient au passé, les meilleurs ne savent que gémir sur un état si funeste, mais ne tentent guère de réagir. C'est donc aux *petits* qu'il faut s'adresser et aux petits de toutes les classes. J'adopte donc entièrement votre pensée en ce qui touche les petits livres, nous en parlerons tout à l'heure. Quant à la collection des *histoires* il faut la continuer et faire balle comme vous dites. Il y aurait l'histoire *d'une*

1. Viollet-le-Duc avait donné sa démission d'inspecteur général des édifices diocésains à la suite d'une lettre qu'il adressa à M. Pierre Baragnon, directeur d'un journal d'opposition, *le Postscriptum*, et qui fut publiée dans ce journal.

cathédrale qui ferait un volume curieux, car les cathédrales ne sont pas... « ce qu'un vain peuple pense », et, tout en restant dans le domaine historique le plus rigoureux, il serait facile de démontrer par la simple corrélation des faits comment le clergé, depuis le XIVe siècle, a perdu de plus en plus le sens national qu'il possédait avant, pour se faire peu à peu le serviteur du despotisme et l'ennemi de la société civile. Cela serait plus instructif que ne le serait un volume sur les *églises de France*, dont on trouve partout les descriptions et sur lesquelles j'ai dit tout ce que je pouvais dire dans le *Dictionnaire d'architecture*. Après l'*Histoire d'une cathédrale* nous aurions l'*Histoire d'un hôtel de ville*, sujet des plus attrayants et autour duquel nous pourrions grouper les faits historiques les plus instructifs et moraux, sous le rapport de la constitution de la cité.

Ainsi, nous aurions *la forteresse*, qui représente la défense de la cité, *la cathédrale*, qui représente son unité morale et une partie de son indépendance en face de la féodalité, *l'hôtel de ville*, qui représente ses luttes politiques et ses libertés municipales, *la maison*, qui représente la vie de famille. Voilà donc 4 volumes que je vois, dont deux sont assurés, plus l'histoire de *l'habitation humaine* qui peint la marche générale de l'humanité[1].

Revenons aux petits livres, petits comme volume et comme prix, car il faudrait, je crois, conserver le format in-8°, à cause des figures, puis pour laisser à l'ensemble son unité. C'est tout un traité d'enseignement pratique, depuis le dessin qu'il faut apprendre en apprenant à écrire, et comme un langage nécessaire. J'ai ce volume disposé dans ma tête, ayant eu à m'occuper de l'enseignement du dessin toute ma vie, et à fournir, à ce sujet, un exposé de méthode ces temps derniers. Puis viendront les *arts*, comme on disait autrefois, qui dépendent du dessin : l'imagerie, la construction, la taille de pierre, la charpente, la serrurerie, la menuiserie, la couverture, la ventilation et distribution de la chaleur, la peinture décorative, l'hydraulique ou l'aménagement des eaux, les jardins. Cela fait 12 fascicules d'une centaine de pages chacun, avec figures, qui formeront ensemble 4 volumes dans le format et à peu près de l'épaisseur de nos *histoires*. J'avais, il y a bien longtemps, proposé ces sortes de manuels à Morel, mais cela sortait trop du cadre de ses publications. Je n'en ai pas parlé à M. des Fossés, je suis donc entièrement libre. — *Quid dicis?*

Tout à vous,

VIOLLET-LE-DUC.

1. Viollet-le-Duc eut, comme on le sait, le temps de réaliser ces projets avant sa mort.

A Monsieur HETZEL

ÉDITEUR

Chamonix, 8 août 1874.

Cher monsieur et ami,

J'ai reçu hier votre lettre du 3.

J'adopte parfaitement votre idée de petits livres pratiques pour les métiers. — Bien entendu, il faut que cela soit donné à très bon marché, et fait, par conséquent, le plus simplement possible. Il faut que ces petits livres puissent être achetés par les artisans pour leurs enfants.

Dans notre pauvre société détraquée c'est dans les classes dites inférieures qu'on peut trouver les éléments propres à combattre les préjugés et la routine. C'est par elles seules que, dans mes travaux, j'ai pu faire adopter des méthodes rationnelles. La belle bourgeoisie française de 89 est tombée bien bas; tous les jours je le reconnais avec regret. On ne trouve que rarement, chez elle, cette force morale qui faisait sa puissance. La preuve c'est qu'elle peut bien difficilement garder aujourd'hui le rang qu'elle avait conquis.

Les artistes, notamment, ont complètement perdu cette indépendance de caractère qui les mettait au-dessus des artisans et faisait qu'on pouvait compter sur eux. A la tête autrefois des réformes, appuis des sentiments généreux et élevés bien qu'ils fussent pensionnaires du roi ou des grands seigneurs, ils ont aujourd'hui peur de leur ombre et se barricadent derrière un égoïsme implacable, derrière des intérêts mesquins et tout personnels.

Je suis donc un peu effrayé de la tâche qui incombe à ceux d'entre nous qui voudraient relever tout ce monde de l'affaissement moral. Cependant il ne faut point se décourager et jeter le manche après la cognée. Ce qui nous sauve toujours en France c'est l'élasticité particulière de notre génie. Quelques exemples suffisent parfois pour convertir les esprits flottants, et l'héroïsme, l'abnégation, le sentiment du devoir, peuvent être de mode à un moment donné, comme l'égoïsme, l'amour du bien-être et l'absence de la responsabilité le sont aujourd'hui; ne désespérons donc pas.

Je partage entièrement votre opinion à l'égard du maréchal. Les académiciens doublés de cléricaux qui nous gouvernent à cette heure n'aiment avoir affaire qu'aux intelligences qu'ils sont sûrs de dominer.

Il y a bien longtemps que je dis, à propos des académies : « *delenda sunt!* » et que je prévoyais l'affaissement moral où elles nous conduisent; aujourd'hui elles sont maîtresses, et vous voyez où en est le pays. Le maréchal n'est pas de taille à se dépêtrer de ces gens-là, il périra avec eux, car j'ai encore quelque espoir dans le bon sens du pays, dans son sentiment de la justice et de la dignité.

Tout à vous,

VIOLLET-LE-DUC.

P.-S. — Aussi, pourquoi Thiers a-t-il, comme vous le dites, ressuscité Mac Mahon d'entre les morts? Mais Thiers a des naïvetés prudhommesques; habile, soit! mais pas grand, ni par le corps, ni par l'esprit.

A MONSIEUR CH. WETHERED

4 novembre 1875.

Cher monsieur,

J'ai reçu votre charmant volume et je vous remercie cordialement de cet envoi[1].

Je suis trop ignorant de la langue anglaise pour reconnaître si la traduction est bonne, mais mon ami Haussoulier m'assure qu'elle est excellente, et je m'en rapporte à son jugement.

J'ai reçu en même temps des articles du *Spectator* et du *Building News*, etc. Je vois qu'on veut bien s'occuper de moi dans l'heureuse Angleterre. Croyez que je suis très sensible à cette célébrité chez nos voisins. C'est à des hommes de cœur et d'esprit que je la dois, elle m'est donc précieuse. Je m'efforcerai de l'accroître, avec votre bon concours, non qu'à mon âge on soit très sensible à ce qu'on appelle *la gloire*, mais parce que je crois qu'il est du devoir de chacun de répandre ce qu'il fait, et qu'on doit se tenir pour satisfait lorsque l'on peut propager ses idées, si ces idées doivent en développer de nouvelles et établir entre nations civilisées des rapports d'estime et d'affection.

1. Le volume dont Viollet-le-Duc accusait réception était la traduction en anglais des pages qu'il a consacrées au mot *Restauration* dans son *Dictionnaire d'architecture*.

Veuillez me rappeler au souvenir de B. Bucknall quand vous le verrez[1] et croire à tous mes sentiments de vive sympathie.

Je travaille fort au Mont-Blanc et je pense pouvoir livrer le texte à l'imprimeur, en mars. Quant à la carte elle est entre les mains du graveur depuis quatre mois.

A Monsieur JAMES G. CUTLER

ARCHITECTE AMÉRICAIN

2 décembre 1875.

Cher monsieur,

Vous voulez bien me demander un autographe pour joindre à l'exemplaire du *Dictionnaire d'architecture*. Je suis heureux de l'occasion que vous m'offrez de vous exprimer les sympathies de tout bon Français pour les citoyens de l'Union, et les miennes, en particulier, pour mes confrères d'au delà de l'Atlantique.

Je sais combien, sur le continent américain, on sait se tenir au courant de tout ce que la vieille Europe produit d'utile et de pratique, et, par conséquent, je ne puis être que très flatté de l'accueil fait là-bas à mes écrits. Cet accueil me prouve qu'en étudiant dans le passé tout ce qui est de nature à placer notre art sur sa véritable voie, je n'ai pas travaillé en vain. C'est qu'en effet on ne peut préparer l'avenir que par la connaissance exacte et critique du passé. Si tous les hommes savaient l'histoire comme on la doit savoir, c'est-à-dire à l'aide seulement des documents authentiques, le règne de la fraternité humaine serait en vigueur. C'est toujours par ignorance que l'on ne peut s'entendre sur notre globe et qu'on recommence toujours les mêmes fautes et les mêmes erreurs.

Veuillez agréer, monsieur, l'expression de mes sentiments distingués.

VIOLLET-LE-DUC.

1. M. B. Bucknall a traduit en anglais plusieurs des livres de Viollet-le-Duc, notamment *l'Histoire d'une forteresse*, *l'Histoire de l'habitation*, *les Entretiens sur l'architecture*, etc.

A Monsieur FRANCISQUE SARCEY

Paris, 10 décembre 1875.

Mon cher collaborateur[1],

Je n'ai jamais été en Chine, mais je possède une assez jolie bibliothèque de livres chinois dont les plus anciens datent du commencement du XVIe siècle de notre ère et dont les plus récents sont d'hier. Livres à images pour la plupart, et à charmantes images. Je me suis mis à les parcourir de nouveau depuis votre campagne à propos des *petits Chinois*. Sous forme de parenthèse je vous dirai que ces livres sont de toutes sortes, et que plusieurs ne pourraient être mis entre les mains des jeunes filles. Mais, bons ou mauvais, leurs gravures montrent des enfants, beaucoup d'enfants. Or, ces petits êtres sont représentés comme étant toujours l'objet d'une préoccupation, d'une tendresse, d'une attention. Toujours ils ont le don d'exciter le sourire chez les grandes personnes qui les entourent. Ils ont en mains des joujoux. La scène se passe-t-elle dehors ? le père les tient par la main, la mère dans ses bras. Les parents se livrent-ils à un travail ? les enfants sont là, sur des nattes, avec leurs petits ménages.

Je me demande comment il se ferait que, chez un peuple *se* représentant comme si attentif, si préoccupé à l'endroit de l'enfance, on admît, régulièrement et sans protestations, le procédé des fameux cochons. Peut-être ces Chinois ne sont-ils que des hypocrites, comme certains Européens de ma connaissance, et, pendant qu'ils font manger leurs petits par des cochons, impriment-ils, pour nous faire illusion, des images toutes empreintes de l'amour des enfants, et cela depuis trois cents ans. Ce n'est pas probable.

Mais il y a mieux. On fait, en Chine, beaucoup de petits livres à images pour les enfants à cette fin de les instruire en toutes sortes de métiers; ce qu'on ne fait pas assez chez nous, et on a tort. Ces images sont charmantes, claires, vraies, prises sur le vif, dessinées par des maîtres.

Il faut donc admettre qu'on instruit avec soin et intelligence, en Chine, les enfants soustraits à la dent des cochons. Chez nous pas de cochons, du moins je le crois ; mais quelles images !

A vous,

E. Viollet-le-Duc.

1. Sarcey et Viollet-le-Duc écrivaient alors tous les deux dans le *XIXe Siècle*.

A Monsieur V. DE BOUTOWSKY

DIRECTEUR DU MUSÉE D'ART ET D'INDUSTRIE, A MOSCOU

7 janvier 1876.

Monsieur,

J'ai reçu, il y a quelques jours, une lettre de vous et un petit paquet de tracés faits par les élèves de vos écoles, puis, hier, deux autres lettres dont l'une, avec votre carte et photographie, m'annonce l'envoi de l'*Histoire pittoresque de l'architecture en Russie, du trésor de Moscou et du panorama de Moscou* avec dessins de bâtiments, et l'autre, l'envoi d'un exemplaire des *Antiquités de l'Empire de Russie* que S. M. l'Empereur a bien voulu m'accorder sur la demande de M. le ministre des finances.

Je n'ai pas besoin de vous dire combien je suis sensible à ces marques de l'intérêt que l'on veut bien attacher en si haut lieu à mon travail. Ce m'est une obligation de plus d'y apporter tous mes soins et connaissances. Etant débarrassé de travaux importants qu'il me fallait achever, je me mets, sans désemparer, à ce labeur attachant de l'*Histoire de l'art russe* [1]. J'ai sur les arts de l'extrême Orient des données du plus haut intérêt, grâce à la collection de M. Cernuschi qui a bien voulu la mettre à ma disposition, et j'ai trouvé là des solutions qui, je crois, ne peuvent être contestées.

Enfin je recueille, et j'ai maintenant, grâce à votre puissante intervention, assez de documents pour me mettre résolument en route.

Veuillez agréer l'expression de mes sentiments dévoués ainsi que mes remerciements.

E. Viollet-le-Duc.

A Madame MARGARET STOKES

A DUBLIN, IRLANDE

11 septembre 1876.

Madame,

Revenu de voyage d'hier seulement, je vous prie de m'excuser si je n'ai pu répondre plus tôt à votre lettre [2].

1. *L'Art russe*, par Viollet-le-Duc, publié en 1877 (ancienne maison Morel, 5, rue Saint-Benoît).

2. Mme Margaret Stokes, qui préparait un livre intitulé : *Early christian architec-*

Comme il n'existe aucun couronnement de tour de monastère, en France, qui soit antérieur au xe siècle, il serait difficile de dire si ces tours étaient couronnées par des toits coniques. Mais les représentations de ces édifices dans les manuscrits carlovingiens et dans un grand nombre de bas-reliefs des xie et xiie siècles montrent des tours à toits coniques. Ces toits coniques appartiennent à la plus haute antiquité, cette forme dérivant du système le plus simple de couverture puisque, pour l'établir, il suffit d'un arbre central et de chevrons appuyés sur son sommet.

Il y avait en France des monuments gallo-romains terminés par des toits ou des maçonneries coniques, notamment la tour de Vésone, à Périgueux, édifice qui était certainement un tombeau et dont le couronnement conique servit de type à ceux des clochers du Périgord et, notamment, à celui de Saint-Front (Voyez *Dictionnaire d'architecture*, t. III, p. 289, x^e au xie siècle).

Quant aux parties inférieures de ces tours d'église, bâties du viiie au xe siècle — tours évidemment de défense — elles sont carrées, massives, munies d'une seule porte, souvent défendues par un pont volant sur fossé.

De ces soubassements nous avons des restes à Saint-Germain-des-Prés, à Paris (probablement ixe siècle), à la collégiale de Poissy (xe siècle), à l'église de Saint-Savin, près Poitiers (même date), à la petite église de Créteil, près Paris (même date), à Saint-Martin-de-Tours (ixe siècle), à Périgueux même, Saint-Front (viiie siècle).

Beaucoup de nos clochers des xiie et xiiie siècles sont établis sur des soubassements plus anciens, toujours carrés et fermés.

A dater de Charles le Chauve les monastères durent se mettre en état de défense pour pouvoir résister aux incursions normandes ; de ces tours de défense on fit plus tard des clochers, quand l'état pacifié du royaume le permit.

Cela n'est pas douteux puisque, partout, on trouve au moins les substructions de ces défenses et, particulièrement, dans les églises abbatiales.

Veuillez agréer, madame,

E. Viollet-le-Duc.

P.-S. — Je crois que la plupart des tours irlandaises, sur les côtes, sont des postes de surveillance pour permettre de signaler un débarquement et, au besoin, de résister quelque temps à une troupe.

---

ture in Ireland, qui a été publié en 1878, avait demandé à Viollet-le-Duc des renseignements sur les sujets qu'elle se proposait de traiter.

A Madame MARGARET STOKES

A DUBLIN, IRLANDE

27 septembre 1876.

Madame,

Entendons-nous bien ! les tours rondes dont vous me parlez, isolées des églises et placées spécialement dans les cimetières, sont des *tours de lumière*, phares ou fanaux, pour annoncer aux voyageurs, la nuit, la présence d'une abbaye ou d'une église. Nous en possédons plusieurs en France. Elles sont généralement cylindriques, avec toits coniques et petites ouvertures à l'extrémité supérieure (Voyez dans le *Dictionnaire de l'architecture française*, t. VI, p. 154 et suivantes, *Lanternes des morts*).

Pour moi, la tour de Saint-Maurice d'Épinal n'est pas autre chose, c'est-à-dire *tour fanal* et aussi, au besoin, *tour de guet*. Cela ne pouvait en rien servir comme ouvrage de défense, puisqu'il n'y a pas de crénelages supérieurs et que l'étroitesse de ces cylindres ne pouvait permettre à des défenseurs de s'y placer.

Je crois que les tours rondes analogues d'Irlande sont des *fanaux* ou des *tours de guet*.

Nous en avions autrefois sur nos côtes de Bretagne, mais elles ont été détruites, et je n'en sais plus une seule debout.

La tour de Montlhéry, dont vous me parlez, est une tour du donjon du château féodal de Montlhéry (Voyez dans le *Dictionnaire de l'architecture française*, t. IX, p. 155).

La tour de Charost est un clocher, de même les tours de l'église de Worms sont des petits clochers tenant à la cathédrale et qui n'ont rien de défensif.

Les tours de Bourges sont des tours de remparts.

De même la grosse tour de Saint-Valery, la grosse tour d'Aigues-Mortes, sont des tours de défense avec phares.

La tour d'Uzès est un clocher cylindrique qui n'est pas fait pour la défense.

Quant aux tours isolées des églises nous n'en avons pas en France, si ce n'est les tours dites *lanternes des morts*, faites pour donner de la lumière, la nuit, au loin, et, peut-être aussi, lorsqu'elles sont d'un diamètre convenable, pour guetter.

Or, presque toutes les abbayes avaient des guetteurs, comme les châteaux.

J'ai toujours considéré les tours isolées d'Irlande comme ayant été construites pour ces deux fins ; savoir : éclairer et guetter.

Je ne vois pas trop le rapport qui peut exister entre ces tours et celles de Ravennes qui sont, à tout prendre, des clochers.

Les Romains avaient établi beaucoup de ces tours sur les frontières et les côtes ; on en trouve encore des restes, notamment dans les environs d'Autun, et le nom de Montigny (*mons ignis*), qu'on rencontre sur plusieurs points de la France, vient de ce que ces localités possédaient une de ces tours de guette et phare, afin de faire des signaux de nuit. Ces tours furent élevées en grand nombre au ve siècle, lors des invasions, et le moyen âge n'a fait que continuer cette tradition.

Veuillez agréer, madame,

E. Viollet-le-Duc.

Tous mes vifs remerciements pour l'envoi de votre belle *introduction* [1].

A Monsieur ALFRED TAILLIER

SECRÉTAIRE DE LA RÉDACTION DU « BIEN PUBLIC »

Paris, 16 février 1878.

Mon cher collaborateur,

Je lis ce soir dans le *Bien public* qu'il est question de remplacer le directeur actuel des beaux-arts, et que je serais l'un des candidats désignés pour lui succéder.

Je n'ai jamais eu de goût pour les places, et ce goût ne m'est pas venu avec l'âge. Mais, en outre, permettez-moi de vous faire observer que, de tout temps, je me suis élevé contre ce qu'on veut bien appeler la *direction des beaux-arts*, et que si, chose peu probable, un ministre m'offrait ces fonctions, je les occuperais peut-être pendant vingt-quatre heures, dans l'unique espoir de lui démontrer que le plus sage est de les supprimer [2].

Tout à vous,

E. Viollet-le-Duc.

1. Cette introduction était celle de l'ouvrage que Mme Margaret Stokes a publié sur l'architecture de l'Irlande.

2. Viollet-le-Duc a publié dans le *XIXe Siècle*, numéro du 26 mai 1878, un article dans lequel il a motivé cette opinion.

A Monsieur VIOLLET-LE-DUC Fils

SECRÉTAIRE DE LA COMMISSION DES MONUMENTS HISTORIQUES

Paris, 1er mars 1878.

Mon cher Eugène,

Du Sommerard est venu ce matin chez moi et m'a demandé une note sur le musée de Cluny que l'on tenterait — pour la troisième fois — de rattacher à je ne sais quoi qui n'a de nom dans aucune langue.

Je pense qu'il s'agit de la faire passer à la commission dont M. Charton est le président [1].

Cette note fera peut-être un peu éternuer ladite commission, mais il n'y a pas grand mal à cela, à mon avis. Au contraire [2].

Amitiés,

E. Viollet-le-Duc.

Voici cette note :

Je ne rappellerai pas ici les circonstances dans lesquelles le musée de Cluny, de collection privée, dans l'origine, est devenue une collection publique.

Depuis lors le noyau formé par M. du Sommerard père s'est singulièrement accru, et cet accroissement est dû à l'initiative très intelligente de M. du Sommerard fils, secondée par la commission des monuments historiques à laquelle le directeur soumettait et soumet encore ses projets d'acquisition.

Le musée de l'hôtel de Cluny a toujours possédé une existence autonome, sous la surveillance de la commission des monuments historiques, et il n'est besoin de dire que son accroissement méthodique est dû à l'unité de direction et à l'esprit qui n'a cessé de présider à sa composition. La renommée du musée de Cluny est européenne, et, partout, on a tenté ou on tente d'imiter ce type de collection touchant les arts appliqués aux meubles, aux bijoux, aux ustensiles, pendant la période comprise entre l'époque gallo-romaine et le XVIIe siècle.

Il serait très fâcheux, à notre avis, que, sous prétexte d'unité dans la direction et l'organisation des musées nationaux, on fît perdre à ce musée de Cluny son caractère propre, indépendant, son autonomie, dirai-je. Il ne pourrait rien gagner à cela et perdrait quelque chose de son caractère.

S'il résultait de la situation actuelle des abus, des dépenses inutiles, un choix médiocre dans les acquisitions, on comprendrait que l'administration voulût centraliser ce service et le réunir au grand ensemble des musées nationaux, au point de vue administratif. Mais on ne saurait adresser ces reproches à la direction du musée de Cluny. Les acquisitions sont soumises à l'examen d'une commission compétente qui connaît bien cette collection et sait comment il convient de l'accroître.

1. Cette commission était chargée d'étudier une réorganisation des musées.
2. Cette note paraît avoir produit son effet puisque le musée de Cluny a conservé son autonomie, nous la reproduisons ci-dessus.

Sans médire du principe de la centralisation administrative elle a ses inconvénients, et, quand une organisation fonctionne d'elle-même, sans apparence d'abus, sous un contrôle absolument désintéressé et compétent, il n'y a aucun avantage à la modifier sous prétexte d'unité administrative. Au contraire, et, dans ce cas particulier, on risque d'altérer le caractère spécial qu'a pu conserver, à travers tant d'événements politiques, un établissement utile aux artistes et, surtout, à la grande industrie parisienne.

Nous sommes loin de penser qu'il n'y ait aucune réforme à tenter dans l'organisation des musées nationaux; mais l'esprit de ces réformes devrait, à notre avis, s'inspirer de l'organisation du musée de Cluny au lieu d'essayer d'englober cet établissement dans un ensemble qui est bien loin d'être parfait.

Si jamais l'organisation des musées nationaux, au double point de vue administratif, de l'étude critique et du classement méthodique, arrive à un résultat satisfaisant, peut-être sera-ce le moment de comprendre dans cette organisation le musée de Cluny; mais jusqu'à ce moment, qui ne paraît pas être proche encore, le mieux, probablement, est de laisser fonctionner en liberté ce qui fonctionne bien et donne entière satisfaction au public, car aucun musée n'est plus populaire que le musée de Cluny; aucun ne rend plus de services à nos industries d'art dont l'importance à Paris n'est contestée par personne [1].

VIOLLET-LE-DUC.

A MADAME X...

Genève, 24 mai 1878.

Ma chère amie,

Plus je vieillis et plus je vois que la bêtise lourde est la maîtresse du monde et que *avoir de l'esprit* est le plus sûr moyen d'être toujours battu, honni, vilipendé. Certes, notre pays possède un échantillon d'imbéciles notable, et on devrait nous en tenir compte. Mais, tout supputé, c'est peut-être encore chez nous une minorité relative. A quoi cela nous a-t-il servi? Tant qu'on nous a cru les plus forts, c'était charmant, mais du jour où nous avons été battus, du jour où on ne nous a plus craints, la haine de l'imbécillité contre l'esprit s'est fait jour sur toute la surface du globe civilisé, et, à l'heure qu'il est, on nous montre à chaque instant qu'avec notre esprit nous n'avons autour de nous que des ennemis. C'est gênant l'esprit; on nous le fait voir clairement, et on nous fait entendre qu'on espère bien le supprimer pour laisser décidément carte blanche aux imbéciles et aux fripons grossiers.

Mais, laissons ce chapitre déplaisant. J'ai vu le fils de votre cousin, M. W..., qui m'a prié de vous faire toutes ses amitiés. J'ai déjeuné ce

1. Viollet-le-Duc publiait quelques jours après, dans le *XIXe Siècle*, une série d'articles intitulés : *La question des musées.*

matin avec M..., lequel m'a beaucoup parlé de vous, d'Émile et de Paris. Il compte bien que vous viendrez cet été à Genève et que cette fois il pourra vous voir. Il suppose, avec quelque apparence de raison, que je devrai y séjourner plus longuement si les travaux projetés s'exécutent, chose qui n'est point absolument certaine. J'ai fait des conditions ; les acceptera-t-on? c'est une question, mais je veux être entièrement libre, ou rien n'est fait. Avec la ville j'ai une autre affaire en train, qui me paraît un peu plus claire que celle du tombeau de ce fantoche sur les millions duquel on se rue dans la libre Suisse comme on le ferait dans un État corrompu par le despotisme énervant[1]. Non, décidément, malgré tous nos défauts, nous valons mieux que tout cela. Mais nous avons le tort énorme de nous être laissé rosser par des pédants armés et puants. A cela nulle excuse. *Væ victis.*

Je n'ai pas trouvé à Genève un seul bouton, non monté, en cristal enfumé, mais des petits boutons en onyx rouge, qui sont des bijoux et réjouissent l'œil. J'ose espérer que cela fera votre affaire. Il y a des perdrix des îles Ioniennes qui ont des yeux ainsi faits.

Les montagnes sont bien belles de l'autre côté du lac, et cela est bien tentant. Je résisterai cependant à la tentation[2]. Le froid ne m'enlève pas du tout ma bronchite, mais je vais bien cependant et n'ai pas la fièvre, ce n'est que l'ennui de toussailler à chaque instant.

Amitiés,

E. VIOLLET-LE-DUC.

A MONSIEUR BAUDRY

ÉDITEUR

4 juin 1878.

Mon cher ami,

Je vous renvoie les trois lettres que vous avez bien voulu me communiquer. J'y découvre surtout ce point capital, c'est que ma carte n'est

1. Il s'agissait du tombeau à élever au duc de Brunswick qui, on le sait, avait laissé toute sa fortune à la ville de Genève, à charge pour elle de lui élever un monument. La ville avait demandé un projet à Viollet-le-Duc en même temps qu'elle l'avait chargé d'étudier la restauration de la chapelle des Macchabées. Mais Viollet-le-Duc fit comme il le dit. Il préféra n'exécuter ni l'un ni l'autre de ces projets plutôt que d'accepter des conditions qui ne laissaient pas à l'artiste son entière liberté. Nous avons retrouvé, parmi les dessins du maître, un avant-projet dudit tombeau.

2. Viollet-le-Duc fait ici allusion au plaisir qu'il aurait eu de traverser le lac pour aller à Lausanne, qu'il aimait beaucoup, et où il venait de se construire la petite maison dans laquelle il est mort.

pas faite par un Suisse ou par un Anglais. C'est fâcheux, mais je n'y puis rien, malheureusement pour vous[1].

Comment répondre à des critiques qui ne sont que des affirmations sans preuves? Il est entendu que les Alpes appartiennent aux Suisses et aux Anglais, et celui qui se permet de s'en occuper en dehors de ces deux nationalités est un intrus. J'ai eu le tort de penser que le Mont-Blanc étant français, les Français prendraient intérêt à ce massif faisant partie de leur territoire. C'est une erreur que je confesse et dont vous êtes victime comme moi-même, puisque j'ai eu la sottise de passer 9 campagnes à ce travail et d'y dépenser 20 ou 25,000 francs.

Comment répondrais-je à des critiques du genre de celle-ci : *« on a copié toutes les erreurs de l'original. »* De quel *original* veut-on parler?

J'ai trouvé la carte de Mieulet (qui n'est que partielle) fautive, et lui-même a eu le soin de me signaler certaines erreurs. J'ai trouvé la carte d'O'Reilly *très incomplète* et non moins fautive, jusqu'à omettre des arêtes et des glaciers. Je n'ai trouvé d'exact que les mappes de Dufour, pour ce qui concerne la frontière suisse, mais non point le Mont-Blanc que Dufour indique très sommairement.

Quant aux cartes partielles des clubs alpins ce sont des tracés sans valeur au point de vue topographique.

Je ne comprends pas la critique relative aux ombres, puisque j'ai éclairé ma carte conformément aux rayons solaires, *ce qui est précisément contraire à la routine.*

Tout cela est misérable et ne fait guère honneur aux connaissances des géographes suisses et anglais, ce qui est tout un.

Qu'y faire? tâcher de se tirer de ce mauvais pas pour le mieux, et, là-dessus, vous aurez, non pas carte ombrée, mais carte blanche.

Agissez donc pour le mieux, et ce que vous ferez sera bien fait.

Mille amitiés,

E. Viollet-le-Duc.

A Monsieur LOUIS BLANC

26 juin 1878.

Monsieur et illustre maitre,

Je suis très touché de l'appel que vous voulez bien m'adresser au sujet de la célébration du centenaire de Rousseau. Mais je professe

1. M. Baudry a édité la carte du *Massif du Mont-Blanc*, que Viollet-le-Duc a dressée. Ce travail avait été, de la part de correspondants de l'éditeur, l'objet de critiques auxquelles l'auteur répond dans cette lettre.

pour votre caractère une trop haute estime pour vous envoyer des excuses banales.

Je ne suis point un admirateur de Rousseau et suis loin de partager les idées que son immense talent, comme écrivain, lui a permis de répandre chez nous.

Vous apporter un concours sans convictions ce serait vous faire injure.

Je ne saurais mieux vous exprimer mes sentiments de respect et de vive sympathie qu'en vous répondant avec une entière franchise.

VIOLLET-LE-DUC.

A MADAME VIOLLET-LE-DUC

Paris, le 1er août 1878.

Ma chère amie,

Je pars demain soir, passablement fourbu. Il m'a fallu, ces jours derniers, faire des prodiges d'activité pour enfin me débarrasser des besognes que je ne pouvais laisser en chemin. Aussi, suis-je à bout et, s'il me fallait faire le moindre effort, je ne sais si j'en aurais le courage. Je sens que je suis éreinté à l'impatience qui me gagne au moindre obstacle.

Avant-hier matin il en est venu six, je dis six, qui me demandaient de les appuyer pour l'obtention de la croix; et, chacun d'eux, de me remémorer ses mérites pendant un quart d'heure, en moyenne. Et qu'y puis-je, bon Dieu! Mais on a beau dire à ces aspirants à la chevalerie qu'on n'est rien, qu'on ne peut rien, ils n'en poursuivent pas moins leur boniment. N'y a-t-il pas là seulement de quoi devenir enragé? Et ils sont 20,000, je dis vingt mille, qui postulent!

Là-bas je n'entendrai plus parler de ces misères. Mais je ne me croirai en sûreté que quand je serai monté dans un wagon et que le sifflet de départ se fera entendre.

Bonne santé, je t'embrasse de cœur.

VIOLLET-LE-DUC.

A Monsieur VIOLLET-LE-DUC Fils

SECRÉTAIRE DE LA COMMISSION DES MONUMENTS HISTORIQUES

Lausanne, 14 août 1878.

Mon cher Eugène,

J'ai reçu hier ta lettre du 12 et je suis très heureux des renseignements qu'elle me donne sur les inspecteurs généraux des monuments historiques. Il faut que ces messieurs fassent très consciencieusement leur métier; il serait bon qu'ils pussent déjà nous faire un rapport général sur deux ou trois provinces, en attendant les autres. Ces rapports généraux qui, dans l'origine de l'institution, étaient annuels, n'ont plus été faits, et ç'a été un tort. Ces rapports généraux, imprimés dans l'*Officiel*, frappaient l'esprit du public et faisaient ressortir l'importance du service et la nature des attributions si importantes des inspecteurs généraux.

Ces messieurs peuvent s'inspirer du premier rapport de Vitet et des rapports de Mérimée qui sont des chefs-d'œuvre en ce genre. Et, comme gens du métier, ces messieurs peuvent donner à ces documents plus de solidité quant au fond, sinon quant à la forme.

Parle-leur de cela; pour octobre ne nous feraient-ils qu'un rapport, chacun, sur une de nos divisions d'écoles d'art, que ce serait déjà beaucoup. Cela pourrait être distribué au Parlement, et, alors, on ne discuterait pas l'utilité de l'institution.

Je suis arrivé ici éreinté et, pendant deux ou trois jours, j'ai vécu comme un madrépore, végétant, dormant les trois quarts du temps, lisant sans comprendre [1].

Puis je me suis remis doucement à mes affaires qui, en ce pays de calme, ne demandent pas une grande activité, puis, peu à peu, j'ai repris mon travail. Je vais bien maintenant grâce à la tranquillité absolue qu'on m'a laissée, mais le temps est si inconstant que je n'ai pas fait d'excursions et, si cela continue, je ne sortirai pas beaucoup d'ici où je suis si tranquille. Il pleut chaque jour, et les Vaudois ne comptent pas faire de riches vendanges.

Je vous embrasse tous et vous souhaite bonne santé.

Viollet-le-Duc.

1. Viollet-le-Duc venait d'avoir une première atteinte de la maladie qui devait l'enlever treize mois plus tard.

Au Général CH. DE NANSOUTY

5 octobre 1878.

Monsieur le général,

J'ai reçu la lettre et le calque que vous m'avez fait l'honneur de m'adresser relativement à l'établissement d'un observatoire sur le sommet du pic du Midi de Bagnères-de-Bigorre [1]. Je connais la situation, étant monté plusieurs fois au sommet du pic et, notamment, m'y étant trouvé par une matinée tempêtueuse. Les vents y sont terribles, comme sur tous les sommets, vous le savez mieux que personne. Il faut donc prendre toutes les précautions possibles pour que la couverture puisse résister aux ouragans les plus violents. Il est certain que l'ardoise, fût-elle bien clouée ou même posée à crochets, ne résisterait pas, et que le vent ferait pénétrer l'eau sous les pureaux, en abondance.

Je ne saurais admettre une chape de ciment posée sur des lames de plomb ou de zinc. Même sous un climat tempéré ce moyen ne vaudrait rien, et le ciment se détacherait très promptement du métal, mais là où les écarts de température sont considérables, le retrait ou la dilatation du métal ferait craquer la chape à la première gelée ou au premier coup de soleil, et elle tomberait en morceaux. Puis, pour poser le zinc ou le plomb, il faut des ouvriers très expérimentés; ce serait une dépense considérable sans résultat pratique.

Je crois donc que ce qu'il y aurait de meilleur serait de poser une couverture en tuiles creuses (bien cuites), à bain de ciment de Portland, en ayant le soin de passer sur les tuiles posées une couche de brai ou de goudron, pour soustraire leur surface à l'action de l'humidité, laquelle, une forte gelée survenant, pourrait les faire éclater.

Je ne comprends pas l'utilité des deux bahuts ou attiques projetés à l'égout des pentes du comble, à moins que ce soit pour arrêter la neige. Cela ne garantirait nullement la toiture contre l'action du vent, au contraire; il s'établirait des tourbillons et chocs qui risqueraient d'enlever les matériaux les plus lourds, et ce serait une cause d'infiltration des eaux de neige dans les murs, car la jonction de ces

1. C'est, on le sait, à l'initiative du général de Nansouty et à la générosité de M. Bischoffsheim qu'on doit la construction de l'observatoire élevé sur le pic du Midi de Bagnères-de-Bigorre.

bahuts avec la couverture ne saurait se faire sans qu'il en résultât bientôt des fissures. Le mieux pour résister au vent est de lui offrir des surfaces unies et sans ressauts.

Voici ce que je proposerais :

A la tête des murs goutterots une saillie en pierres plates, puis l'égout en tuiles creuses tombant dans une gouttière faite de deux madriers de sapin ferrés et maintenus par des potences en fer scellées dans la muraille.

On est privé d'eau sur les hauteurs, et il est bon de recueillir celle qui tombe du ciel ou qui provient de la fonte de la neige, pour les usages journaliers. Au bout de ces gouttières un entonnoir en fer blanc enverrait les eaux dans une seille au moyen d'un tuyau pour empêcher le jet d'être dévié par le vent.

Ce que je propose ici a déjà été exécuté dans des conditions analogues par moi-même, et cela a donné de bons résultats. Mais, ne pas omettre d'enduire les tuiles, une fois posées, avec du brai, et, comme cette matière ne coûte rien et peut être gardée en pots, renouveler cet enduit à chaque fin de belle saison.

Prendre de la bonne tuile soit à Tarbes, soit à Toulouse, et la demander très cuite [1].

Veuillez agréer, monsieur le général, l'expression de mes sentiments les plus distingués.

VIOLLET-LE-DUC.

A MONSIEUR JULES ADELINE

Paris, 27 décembre 1878.

Monsieur,

J'ai reçu votre belle eau-forte de l'église Saint-Ouen, à Rouen. Je vous en fais tous mes compliments; cette page est excellente et rend bien l'aspect du monument, agréez donc mes remerciements bien sincères.

1. Ayant eu la curiosité de demander au général de Nansouty s'il avait suivi les conseils de Viollet-le-Duc, cet éminent officier a bien voulu nous faire connaître qu'il avait adopté le mode de couverture proposé, mais qu'il avait dû faire fabriquer à Tarbes un genre de tuiles spéciales n'ayant pas moins de 0 m. 60 × 0 m. 40 et pesant chacune jusqu'à 10 kilogrammes. Les potences de soutien des gouttières furent aussi établies d'après le système indiqué, mais elles furent, les unes après les autres, tordues par l'action du vent, bien qu'elles aient été exécutées en fer forgé de 0 m. 04 × 0 m. 03.

Quant au livre touchant les images grotesques, satiriques ou symboliques, je demandais à Champfleury la conclusion parce que je pensais que de ce recueil d'exemples vous pensiez en vouloir tirer une.

Peut-être est-il prudent de ne l'avoir point fait, car sur ces sujets il y aurait beaucoup à dire. Jusqu'à la fin du XIIIe siècle il est assez facile de savoir ce que les artistes ont voulu faire, tout cela étant, en grande partie, tiré des Bestiaires, mais, quand le laïcisme s'affirme au commencement du XIVe siècle, l'élément satirique se joint à l'élément fabuliste, et, alors, il est bien difficile de débrouiller le chaos.

Quoi qu'il en soit — et c'est précisément pour cela que je demandais que ces recueils fussent faits par provinces — en réunissant quelques faits historiques locaux, les lais, fabliaux locaux, les chansons et dictons populaires locaux, on pourrait, je crois, arriver à donner la signification de beaucoup de ces images d'apparence fantastique.

Mais, pour cela, il faudrait un dépouillement de ces lais, fabliaux, proverbes, soties, dictons locaux, et la chose est difficile. Je ne vous en soumets pas moins la question.

Agréez, monsieur, l'expression de tous mes sentiments dévoués et sympathiques.

E. VIOLLET-LE-DUC.

A MONSIEUR V. DE BOUTOWSKY

DIRECTEUR DU MUSÉE D'ART ET D'INDUSTRIE, A MOSCOU

Paris, 30 décembre 1878.

Monsieur,

J'ai reçu avec grand plaisir votre lettre, car ne vous ayant pas vu cet automne, comme nous l'espérions, je craignais que vous ne fussiez malade ou empêché par quelque motif fâcheux.

Quant à moi je voudrais bien, en effet, passer quelques jours à Moscou, mais ma vie est tellement remplie ici, et je suis attaché à des labeurs si impérieux que je ne puis combiner pour le moment un pareil voyage. Nous avons tout à faire depuis 1871 pour remonter au point que nous devons occuper et pour refaire par l'enseignement notre pays, que toutes les heures qui ne sont pas consacrées à ce travail par ceux appelés à le poursuivre, sont une sorte de vol aux dépens du pays.

Il ne m'est pas moins très agréable de savoir que mon livre continue d'être apprécié par les vrais Russes et que le temps ne vous paraît pas en diminuer le succès près d'eux [1].

J'ai, en effet, reçu la brochure du comte S. Strogonoff, mais cela ne m'a pas autrement ému, car nous sommes, en France, habitués à des critiques plus vives et, surtout, plus sérieuses. A tout prendre, cette brochure ne me paraît pas opposer à mes appréciations des arguments convaincants pour les gens de bonne foi.

Voici, en réponse à vos questions, les définitions que vous demandez :

Un ton mixte est un ton composé de deux ou trois couleurs suivant que dans le mélange on met une ou deux d'entre elles en plus grande quantité (car si on mêle, en quantité colorante équivalente, les trois couleurs, le bleu, le rouge et le jaune, on obtient un ton gris sale). Je suppose qu'à une quantité colorante de jaune on mêle une quantité moindre de bleu, on obtient alors un jaune verdissant; si on y mêle une pointe de rouge on enlève à ce ton son aspect criard.

De même, si à beaucoup de bleu on mêle une quantité équivalente de rouge on obtient un violet, mais si on y ajoute un peu de jaune on obtient un pourpre plus ou moins chaud. Ce sont là des tons mixtes, tout comme les mélanges faits de deux couleurs, savoir les verts, les orangés, les violets.

Un ton rompu est l'un de ces tons dans lequel on a fait entrer du blanc ou du noir (qui ne sont pas des couleurs comme vous savez). Avec cette adjonction de blanc ou de noir, ou des deux, on *rompt* l'intensité du ton mixte.

Les couleurs franches sont le jaune, le bleu et le rouge.

Veuillez agréer, monsieur, l'expression de mes sentiments les plus distingués.

VIOLLET-LE-DUC.

A MONSIEUR JULES ADELINE

21 janvier 1879.

Monsieur,

Je ne pourrais vous dire ce qu'était le pont de Rouen du Xe au XIe siècle (pour la charpente). Mais, voici la disposition des ponts les

1. *L'Art russe.*

plus anciens, ponts qui, du reste, suivent exactement les traditions romaines.

Les uns (fig. 1) étaient faits par empilages de bois sur pilotis et par encorbellement.

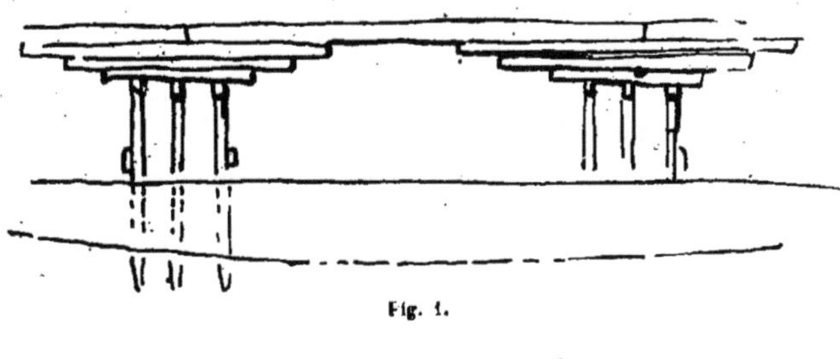

Fig. 1.

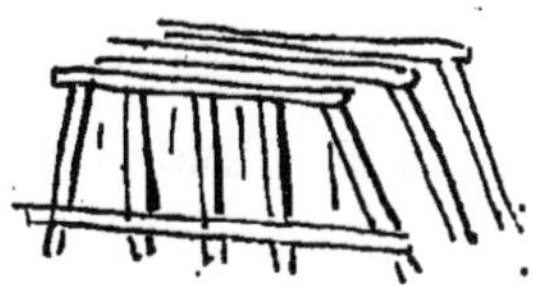

Perspective d'une pile.

Les autres, plus savants comme charpenterie, présentaient des combinaisons d'assemblages et aussi plus de solidité, tout en permettant de plus grandes ouvertures entre les piles[1], ainsi :

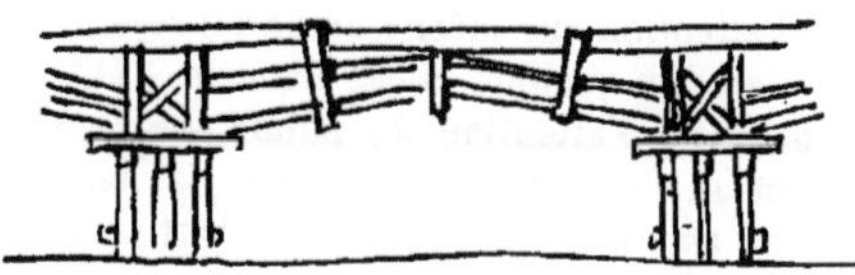

Indépendamment de la colonne Trajane et de la colonne Antonine qui, pour l'époque romaine, présentent des images de ponts conçus suivant ces deux systèmes, on en voit des rudiments sommairement indiqués dans des monuments des XIe et XIIe siècles.

Mais la grossièreté et la naïveté du dessin ne peuvent laisser de doutes sur le système employé. Il y a aussi un pont de charpente figuré dans l'album de Villard de Honnecourt, mais c'est un pont

1. Les renseignements et croquis fournis par Viollet-le-Duc dans cette lettre furent mis à profit par M. Adeline lorsqu'il publia en 1880 une étude sur les « Quais et ponts de Rouen autrefois et aujourd'hui ».

compris entre deux piles de maçonneries, toutefois on peut en déduire le diagramme suivant :

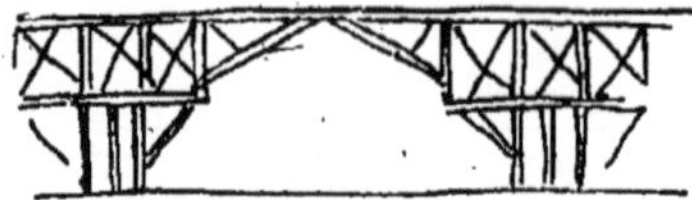

Mais Villard de Honnecourt est du milieu du XIIIe siècle.

Agréez, monsieur, l'expression de mes meilleurs sentiments.

E. VIOLLET-LE-DUC.

A MONSIEUR P. DEMONTZEY

CONSERVATEUR DES FORÊTS

Paris, 8 février 1879.

Monsieur,

J'ai reçu votre lettre avant-hier et votre bel ouvrage ce soir. Je ne fais, bien entendu, que le parcourir; mais vous pouvez être assuré que je le lirai avec l'attention que mérite un pareil sujet, et je compte bien, la chose faite, en dire quelque chose dans le *XIXe Siècle;* car on ne saurait trop attirer l'attention du public sur ce sujet si mal connu, même — hélas ! — de ceux qui, par la nature de leurs études, devraient s'en pénétrer[1]. On me traite volontiers de rabâcheur quand je gémis sur l'abandon où on laisse nos montagnes et quand j'essaye d'émouvoir les intéressés sur cette question. Aussi, suis-je heureux que vous soyez venu à la rescousse J'avais déjà vu à l'Exposition des modèles très intéressants concernant le reboisement des pentes et le réglage des torrents, et votre travail vient me fournir des documents pratiques.

1. Dans cette lettre, Viollet-le-Duc remercie M. Demontzey de l'envoi de son livre sur le ***reboisement des montagnes.*** Tout ce qui se rattachait à cette question avait à ses yeux une importance capitale pour le pays, et nous l'avons entendu bien souvent, à ce sujet, déplorer la facilité avec laquelle on oublie chez nous les désastres causés par les inondations. Il a publié dans le *XIXe Siècle* des articles sur le reboisement des montagnes (n[os] du 2 avril et des 18 et 20 mai 1879).

Recevez donc mes sincères compliments et remerciements, c'est une campagne à entamer avec beaucoup d'autres ; mais pour celle-là, il faut espérer que tout le monde se rendra aux bonnes raisons que nous cherchons à faire entrer dans la tête des administrateurs.

Ce n'était pas sans motifs que les premières civilisations considéraient les bois comme *sacrés*. Par intuition, nos ancêtres comprenaient qu'il y avait là un foyer de *conservation* qu'il fallait respecter.

La science et l'observation nous conduisent au même résultat.

Je suis heureux de cette occasion que vous m'offrez de me mettre en rapport avec vous, et vous pouvez être assuré qu'à la première occasion je me ferai un vrai plaisir de visiter vos travaux si utiles.

Votre résidence est-elle toujours à Aix en *Provence ?*

E. Viollet-le-Duc.

A Monsieur le MAIRE D'AUTUN

Paris, 15 mars 1879.

Monsieur le maire,

En réponse à votre lettre du 13 j'ai l'honneur de vous adresser les observations suivantes relativement au théâtre projeté à Autun, sur l'emplacement modifié de l'ancien théâtre[1].

Le terrain dont vous disposez aujourd'hui n'a que 24 m. 10 de profondeur jusqu'au passage à réserver, sur 21 m. 70 de largeur. A la rigueur, la largeur est suffisante, mais si on essaye de placer une scène et une salle sur 24 m. 10 on est terriblement à l'étroit ; car pour une population comme celle d'Autun il faut compter que la salle, du rideau au fond des loges, ne peut avoir moins de 13 mètres + 1 m. 50 pour le couloir au minimum ; l'épaisseur du mur de face 0 m. 50 ; total 15 mètres. L'épaisseur du mur de la scène 0 m. 50 et du mur du fond 0 m. 50. Il ne restera donc pour la scène que 8 mètres, ce qui est peu, et j'admets, dans ce cas, qu'il n'y a pas de foyer, ou que

1. La ville d'Autun, qui se proposait alors d'ouvrir un concours pour la construction d'un théâtre, avait consulté Viollet-le-Duc à ce sujet et lui avait posé notamment ces deux questions : 1° Peut-on construire un théâtre pour une population de 12,000 âmes sur un terrain mesurant 21 m. 70 sur 24 m. 10 ? 2° Y aurait-il inconvénient, étant donnés les abords, à empiéter sur ce terrain par une avancée de quelques mètres ?

le couloir doit en tenir lieu. Un plan sommaire vous indiquera mieux ce que j'entends démontrer ici.

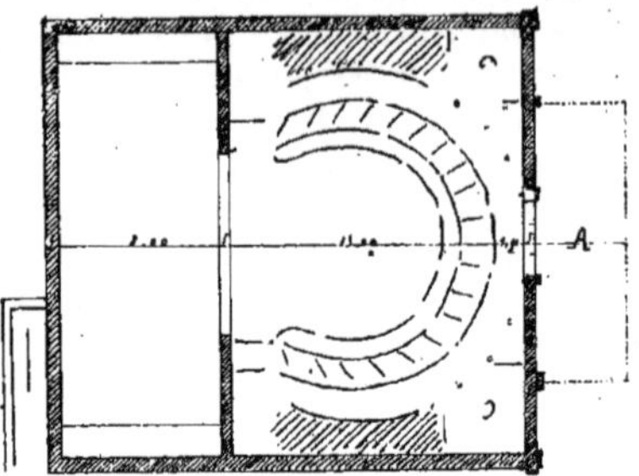

Il faudrait donc, aussi bien pour trouver un vestibule d'entrée qu'un foyer, avancer de 4 ou 5 mètres sur la place en A, et vous voyez que, même avec cette avancée, la scène n'en reste pas moins très peu profonde, ce qui est bien gênant pour le service.

A la rigueur, on pourrait gagner 1 mètre sur la salle qui serait ainsi réduite, compris les foyers, à 12 mètres, mais cela donnerait à la salle l'aspect d'un puits, à moins de la tenir assez basse, mais alors le nombre des spectateurs serait très réduit ; or, il vous faut compter sur un millier de places environ.

Ce qui manque donc, c'est la profondeur. Notre théâtre Montmartre, l'un des plus petits de Paris, qui ne contient que 800 spectateurs et dont la salle a plus de 13 mètres de profondeur, ne porte pas moins, en totalité, de 31 mètres, du foyer au mur du fond de la scène. L'ancien théâtre du Vaudeville, l'un de ceux qui se trouvaient bâtis sur un terrain très exigu, et qui n'avait, pour tout foyer, qu'un petit salon latéral, portait 26 mètres de profondeur, en tout, et la scène avait 9 mètres. Cette scène était trop peu profonde.

Notre théâtre du Gymnase porte, y compris le foyer, 35 mètres et, non compris le foyer, 28 mètres.

Il me parait donc difficile de ne pas empiéter sur la place pour construire à Autun un théâtre dans des conditions possibles.

Du reste, à mon avis, il n'y aurait pas à redouter le mauvais effet de cette avancée, au contraire, et l'édifice se détacherait mieux ainsi au milieu des espaces vagues et peu réguliers qui l'entourent.

Agréez, monsieur le maire, l'expression de mes sentiments les plus distingués.

E. Viollet-le-Duc,
pas de l'Institut[1].

1. Viollet-le-Duc relevait ainsi une erreur de son correspondant, qui lui avait attribué le titre de membre de l'Institut.

A MONSIEUR V. DE BOUTOWSKY

DIRECTEUR DU MUSÉE DE MOSCOU

Paris, 14 mai 1879.

Monsieur,

J'ai reçu la longue lettre que vous m'avez fait l'honneur de m'adresser à la date du 29 avril et qui contient de si précieux renseignements sur les critiques dont mon ouvrage est l'objet de la part de M. Bouslaieff et du père Martynov[1].

J'arrive tout de suite au fond de la question. Si, à des études ethnographiques et archéologiques on mêle la politique, il n'y a pas possibilité de rencontrer la vérité. De ce que l'art russe serait essentiellement relié à l'art asiatique il n'en résulte pas nécessairement qu'il faille rejeter la nation russe en Asie A ce compte, il faudrait aussi rejeter en Asie les Suédois, et même les Anglais, comme Aryens sortis des plateaux du haut Indus. Ne mêlons ni les idées religieuses, ni la politique, ni les préoccupations du moment, aux études sérieuses de l'histoire de l'art, car si on devait conclure des conséquences de cette étude que chacun doit reprendre son bien, toutes les civilisations de notre petit globe seraient bouleversées. Et, nous tous, depuis les Celtes, en Europe, devrions être rejetés en Asie, berceau commun de la grande majorité des nations européennes.

Si on veut bien jeter les yeux sur le tableau sommaire de la page 150 de mon volume, qu'y voit-on? que les Russes ont reçu des influences un peu de partout, mais plus particulièrement de l'Asie, ce qui est tout naturel puisque l'Asie était sa voisine immédiate sur une étendue de frontières très considérable; et le résumé du tableau indique que les Russes, comme tous les peuples de l'Europe, ont été formés aux arts par les éléments aryens, c'est-à-dire asiatiques, et par quelques apports sémitiques.

Ce n'est donc qu'une question de proportion. — L'Asie a été le grand réservoir d'où sont sortis tous les éléments de la civilisation depuis les époques les plus reculées dans l'histoire, et l'art en particulier. — Mettons de côté l'Égypte dont il est difficile, jusqu'à ce jour, de démêler les origines d'art, — peut-être les arts égyptiens

1. Les critiques dont il s'agit avaient trait à l'*Histoire de l'art russe* que Viollet-le-Duc venait de publier, et qui a été traduite en langue russe.

sont-ils autochtones, — toutes les autres nations trouvent l'origine de leurs arts en Asie, du moins celles sur le territoire européen.

Qu'ai-je donc voulu prouver dans mon ouvrage? Ai-je voulu faire une histoire complète de l'art russe? Non, il eût fallu 10 volumes, et non un seul, pour obtenir ce résultat. J'ai voulu montrer comment la Russie, tout comme la France, tout comme la Grèce antique, tout comme l'Italie, a possédé un art à elle, lui appartenant, et pour faire la démonstration, il fallait montrer les sources où la Russie, pour constituer cet art à elle, avait été puiser. — Car il faut toujours prendre le bien là où il est.

Quand on démontrera que ce qu'on appelle notre *roman* a les plus grands rapports avec certains exemples de sculpture et de peinture de l'art russe ancien, qu'est-ce que cela prouve? sinon que nous, comme les Russes, avons été puiser les éléments de cet art dit *roman* en Asie Mineure, dans les contrées occupées par l'empire byzantin. J'ai, je crois, prouvé le fait en ce qui nous touche, nous autres Français; qu'y a-t-il de surprenant à ce que les Russes et nous, allant puiser aux mêmes sources, nous produisions des résultats analogues? et pourquoi vouloir que les Russes, par exemple, aient été chercher en Occident, par ricochet, ce qu'ils avaient sous la main tout près d'eux? Cette façon de raisonner serait contraire à toute méthode scientifique.

Je ne saisis pas bien les critiques de détail qui me sont adressées par M. Bouslaieff, et en quoi ces critiques peuvent entamer le fond de la question. Pour les critiques d'ensemble j'y répondrai facilement. Quel est le tracé général de mon ouvrage?

Je présente, d'abord, ce que j'appelle les *origines de l'art russe*, c'est dire que je fais passer sous les yeux du lecteur toutes les sources où l'art russe a dû puiser pour se constituer, comme étant les plus naturellement mises à sa portée, soit par la situation géographique, soit par les relations politiques. Il fallait donc dire quelque chose et des populations russes primitives et des relations politiques entre elles et leurs voisines. C'est ce que j'ai fait. Ceci exposé, j'arrive au développement, à ce que j'appelle l'*art russe à son apogée*. Après avoir montré d'où sont tirés ces éléments j'explique comment ces éléments se combinent pour former un ensemble ayant une unité, composant un corps. Il fallait encore, par conséquent, faire sentir au lecteur les modifications que ces éléments combinés apportent les uns sur les autres en se mêlant; quels sont ceux qui dominent, quels sont ceux qui sont sacrifiés ou affaiblis.

L'art russe ainsi constitué, je n'avais plus qu'à tracer la voie qui lui est indiquée par sa nature même, et dans quel sens il doit marcher pour ne pas mentir à son principe. C'est ce que j'ai intitulé : l'*avenir de l'art russe*. Dire qu'en tout ceci je me suis égaré, c'est le droit de la critique, et je ne le lui conteste pas, mais dire que cela manque de *méthode*, voilà qui est étrange.

Le reproche opposé pourrait, avec bien plus de raison, m'être adressé; on pourrait dire que j'ai enfermé mon sujet dans un système méthodique si rigoureusement tracé que je devais nécessairement arriver à telle ou telle conclusion qu'il me plaisait d'adopter. Mais, s'amuser à chicaner à propos, par exemple, de chapiteaux dits « cubiques » produits par une demi-sphère coupée par quatre plans verticaux, chapiteaux que l'on trouve partout : dans l'Inde, au Japon comme en Asie Mineure, à Constantinople comme sur les bords du Rhin, et en Poitou, dans la Baltique comme en Lombardie, c'est une bonne plaisanterie. Les Russes ont pu le prendre aussi bien à Byzance qu'en Perse ou en Arménie, chez les Scandinaves aussi bien que chez les Grecs du Péloponèse.

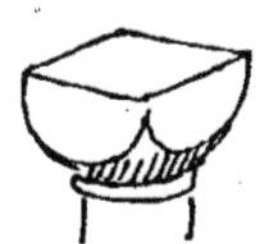

Comme vous je crois que tout ce bruit n'est que bon pour donner de la publicité à mon ouvrage qui est bien un peu le vôtre et celui de M. Natalis Rondot. Je ne m'émeus donc pas de ces critiques, au contraire, je m'en félicite, et vous envoie tous mes remerciements pour l'ardeur que vous voulez bien mettre à nous défendre.

Ne craignez donc pas de me demander des explications et renseignements si ceux que je vous adresse aujourd'hui ne peuvent vous servir dans la bataille engagée à ce sujet, et croyez bien, cher monsieur, à tous mes sentiments de vive sympathie.

VIOLLET-LE-DUC.

A MESSIEURS .....

ARTISTES ET AMATEURS DE LA VILLE D'ANVERS

15 mai 1879.

Messieurs,

J'ai pris connaissance des documents que vous avez bien voulu m'adresser au sujet de la conservation ou de la démolition du petit bâtiment dit *la tour bleue*[1].

Je n'insisterai pas sur l'argumentation qui consiste, pour concilier

1. La lettre à laquelle Viollet-le-Duc répondait ici était collective et comptait dix signataires dont six étaient peintres.

les opinions divergentes sur ce point, à déclarer que, si on sacrifie la tour bleue pour satisfaire les amateurs de démolition, on reconstruira l'ancienne porte de Bargerhout pour contenter les conservateurs des anciens monuments. Ce sont, là, des compensations qui ont le privilège de ne plaire à personne, car la reconstruction de la porte de Bargerhout ne consolera pas les partisans de la conservation de la tour bleue et ne plaira pas aux partisans de sa démolition qui, en perdant un édifice, en verront relever un autre dont ils ne se soucient point. Vous avez deux enfants, l'un est mort et, quelque temps après, on vient vous dire : Je vais tuer celui qui vous reste, mais vous rendre le premier. Évidemment père et mère vous répondraient : Pardieu! laissons les choses en l'état ou, si vous avez ce pouvoir, rendez-nous le défunt sans pour cela nous priver du vivant.

De ces discussions dont j'ai pris connaissance il résulte clairement ceci : c'est que le bâtiment dit la tour bleue ne gêne ni la circulation, ni la vue; c'est un édifice inoffensif s'il en est, situé sur un point de la ville où il ne nuit à quoi que ce soit. Les uns le trouvent laid, affaire de goût, les autres sans intérêt artistique, mais s'il fallait jeter bas tout ce qui est sans intérêt artistique et laid même, dans les cités, combien resterait-il d'édifices?

L'honorable M. Van den Nect me parait réduire en peu de mots la question. « Cette démolition, dit-il (de la tour bleue), serait la négation d'un principe admis aujourd'hui par tous, principe qui veut qu'une administration communale ne fasse *disparaître un monument qui rappelle son passé, son histoire*, que lorsqu'il y a impérieuse nécessité. » Y a-t-il, dans l'espèce, impérieuse nécessité? Certes non, alors à quoi bon démolir cet édifice « dans le plus bref délai » comme le demande le rapport? Il sera temps de le faire si, plus tard, des conditions de voirie l'exigent.

Mais je laisse de côté ces discussions qui ne peuvent être convenablement appréciées par un étranger à la localité, considérons l'édifice en lui-même.

N'en déplaise à l'honorable M. Nantre qui déclare ne pas savoir ce que c'est que l'architecture militaire, il y a une architecture militaire qui a élevé pendant le moyen âge quantité de constructions très remarquables, et qu'en France, à cette heure, nous conservons avec le plus grand soin, parce qu'elles indiquent combien les artistes de cette époque savaient plier l'art aux exigences des programmes les plus divers. Or, la tour bleue, si, aux yeux de quelques-uns, elle passe pour une affreuse bicoque, aux yeux des archéologues, des artistes et de tous ceux qui voient et raisonnent sur ce qu'ils ont vu, est un édifice du plus haut intérêt. Il est complet et assez bien conservé pour être restauré à peu de frais puisqu'il n'y manque rien.

Qu'était-il? Un magasin d'armes et de provisions dans le voisinage des remparts; ces sortes d'édifices sont extrêmement rares, et précieux pour l'histoire par conséquent. Il était *défendable* puisqu'il était percé de créneaux et d'archères, et, certainement, si nous avions le bonheur de posséder un pareil spécimen dans une de nos vieilles villes françaises, nous le conserverions religieusement, surtout s'il ne pouvait nuire à personne, ni gêner la circulation.

J'avoue que j'ai été touché de voir M. le lieutenant-colonel Vauvermann du génie plaider si éloquemment pour la conservation de cet édifice; ce plaidoyer ne me paraît guère réfutable et montre qu'en Belgique les officiers supérieurs, comme ils commencent à le faire chez nous, contrairement à leurs anciennes habitudes, comprennent la valeur et l'importance de ces débris de l'art de la fortification dans le passé. Cela n'est nullement espagnol, c'est de la bonne construction flamande « militaire » et, à ce titre seul, la tour bleue devrait être conservée et maintenue en bon état.

Ne nous pressons jamais de démolir quand il n'y a pas nécessité absolue, car la place rasée qu'occupait un monument intéressant l'histoire, l'archéologie, les souvenirs d'une cité, laisse toujours des regrets, et, sur le nom des démolisseurs, il reste une tache indélébile, ou tout au moins un ridicule.

Veuillez agréer,

VIOLLET-LE-DUC.

A MONSIEUR E. DU SOMMERARD

Paris, 29 juillet 1879.

Mon cher ami,

A l'*unanimité*, après un *éloquent* discours de votre serviteur, le nom de du Sommerard a été conservé à votre rue. On devait bien cela à votre excellent père dont j'ai raconté la vie toute consacrée à l'amour de notre art français [1].

Amitiés.

1. M. Engelhard, alors président du conseil municipal de Paris et rapporteur d'une commission chargée de faire une revision générale des rues de Paris, demandait que la rue du Sommerard s'appelât rue du Musée-de-Cluny. Pour combattre cette proposition, Viollet-le-Duc s'appuya principalement sur ce que le musée de Cluny n'existerait pas aujourd'hui si du Sommerard n'avait pas formé la belle collection qui en a été le point de départ, et si le savant archéologue n'avait pas sauvé le monument lui-même en venant y installer sa collection en 1831, alors que l'hôtel de Cluny était menacé de disparaître, situé qu'il était dans le prolongement de la rue de Sorbonne.

A Monsieur VIOLLET-LE-DUC Fils

SECRÉTAIRE DE LA COMMISSION DES MONUMENTS HISTORIQUES

24 juillet 1879.

Mon cher Eugène,

Je t'envoie un premier débrouillement de notre musée. On peut déjà, avec cela, savoir auprès de Geoffroy-Dechaume et de Corbel quels sont les moulages qu'ils possèdent[1].

Je reviens samedi soir.

Amitiés,

Viollet-le-Duc.

PRÉAMBULE

Il y a vingt-quatre ans que par une lettre en date du 30 juin 1855 adressée à M. le ministre d'État, chargé du département des Beaux-Arts, nous proposions à l'administration de fournir gratuitement des moulages de statuaire et de sculpture d'ornements faits sur les plus beaux monuments français du XIIe au XVIe siècle. En effet, l'Angleterre avait alors obtenu de faire exécuter ces moulages pour ses écoles et ses collections, et les architectes attachés à la commission des monuments historiques avaient stipulé que ces autorisations ne seraient accordées qu'à la condition de laisser un double de chaque estampage à nos agences de travaux.

Il ne fut fait aucune réponse officielle à cette offre de la commission ; or ces estampages, en double, réservés sur quelques chantiers, se perdirent ou furent détruits faute d'emplacement pour les recevoir ; c'est ainsi qu'on a laissé disparaître l'admirable collection des moulages que nous possédions dans les ateliers de Notre-Dame de Paris.

L'administration s'était contentée de faire savoir à la commission que les musées ne disposaient pas de locaux propres à recevoir ces collections.

L'Angleterre avait consacré à ce travail une somme d'environ 4,000 livres sterling ; or la partie de cette somme qui devait profiter à notre enseignement fut perdue pour elle comme pour nous, grâce à l'indifférence de l'administration des Beaux-Arts et, il faut le dire aussi, à l'opposition des musées et de l'Académie des Beaux-Arts, opposition dont nous n'avons pas ici à rechercher les

1. Il s'agissait de la création au Trocadéro d'un musée de moulages (musée de sculpture comparée), projet qui devait aboutir cette année même, après avoir été tenu en échec pendant plus de vingt ans.

Viollet-le-Duc dont la mort est arrivée le 17 septembre 1879, n'a pas vu la réalisation de ce musée, mais on peut dire qu'il l'a préparée. Il en a exposé le programme dans un rapport qu'il présentait à la Commission des monuments historiques le 30 juillet 1879, et que nous reproduisons ci-dessus :

motifs, mais qui fut assez puissante pour réduire à néant les propositions de la commission des monuments historiques.

Cependant des collections de cette nature étaient établies au South Kensington et au Cristal-Palace, et les artistes français pouvaient passer la Manche pour aller étudier les exemples de notre sculpture française classés dans ces collections.

Toutefois, la classification des sculptures déposées au Cristal Palace ou au South Kensington est loin d'être complète et méthodique et, si nous parvenons enfin à réunir les documents de cet ordre propres à l'étude, il faudra procéder suivant une critique plus sévère.

Le musée de sculpture comparée doit se composer d'éléments choisis avec grand soin et classés de telle sorte que la marche de l'art soit facile à suivre dans chaque centre de développement, et aussi, que la comparaison entre ces centres puisse se faire par l'examen des objets classés d'après un ordre méthodique.

Ce programme comporte trois divisions :

1° Relations entre les sculptures appartenant à différentes époques et civilisations.

2° Pour la France, divisions par écoles aux différentes époques.

3° Application de la sculpture suivant le système d'architecture employé.

I

Chez les peuples qui ont atteint un haut degré de civilisation l'art de la sculpture se divise en trois périodes :

Imitation de la nature suivant une interprétation plus ou moins délicate et intelligente. Époque archaïque, pendant laquelle on prétend fixer les types. Époque d'émancipation et de recherche du vrai dans le détail, et perfectionnement des moyens d'observation et d'exécution.

Tous les peuples ne remplissent pas la totalité de ce programme. Les uns parcourent les trois phases de ce développement de l'art, d'autres n'accomplissent que les deux premières et ne dépassent pas la période hiératique. Tels ont été la plupart des peuples orientaux, les Égyptiens de l'antiquité et les Byzantins.

Mais, où que l'on prenne la civilisation à laquelle appartient l'art de la sculpture, il y a une analogie frappante entre les produits de chacune de ces périodes.

Ainsi l'époque dite éginétique ou archaïque chez les Grecs présente avec l'époque archaïque du XIIe siècle en France les rapports les plus intimes. De même, entre le développement de l'art sculptural chez les Grecs de l'antiquité, à dater de Périclès, et en France, à dater du XIIIe siècle, trouve-t-on des analogies très intéressantes à constater.

Donc, des moulages empruntés à des sculptures égyptiennes de l'époque sincèrement archaïque, c'est-à-dire comprises entre les sixième et dix-huitième dynasties, ou à des sculptures grecques éginétiques et à des œuvres de la statuaire française du XIIe siècle, mises en regard avec méthode, montreraient comment ces trois expressions de l'art, si éloignées qu'elles soient entre elles par le temps et les conditions sociales, procèdent d'un même principe et produisent des résultats à peu près identiques.

Il est telle statue du portail royal de la cathédrale de Chartres qui, placée près de certaines figures hiératiques grecques, semblerait se rattacher à une même école par la façon d'interpréter la nature, de concevoir les types, et par le faire. Il en serait de même pour les sculptures datant de l'affranchissement de l'hiératisme, entre l'art grec depuis Phidias et l'art français des XIIIe et XIVe siècles.

Ces grands principes mis en lumière et rendus intelligibles pour tous, au moyen d'un choix assez restreint de moulages, il s'agirait de donner une idée complète de notre sculpture française.

II

Nous sommes à peu près les seuls en Europe qui ne connaissions pas la sculpture française.

Nos jeunes artistes vont en Italie admirer certaines œuvres des maîtres primitifs de cette contrée, des Pisans par exemple, lesquelles datent du XIVe siècle, et ne se doutent pas que nous possédons en France des exemples antérieurs de plus d'un siècle à ces œuvres et infiniment meilleurs au point de vue du style et de l'exécution.

Cette indifférence, cette ignorance, peut-on dire, ont été soigneusement entretenues dans l'enseignement officiel donné à l'École des beaux-arts par l'Académie qui tient cet enseignement sous sa main, l'Académie n'entendant point que les études sur l'art sortent du champ qu'elle a délimité à une époque où les connaissances critiques sur les arts étaient très bornées.

Un musée de moulages de la sculpture française devrait être chronologiquement classé en raison des écoles diverses qui ont dominé sur le territoire réuni aujourd'hui en un seul faisceau.

Au point de vue de l'architecture, les écoles françaises se divisent, au XIIe siècle, en École clunisienne ou bourguignonne, provençale, périgourdine, languedocienne, auvergnate, poitevine et saintongeoise, de l'Ile-de-France, champenoise, normande et picarde. En tout, onze écoles parfaitement distinctes en ce qui touche le système de construction adopté, la manière de remplir les programmes donnés, la forme apparente et l'ornementation.

Il n'en est pas tout à fait ainsi de la sculpture statuaire.

Certaines, parmi ces écoles, dominent sur plusieurs contrées. La statuaire du XIIe siècle de l'Ile-de-France, de la Champagne, est supérieure, comme style et faire, à celles des autres provinces et compose un groupe très puissant. Celle de Cluny ou bourguignonne s'étend fort loin et fait sentir son influence jusqu'en Auvergne, dans la Haute-Marne et, sur les bords du Rhône, jusqu'à la hauteur de Vienne.

L'École provençale se confond souvent avec celle du Languedoc qui jette un vif éclat au XIIe siècle et s'étend au bord de la Gironde et dans le Périgord.

Sous le rapport de la statuaire, l'École poitevine et saintongeoise est la moins remarquable comme style et comme exécution, bien qu'elle ait énormément produit.

Quand l'hiératisme est abandonné vers la fin du XIIe siècle par suite du développement que prennent les écoles laïques en France, et quand l'architecture délaisse les traditions romanes monastiques pour inaugurer un art établi sur des principes nouveaux, de même les sculpteurs laissent de côté l'archaïsme qui dominait dans les œuvres antérieures, pour recourir à l'étude de la nature et procéder comme, avant eux, avaient procédé les Grecs.

Ces écoles disséminées tendent à se fondre ou, pour parler plus exactement, les provinces qui se mettent à la tête du mouvement architectonique installent des écoles de statuaire qui étouffent les derniers restes des Écoles romanes et qui, même, pourraient être confondues en une seule. Toutefois, on distingue encore trois noyaux qui sont l'Ile-de-France, la Champagne et la Bourgogne.

A partir du XIVe siècle il n'y a plus que deux écoles de statuaire en France :

l'École bourguignonne, pénétrée d'éléments flamands, et l'École française proprement dite.

Mais, au XVIe siècle, se développent de nouveau trois écoles de statuaire : l'École de l'Ile-de-France, l'École bourguignonne et l'École languedocienne, lesquelles ont produit, chacune, des œuvres vraiment originales et d'une valeur incontestable.

Il convient donc de classer, comme nous l'avons dit, les œuvres de la statuaire française par écoles, en suivant un ordre chronologique. De cette classification on peut affirmer qu'il naîtra un enseignement des plus fructueux ; car il n'est nullement indifférent pour les artistes de savoir comment se sont développées les belles écoles, quelle voie elles ont suivie en abandonnant l'hiératisme pour s'attacher à l'observation attentive de la nature, et quelle influence les traditions archaïques ont pu avoir sur ce développement.

III

Il restera à composer le musée de la sculpture d'ornement ou décorative, appliquée aux divers styles d'architecture, et ces collections ne seront ni les moins instructives ni les moins intéressantes.

Savoir pourquoi et comment tel procédé de sculpture d'ornement a été appliqué à telle architecture est certainement une connaissance qui nous fait absolument défaut.

L'enseignement dédaignant de s'occuper de ces matières ou, du moins, de les expliquer, nos architectes appliquent un peu au hasard, et suivant leur sentiment, la décoration sculptée aux édifices qu'ils composent.

Constater dans quel cas, par exemple, la sculpture fait, pour ainsi dire, corps avec l'architecture, dans quels cas elle semble une décoration d'emprunt appliquée, pour ne parler que des principes très généraux, c'est certainement posséder les éléments de l'art décoratif sculptural.

Mais, dans un musée de sculpture d'ornement comparée, nos artistes trouveraient bien d'autres enseignements. Ils y verraient comment la sculpture décorative passe de même par la période hiératique à certaines époques et comment elle s'en affranchit, comment la flore et la faune ont été interprétées d'une façon conventionnelle pendant cette période d'hiératisme, et comment de leur étude attentive sur la nature datent les belles époques de l'art, aussi bien pendant l'antiquité que pendant le moyen âge et la Renaissance.

Mais, pour qu'un semblable musée soit complet et réellement installé pour l'étude, il faudrait que des vues ou relevés partiels des monuments d'où seraient tirées ces sculptures, fussent exposés près d'elles ; ce qui serait facile, grâce aux archives des monuments historiques et à la possibilité de se procurer des photographies de ces édifices ou portions d'édifices.

Ces trois sections, distinctes du musée de la sculpture comparée, demanderaient, pour être convenablement exposées, d'assez vastes locaux ; toutefois, en se limitant, par suite d'un choix très sérieux des types, aux seuls exemples qui peuvent être considérés comme des documents nécessaires à l'étude, nous ne pensons pas que cette exhibition dût occuper une place telle qu'on ne pût la trouver sans trop de peine si on veut réellement obtenir cette installation.

VIOLLET-LE-DUC.

A Monsieur VIOLLET-LE-DUC Fils

Lausanne, 2 septembre 1879[1].

Mon cher Eugène,

Me voici de retour d'une tournée de dix jours dans les montagnes, laquelle m'a fait grand bien. Il me faut, toutefois, user de ménagements, et je ne suis pas tout à fait débarrassé de certains malaises qui n'ont rien de grave, mais qui sont fort gênants, surtout pour ceux qui n'ont point l'habitude de prendre tant de souci de leur personne. Au total, cela ne va pas mal ; il me faut surtout du calme, et j'en trouve ici à souhait.

Je suis heureux d'apprendre que ta femme se trouve décidément bien des eaux de Cauterets. Ne vous laissez pas prendre par le froid dans ce portefeuille de Cauterets.

Je vous vois en bien brillante société ! Tudieu ! Les Broglie, les Decaze, les Batbie, l'évêque de Poitiers ! Mais c'est toute la réaction en un trou !

J'ai pu voir que, sur les hauteurs alpestres, la neige était beaucoup plus abondante que les années précédentes, et si, comme la chose est possible, l'hiver est précoce ou tout au moins humide, nous pouvons être assurés que la marche des glaciers reprendra son cours en avant au lieu de son mouvement de retraite. Eh mais ! cela n'est point indifférent.

Maintenant que me voilà revenu à Lausanne où je compte rester tranquille un bout de temps je vais envoyer quelques lettres au *XIXe Siècle*.

Mon intention est toujours de revenir par le midi de la France, mais ce sera le plus tard possible, voulant absolument me reposer sérieusement[2].

Cette lettre te trouvera encore à Cauterets. En tout cas écris-moi et dis-moi où je puis t'adresser mes lettres, en me donnant de tes nouvelles.

Je vous embrasse tous les deux de tout cœur.

E. Viollet-le-Duc.

1. Viollet-le-Duc est mort à Lausanne le 17 septembre 1879, il écrivait donc cette lettre quinze jours avant sa mort, c'est la dernière que nous ayons reçue de lui, mais ce n'est pas la dernière qu'il ait écrite.

2. Il fallait que Viollet-le-Duc se sentît très malade pour s'exprimer ainsi, c'est-à-dire pour employer deux adverbes en parlant de sa santé.

A Madame VIOLLET-LE-DUC

Lausanne, 2 septembre 1879.

Ma chère amie,

Je trouve, en arrivant de tournée, ta lettre du 21 août. J'ai été passer dix jours dans les montagnes, et ce séjour m'a fort bien réussi ; toutefois il me faut prendre des ménagements pendant quelque temps encore. Je suis ici absolument tranquille et puis m'occuper de me soigner tout en m'occupant tout doucement de mes affaires. Ce qu'il me faut c'est un calme absolu.

Mon séjour aux altitudes m'a redonné ton et appétit. Je dors comme un sourd, je mange bien, et cela indique assez que la bête se refait.

Je trouve admirables les gens qui me disent de n'en prendre qu'à mon aise. Ce qui me fait sourire c'est que ce sont ceux qui exigent le plus de moi qui me recommandent le repos.

Vieux cheval, je sais bien que je mourrai sous le harnais ; mais, au fond, cela m'est bien égal, et il y a longtemps que je considère la mort comme le seul et vrai repos ; que celui-ci vienne un peu plus tôt ou un peu plus tard, je m'en soucie comme d'une épingle, et je tirerai sur le collier, par tempérament, tant que j'aurai la force de tirer.

La bête a été surmenée, il faut payer cet arriéré, mais que voulez-vous ! depuis cette guerre désastreuse j'ai toujours vécu la rage au cœur et le chagrin dans l'âme. Je paye cela.

Je reste quelques jours ici ; peut-être ferai-je une seconde petite course, mais de peu de temps, puis je reviendrai terminer une affaire à Lausanne pour revenir par le midi où il me faut voir mes travaux.

Je vous embrasse de cœur tous les deux si Edouard est encore près de toi, et vous souhaite le beau temps que l'on a ici depuis dix jours.

Viollet-le-Duc[1].

1. Viollet-le-Duc mourait quinze jours après cette lettre, le 17 septembre 1879, à 7 heures du soir, d'un purpura hémorragique suivi d'apoplexie cérébrale.

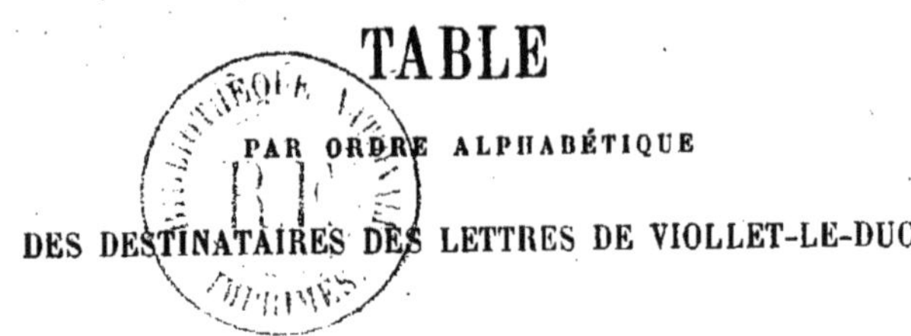

TABLE

PAR ORDRE ALPHABÉTIQUE

DES DESTINATAIRES DES LETTRES DE VIOLLET-LE-DUC

Pages.

TABLE DES MATIÈRES

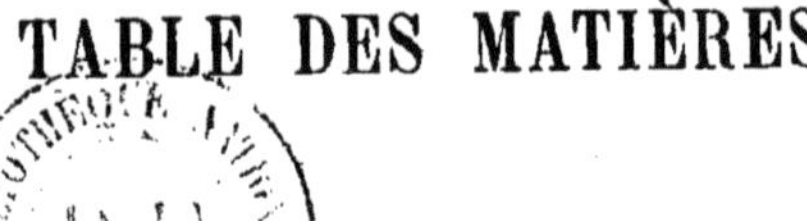

LETTRES

Pages.

5890. — L.-Imprimeries réunies, B, rue Saint-Benoît, 7. — Motteroz, directeur.

VIOLLET-LE-DUC

COMPOSITIONS ET DESSINS

PUBLIÉS SOUS LE PATRONAGE

du Comité de l'Œuvre du Maître

Un volume in-folio de 100 planches en chromolithographie, en héliogravure, en taille-douce ou en typographie, avec portrait de Viollet-le-Duc.

Prix : en carton. . . . . 150 fr.
Édition de luxe sur papier japon, à 20 exemplaires. En carton. 300 fr.
Petite édition, dite édition des Écoles ; 100 planches, in-4. . . . 60 fr.

MODÈLES DE DESSIN

Deux feuilles in-plano de 1 m. sur 0 m. 72

Temple grec, style dorien. Prix. . . . . 10 fr.
Thermes d'Antonin Caracalla, à Rome. Prix. . . . . . 20 fr.

L'Art Russe

SES ORIGINES — SES ÉLÉMENTS CONSTITUTIFS — SON APOGÉE SON AVENIR

Un volume in-8 de 272 pages, avec 97 bois gravés intercalés dans le texte, 14 planches gravées en taille-douce et 18 chromolithographies.

Prix : broché, **25 fr.** — Avec reliure spéciale, **30 fr.** (*Épuisé.*)

ÉDITIONS DE LUXE

Broché : Sur chine, **75 fr.** — Sur hollande, **50 fr.**

MÉMOIRE

SUR

LA DÉFENSE DE PARIS

(Septembre 1870 — Janvier 1871)

Un volume in-8 de 300 pages illustrées et un atlas in-4 de 12 cartes.
Atlas en carton et texte. Prix : broché. . . . . 25 fr.

HABITATIONS MODERNES

Recueillies par VIOLLET-LE-DUC

Avec la collaboration de F. NARJOUX, architecte

Deux forts volumes in-folio, comprenant 200 planches et un texte explicatif illustré.
Prix : en carton. 220 fr.

VIOLLET-LE-DUC

Description du Château de Coucy

Brochure in-8, illustrée de vignettes gravées sur bois. Prix. . . . . 1 fr. 25

HISTOIRE ET DESCRIPTION

du Château de Pierrefonds

Brochure in-8, illustrée de vignettes gravées sur bois. Prix. . . . . 1 fr. 50

Description du Château d'Arques

Brochure in-8, illustrée de vignettes gravées sur bois. Prix. . . . . 0 fr. 75

La Cité de Carcassonne

Brochure in-8, de 90 pages, 16 vignettes sur bois. Prix. . . . . 2 fr.

CHAPELLES DE NOTRE-DAME DE PARIS

PEINTURES MURALES

Sur les cartons de VIOLLET-LE-DUC

Par OURADOU, inspecteur des travaux de la Cathédrale.

Un volume in-folio, composé d'un texte descriptif et explicatif et de 62 planches imprimées en couleurs.

Prix : en carton (*épuisé*). . . . . 220 fr.

MONOGRAPHIE de NOTRE-DAME de PARIS

et de la nouvelle Sacristie

de LASSUS et VIOLLET-LE-DUC

PRÉCÉDÉE D'UNE NOTICE HISTORIQUE ET ARCHÉOLOGIQUE

Par CELTIBÈRE

Un volume grand in-folio, comprenant 63 planches gravées, 12 photographies, 5 planches en chromolithographie.

Prix : en carton. 120 fr.

[illegible]

VIOLLET-LE-DUC

Lettres sur la Sicile

À PROPOS DES ÉVÉNEMENTS DE JUIN ET DE JUILLET 1860

Un volume in-8, avec une carte. Prix : broché. . . . . 3 fr. 50

Ce que réclame au XIXe siècle

L'ENSEIGNEMENT DE L'ARCHITECTURE

Epuisé. — Prix. . . . . 1 fr.

HISTOIRE

DE L'HABITATION HUMAINE

DEPUIS LES TEMPS PRÉHISTORIQUES JUSQU'A NOS JOURS

Un volume in-8 de 372 pages, illustré de 118 gravures dans le texte.
Prix : broché. . . . . 7 fr.

HISTOIRE D'UNE MAISON

Un volume in-8 de 260 pages, illustré de 64 gravures dans le texte.
Prix : broché. . . . . 4 fr. 50

HISTOIRE D'UN HOTEL DE VILLE

et d'une Cathédrale

Un volume in-8 de 284 pages, illustré de 66 gravures dans le texte.
Prix : broché. . . . . 7 fr.

HISTOIRE D'UNE FORTERESSE

Un volume in-8 de 370 pages, illustré de 78 gravures dans le texte.
Prix : broché. . . . . 7 fr.

HISTOIRE D'UN DESSINATEUR

Comment on apprend à dessiner

Un volume in-8 de 304 pages, illustré de 126 gravures dans le texte.
Prix : broché. . . . . 4 fr. 50

5899. — L.-Imprimeries réunies, B, rue Saint-Benoît, 7. — MOTTEROZ, directeur.

www.ingramcontent.com/pod-product-compliance
Ingram Content Group UK Ltd.
Pitfield, Milton Keynes, MK11 3LW, UK
UKHW021129220726
13924UKWH00004B/1988